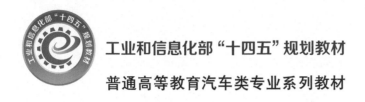

工业和信息化部"十四五"规划教材

普通高等教育汽车类专业系列教材

电动汽车原理与应用技术

第3版

王震坡 刘鹏 邓钧君 孙逢春 编著

VEHICLE

机械工业出版社

CHINA MACHINE PRESS

本书结合北京理工大学电动车辆国家工程研究中心在电动汽车整车及关键部件设计、开发及示范应用中多年积累的经验，重点讲述电动汽车的基本结构与工作原理、驱动电机、动力电池系统、电动汽车电气系统、电动汽车总线系统、仪器与仪表、电动汽车的充电基础设施、新能源汽车大数据平台及应用、电动汽车的运维与管理等内容。

本书基于电动汽车基本工作原理编写，重点突出电动汽车的系统构成和应用形式，可以作为普通高等院校车辆工程、新能源汽车相关专业的教材，也可作为电动汽车技术应用人员、相关从业人员、管理人员的技术培训和应用指导教材，同时也可供从事电动汽车研究、开发、生产和销售的人员参考。

图书在版编目（CIP）数据

电动汽车原理与应用技术 / 王震坡等编著 . —3 版 . —北京：机械工业出版社，2023.7

工业和信息化部"十四五"规划教材　普通高等教育汽车类专业系列教材
ISBN 978-7-111-73498-7

Ⅰ.①电…　Ⅱ.①王…　Ⅲ.①电动汽车 – 高等学校 – 教材　Ⅳ.① U469.72

中国国家版本馆 CIP 数据核字（2023）第 125180 号

机械工业出版社（北京市百万庄大街 22 号　邮政编码 100037）
策划编辑：王　婕　　　　　责任编辑：王　婕
责任校对：张晓蓉　张　征　　封面设计：张　静
责任印制：刘　媛
涿州市般润文化传播有限公司印刷
2023 年 10 月第 3 版第 1 次印刷
184mm×260mm · 15.25 印张 · 353 千字
标准书号：ISBN 978-7-111-73498-7
定价：69.90 元

电话服务　　　　　　　　网络服务
客服电话：010-88361066　机 工 官 网：www.cmpbook.com
　　　　　010-88379833　机 工 官 博：weibo.com/cmp1952
　　　　　010-68326294　金 书 网：www.golden-book.com
封底无防伪标均为盗版　机工教育服务网：www.cmpedu.com

前　言

作为我国战略性新兴产业，以电动汽车为主的新能源汽车得到了中央和各地政府的大力支持。在政策和市场需求的推动下，我国新能源汽车产销量、保有量连年增长。2022 年，全国新能源汽车产销量达到 688 万辆以上，同比增长超过 93%，全国新能源汽车保有量已达 1310 万辆以上，占汽车保有总量的 4.10%，表明我国新能源汽车发展已进入新阶段，市场化程度不断提升。与此同时，新能源汽车作为实现碳达峰、碳中和战略目标的重要抓手，在可预见的未来，我国将在新能源汽车领域保持技术先进、产业规模领先的优势。

作为电动汽车整车及关键部件技术的入门级教材，本书自第 1 版出版以来，就受到了广大读者的喜爱，并广泛应用于本科教学、职业教育和应用技术人才的培训。随着产业化的推进，充电基础设施、大数据平台等新能源车辆前沿交叉技术快速发展。为了适应新的知识需求，本次主要修订内容如下：

1）修订了第 8 章充电基础设施内容，归纳总结了充电基础设施的分类、构成及应用，增加了无线充电技术内容，包括电动汽车无线充电系统原理、结构、技术特点介绍，并提出了无线充电技术应用的关键技术问题。

2）增加了第 9 章新能源汽车大数据平台及应用内容，增加了汽车大数据的基本概念与特点，介绍了车联网技术以及基于车联网体系下的汽车大数据采集技术，并着重阐述应用于新能源汽车领域的车辆大数据分析与应用的技术理论与典型实例。

3）将第 2 版的第 9~12 章合并为"电动汽车的运维与管理"，对整车维护与保养、安全、充电站管理规范、高压电气安全技术与使用规范等应用型知识进行整合与更新。

4）更新了部分章节的数据。

本书由北京理工大学电动车辆工程实验室王震坡教授、刘鹏副教授、邓钧君副教授、孙逢春教授编著。王文博、崔丁松、毛乾宁、李明洋等博士、硕士研究生也为此书的出版做了很多工作，在此对他们表示衷心的感谢。

由于作者水平所限，书中难免有不妥之处，恳请各位读者批评指正。

二维码索引

（续）

（续）

序号	素材名称	二维码	页码	序号	素材名称	二维码	页码
4-12	动力电池的安全管理		066	8-2	充电基础设施		138
4-13	动力电池的热管理及数据通信		066	9-1	智能网联汽车技术路线		161
4-14	车用动力电池的回收		077	10-1	新能源汽车的高压安全		193
5-1	手动空调系统		083	10-2	电动助力转向系统		194
5-2	DC/DC 变换器		087	10-3	汽车制动系统		195
6-1	车载总线系统		105	10-4	汽车的保养周期与保养项目		195
7-1	汽车仪表系统		121	10-5	汽车的日常保养与维护		195
8-1	电动汽车充电技术概述		137				

目　录

第 1 章 绪 论

石油作为不可再生能源，从长期来看无法持续支撑车用燃料的巨大需求，且不可避免地存在碳排放等污染问题。因此发展电动汽车成为交通领域实现节能减排的有效途径之一。纵观汽车百年发展史，电动汽车经历了三起三伏，目前已在全球范围内进入产业化和商业化阶段。我国在双碳目标引领下，"低碳环保、绿色出行"已成为共识，电动汽车所占的比例迅速增长，汽车电动化已成为主流趋势。本章重点对电动汽车发展背景、历史以及现状进行概述。

1.1 电动汽车的发展背景

在当前能源危机和全球环境污染的大背景下，汽车行业一直是全球碳减排的重要攻关方向。电动汽车是汽车工业发展的时代产物，也是我国交通领域实现"双碳"目标的引擎，作为我国战略性新兴产业之一，电动汽车的发展承载着缓解石油资源短缺压力、解决日益突出的环境污染问题、实现我国汽车产业结构调整和转型升级、做大做强汽车产业的历史使命。

近年来，我国电动汽车技术快速发展，产品的质量和水平有较大提高。在我国社会主义市场经济体制逐渐建立和完善的进程中，我国电动汽车工业既有机遇，又有挑战。因此，电动汽车工业发展必须真正调整到依靠科技进步和提高劳动者素质的轨道上来，要下大力气掌握和追踪新技术、开发和应用新技术、改造传统工艺、发展新兴产业，不断增强电动汽车工业在国内外市场的竞争力。

认识新能源汽车

1.2 电动汽车的发展历史

1.2.1 电动汽车的出现

新能源汽车的
技术发展

电动汽车最早出现在英国。1834 年，英国的布兰顿演示了托马斯·戴文波特（Thomas Davenport）发明的蓄电池车。该车采用的是不可充电的玻璃封装蓄电池，它比世界上第一部内燃机汽车早了半个世纪。1881 年，法国巴黎街上出现了世界上第一辆以可充电电池为动力的电动汽车。它是法国工程师古斯塔夫·图沃（Gustave Trouve）装配的以铅酸电池为动力的马车，如图 1-1 所示。1895—1910 年是早期电动汽车发展的黄金时期。在英国伦敦，电动出租汽车公司在 1897 年生产了 15 辆电动出租车，如图 1-2 所示。

图 1-1　马车改装而成的电动汽车

图 1-2　19 世纪末的电动出租汽车

1900 年之前，法国的电动汽车一直保持着世界电动汽车行驶里程和车速的最高记录。1913 年，福特公司开发了 T 型内燃机汽车，并在汽车发展史上首次实现了汽车的标准化大批量生产，使其价格从 1909 年的 850 美元降到了 1925 年的 260 美元，如图 1-3 所示。批量化生产的内燃机汽车以及当时尚未成熟的储能和电驱技术，遏制了电动汽车的大规模推广。到 19 世纪 30 年代，电动汽车几乎消失了。

图 1-3　福特 T 型车

1.2.2　电动汽车的再崛起

进入 20 世纪 60 年代，内燃机汽车大批量应用带来了严重的空气污染。不仅如此，内燃机汽车对石油的过分依赖，导致了一系列的政治问题和国家安全问题。70 年代初期，世界范围内的石油危机对美国乃至世界的经济产生了重大影响，而电动汽车具有良好的环保性能，同时能够摆脱对石油的依赖，因此重新得到社会各界的重视。

1976 年，美国国会通过了"纯电动汽车和混合动力电动汽车的研究开发和样车试用法令"（The Electric and Hybrid Vehicle Research Development and Demonstration Act），

美国政府拨款 1.6 亿美元资助电动汽车的开发。1977 年，第一次国际电动汽车会议在美国举行，在此次会议上公开展出了 100 多辆电动汽车。1978 年美国通过"第 95-238 公法"（Federal Nonnuclear Act）予以修订并增加对电动汽车研发的拨款，政府同时责令能源部电力研究所与电力公司加大研制电动汽车的技术和资金投入，责成国家阿贡实验室与电池公司合作研制电动汽车用高性能蓄电池。从此，电动汽车在国际上开始第二轮的研发高潮。

第二轮的研发（20 世纪 80 年代到 90 年代末），是以汽车生产商为主进行开发和推广应用，试图与传统汽车正面竞争。但是，结果是除了丰田公司的混合动力汽车外，世界 9 大汽车公司的 10 种纯电动汽车仅仅是小规模生产，没有实现大规模生产。

1.2.3 电动汽车的新生机

21 世纪初到 2008 年全球金融海啸前，纯电动汽车产业化受挫，但在中国、日本、美国以及欧洲，电动汽车的研发并没有就此止步，以纯电动汽车、混合动力汽车和燃料电池汽车为代表的电动汽车全面研发进入了第三轮更大规模的研发探索阶段。

围绕电动汽车，政府、能源企业、汽车和电池生产商全面参与，以"能源安全"和"环境保护"为主要目的，不仅仅是为了简单地用电动汽车来取代常规汽车，而是在探索新的节能环保出行方式和新的车型的基础上，开发符合各方面利益的新一代电动汽车。这一阶段以电力公司和跨国机电公司的参与以及广泛采用高性能动力电池为主要特征，研究的重点地区是中国、日本和欧洲；技术研发的重点是延长续驶里程、缩短充电时间，解决充电基础设施问题。

2008 年，电动汽车在国内已呈蓬勃发展之势。同时，2008 年也成为我国"新能源汽车元年"。2008 年 1—12 月新能源汽车的销量增长主要是乘用车的增长，1—12 月新能源乘用车销售 899 台，同比增长 117%，而 1—12 月新能源商用车一共销售 1536 台，同比下滑 17%。

2008 年北京奥运会期间，为了实现"奥运中心区域公交系统零排放"的目标，由北京理工大学孙逢春院士带领北京理工大学的科研团队研发的 55 辆中国自主创新的纯电动大客车行驶上路，为奥运官员、媒体记者以及运动员提供 24 小时服务，如图 1-4 所示。在世界奥运史上首次大规模使用电动汽车，实现了奥运中心区零排放，兑现了北京奥组委"科技奥运、绿色奥运"的承诺。2010 年 1 月，电动车辆国家工程实验室在北京理工大学正式揭牌，后续又陆续建立了北京电动车辆协同创新中心、新能源汽车国家监测与管理中心等，为我国电动汽

图 1-4　北京理工大学研发的奥运纯电动大客车

车工业的发展做出了巨大的贡献。发展电动汽车成为减缓环境污染和解决石油危机的有效途径。同时，现代高新技术的发展，新材料的诞生以及电子、电机和计算机技术的广泛应用，都极大地促进了电动汽车自身技术的更新与发展。

2009 年，在密集的扶持政策出台的背景下，我国新能源汽车驶入快速发展轨道。相比在乘用车市场的冷遇，新能源汽车在中国商用车市场已开始迅猛增长。2010 年，我国加大对新能源汽车的扶持力度，国家将十城千辆节能与新能源汽车示范推广试点城市由 20 个增至 25 个。选择 5 个城市进行对私人购买节能与新能源汽车给予补贴试点。新能源汽车正进入全面政策扶持阶段。

"十二五"期间，国家大幅提高纯电动汽车、插电式混合动力汽车累计产销量，初步形成与市场规模相适应的充电设施体系和新能源汽车商业运行模式。"十三五"期间，国家始终把新能源汽车作为工作重点，统筹研究制定有关政策措施，推动新能源汽车产业发展取得显著成效。

发展新能源汽车是国家战略。经过十余年的研究开发和示范运行，我国新能源汽车行业已经形成了从原材料供应、动力电池、整车控制器等关键零部件研发生产，到整车设计制造，以及充电基础设施的配套建设等完整的产业链。

1.3　电动汽车的发展现状

新能源汽车的
政策法规

由电动汽车的发展历史可以看出，自 1881 年首辆电动汽车开始，电动汽车经历了曲折起伏的几个发展阶段，其中的决定因素就是动力电池技术和人们对环境、能源的关注程度，电动汽车自身具有的显著优点决定了其必将成为新能源汽车技术发展的一个重要方向和 21 世纪的重要交通工具。

1.3.1　电动汽车国内外概况

美国是汽车工业最发达的国家，汽车产量和保有量均位居世界前列，每年的石油消耗量和汽车污染物的排放量也都位居世界首位。为增强汽车制造业的竞争力，美国政府提出了著名的 PNGV 计划和 Freedom CAR 计划。美国总统奥巴马执政期间，部署实施总额为 48 亿美元的电池与电动汽车研发与产业化计划，并提出到 2015 年要普及 100 万辆插电式电动汽车。各州政府也纷纷制定政策引导并促进电动汽车的健康发展，要求纯电动汽车（BEV）和插电式混合动力汽车（PHEV）在内的"零排放标准车"的销售比例在 2014 年前为 3%，到 2015 年要达到 6%。为满足这一规定，各车企需在其销售中实现 BEV 和 PHEV 共占比 6% 或 BEV 占比 6% 的目标，而若不达标，则每辆汽车会被征收 5000 美元的罚款。美国的通用、福特汽车公司在混合动力汽车方面的研究重点在于插电式混合动力和强混技术。通用和福特都曾在燃料电池汽车研发方面投入巨资，但随着燃料电池车产业化的推迟和混合动力汽车市场份额的不断扩大，关注重心已经向混合动力汽车倾斜。美国在不断出台政策促进新能源汽车发展的同时，也在不断完善其充电基础设施建设，2009 年美国能源部联合 ECOtality 成立 EV Project，该项目获得政府 1.15 亿美元资金用于修建充电基础设施，项目计划在 17 个城市建设 12000 个快速充电机和充电设备，并且帮助推广 8000 辆日产聆风和通用沃蓝达。此外地方政府和各车企也不断推动充电基础设施建设，其中特斯拉为促进其电动汽车的销量，修建了专用充电设施，其布局网络主要为了联通城市，实现城市之间无障碍出行。2020 年美国新能源汽车销量仅为 33.3 万辆，同比增长 3.1%，渗透率为 2.2%，远低于中国和欧洲市场；而根据之前白宫声明，到 2030 年新能源汽车销量占汽车销量比重目标值为 50%，即预计 2030 年美国新能源汽车销量将达到 900 万辆，未来十年年均复合增速为 39%。

欧洲更加注重温室气体减排战略，规定了日益严格的二氧化碳排放限制要求，提出将每辆乘用车的 CO_2 排放量从 2012 年的平均 130g/km 减少至 2020 年的平均 95g/km、2025 年的平均 70g/km 的中长期目标，这已成为欧洲新能源汽车发展的主要驱动力之一。欧盟计划旨在增强欧盟各国工业的竞争力，充分调动欧盟各国的科学技术力量，避免各国科研计划重复，有效利用各国的人力和物力资源。欧盟与电动汽车相关的发展计划主要有 FP 系列计划、欧盟燃料电池研究发展示范计划、欧盟燃料电池客车示范计划和欧洲电动汽车城市运输系统计划等。欧盟已拨款 14.3 亿欧元用于支持电动汽车研发。

英国和法国是欧洲电动汽车研发和应用最早的国家，目前已有十几万辆电动汽车在运行。德国电动汽车在欧洲处于领先地位，已于 2009 年 8 月发布了以纯电动式和插电式混合动力汽车为重点的《国家电动汽车发展计划》；大众、奔驰和宝马公司对混合动力汽车和纯电动汽车开始加大投入力度，奔驰和宝马在燃料电池电动汽车技术上处于世界领先地位。据 EV Sales 报道，2020 年欧洲新能源乘用车销量 136.7 万辆，同比增长 142%，以微乎其微的优势从中国手中夺得第一。

日本是汽车生产大国，由于日本资源匮乏，石油几乎全部依赖进口，因此，日本政府及日本各大汽车公司对电动汽车的开发十分重视。日本从 20 世纪 70 年代就开始开发电动汽车，长期坚持确保能源安全及提高产业竞争力的双重战略，通过制订国家目标，引导新能源汽车产业的发展并高度重视技术创新。日本制订的电动汽车研发计划主要有低公害汽车开发普及行动计划、JHFC 示范计划和专项研究计划等。同时，政府也制订了鼓励电动汽车开发与推广应用的相关政策及措施，把发展电动汽车作为"低碳革命"的核心内容。日本的丰田、本田两家公司分别实现了电动汽车的产业化，它们推出的普锐斯和思域两款混合动力汽车得到了日本和北美市场的普遍认可。1997—2013 年，丰田共销售出 500 万辆混合动力车型；截至 2017 年，丰田混动车型的累计销量达到了 1000 万辆；而截至 2021 年年末，这一数据已经刷新到 2000 万辆。

我国新能源汽车的发展可以追溯到"十五"期间（2001—2005 年）。2001 年 9 月，新能源汽车纳入国家"863"计划，此后启动了"电动汽车重大科技专项"和"节能与新能源汽车"专项，确定了"三纵三横"的研发布局，标志着我国电动汽车研发的启动。此后，国家出台了一系列涵盖宏观综合、推广应用、税收优惠、科技创新、基础设施、行业管理等方面的政策，形成了比较完整的政策支持体系（图 1-5）。

2022 年，我国汽车产销分别完成 2702.1 万辆和 2686.4 万辆，其中新能源汽车产量 700.3 万辆，销量 688.7 万辆。新能源汽车渗透率达 25.64%。截至 2022 年年底，我国新能源汽车保有量 1310 万辆，其中纯电动汽车保有量为 1045 万辆，占新能源汽车总量的

79.77%。

从国家扶持的角度看，各国侧重的新能源汽车种类不完全相同。美国为了减少碳排放最初极力推崇纯电动汽车，但由于技术不成熟，转向燃料电池汽车，然而近年来美国各届政府对电动汽车普及发展的支持力度摇摆不定，导致各州发展的电动汽车种类差异较大。欧洲一直都较崇尚纯电动汽车，但经过十余年的发展后，仍没能成功解决续驶里程短的问题，商业化进程缓慢，欧洲正从纯电动汽车转向混合动力汽车。日本是最先发展电动汽车的国家，最早鼓励纯电动汽车和插电式混合动力电动汽车的发展，近年来，日本也开始积极研究燃料电池汽车。我国一直以来都大力支持纯电动汽车的发展，近年来我国重点鼓励纯电动汽车和插电式混合动力汽车一起发展。各国电动汽车发展路线见表1-1。

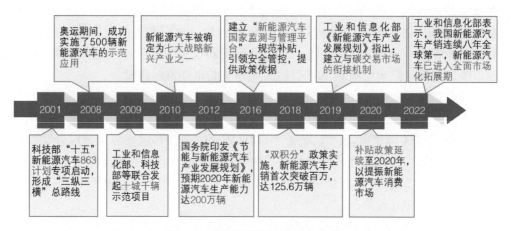

图 1-5　我国新能源汽车历年政策

表 1-1　世界各大主要整车企业的新能源汽车发展路线

区域	企业	纯电动汽车	混合动力电动汽车			插电式混合动力电动汽车	燃料电池电动汽车
			微混	中混	强混		
美国	通用	++	+	+++	+++	+++	++
	福特	+++	+	+	+++	++	++
欧洲	大众	++	++	+	+	++	+
	奔驰	++	+++	+++	+++	++	+++
	宝马	++	+++	+	+	++	+++
日本	丰田	++		++	+	+++	+++
	日产	+++	+		++	+	+
	本田	+++	++	+++	+	+	+++
中国	比亚迪	+++	+	+	++	+++	+

注：＋表示企业投资及研发程度，＋、＋＋、＋＋＋强度依次增加。

1.3.2 纯电动汽车发展现状

新能源汽车的
市场分析

近年来，随着各国对纯电动汽车技术研发投入的不断加大，车用动力电池、电机及其控制系统等瓶颈技术取得了重大进展，电力电子、控制和信息技术的广泛应用促使纯电动汽车技术深入发展、日臻完美，产品的可靠性、使用寿命得到明显提升，成本得到有效控制，纯电动汽车技术在世界范围内得到快速发展，一批装备了先进动力电池的纯电动汽车已经进入或即将进入消费市场。由于我国在新能源汽车的政策扶持上更加侧重于纯电动汽车，经过多年积累，已经形成了一条完整的产业链（图 1-6），主要包含上游的锂电池及电机原材料，中游的电机、电控、电池等，下游的整车、充电桩和运营。同时我国的新能源汽车产销量已经连续四年居世界首位，产业链优势结合市场优势，我国的新能源汽车产业正在快速发展升级。

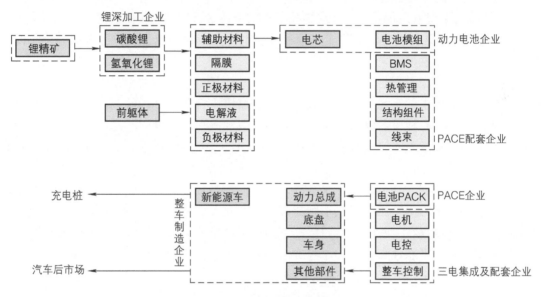

图 1-6　中国新能源汽车产业链

近期投放市场的两款纯电动汽车如图 1-7 所示。

a) 蔚来 ES6　　　　　　　　　　　　　b) 比亚迪海鸥

图 1-7　近期投放市场的两款纯电动汽车

各种高新技术开始在纯电动汽车上应用，赋予其新的生命力和发展机遇，主要表现为：

1）动力系统集成优化技术不断进展，节能效果不断提高。

2）动力电池技术得到飞速发展，高性能的锂离子电池逐步取代传统的铅酸电池、镍氢电池，在比能量、比功率、安全性、可靠性、循环寿命和成本方面取得了很大进步。

3）高效的一体化电力驱动系统取代了传统的电机。

4）电动辅助系统的广泛应用提高了整车能量利用率和性能。

5）网络系统的应用促进了电动汽车的模块化和智能化。

6）轻量化技术和电气、结构安全性技术在电动汽车上得到了系统的应用。

7）把纯电动汽车推广应用作为系统工程，不仅重视汽车本身的研发，而且开始了充电站等基础设施的规划与建设。

8）在概念车型上，轮毂电机和线控技术等前沿技术得到了初步的应用。

9）纯电动公交车成为城市节能减排和平衡电网负荷的有效手段，纯电动公交车的示范推广应用进程加快。

我国纯电动汽车发展是从城市公交客车开始的。相对于普通乘用车，城市中运行的大型客车对速度的要求并不高，公共领域的客车在城市内行驶，活动区域范围有限，充电场所相对固定，并且有相应的停车地点，这都为纯电动汽车的充电问题提供了方便。在成本方面，政府往往批量采购，数量大，有利于纯电动汽车的产业化生产，以降低成本。在补贴方面，由于营运企业少，政府容易制定更灵活的补贴措施，利于纯电动汽车的推广使用。

我国已基本掌握了纯电动汽车整车动力系统匹配与集成设计、整车控制技术，整车的动力性和能耗水平与国外相当，在小型纯电动汽车和大型公交客车方面实现了小规模生产和示范运行。但也存在一些问题，如整车产品在续驶里程、可靠性和工程化，动力电池的比能量、安全性、可靠性和使用寿命等方面在满足整车要求的前提下，动力电池隔膜、控制器基础硬件、芯片、高速信号处理部件还没有成熟的产品可用，大多依赖进口。

1.3.3　混合动力电动汽车发展现状

混合动力电动汽车（HEV，简称混合动力汽车、混动汽车）是在纯电动汽车开发过程中为有利于市场化而产生的一种新车型，国外普遍认为它是投资少、选择余地大、易于满足未来排放标准和节能目标、市场接受度高的主流清洁能源车型，因此引起各大汽车公司的关注。投放市场的具有代表性的混合动力汽车如图1-8所示。

世界各大汽车公司充分利用其雄厚的技术基础和现代制造工艺，以及在新技术、新材料和新工艺方面的最新成果，不断地研究和开发了各种各具特色的混合动力电动汽车，对混合动力汽车进行全方位的创新；在混合动力技术上，由单一发动机驱动向纯电动驱动转移；在混合度上，逐渐提高混合度以实现传统能源向电气化转化；在机电耦合方式上，由单电机并联方案向双电机串并联/混联方案发展，实现向纯电动方案过渡；在动力系统结构方面，向更高的集成度发展，从而实现电动化转型。

a）本田皓影

b）领克 01 EM-F

图 1-8　投放市场的两款混合动力汽车

　　我国基本掌握了混合动力汽车整车开发技术，形成了具有自主知识产权的多种结构形式和多种混合度的技术方案，基本突破了国外专利限制；动力电池和电机的技术性能取得较大进展，部分满足混合动力整车要求。混合动力电动汽车成为我国新能源汽车的主要产品类型，部分企业开始较大范围地示范运行，部分产品开始进行产业化推广。但还存在一些问题，如动力分配装置和能量管理系统的研究有待继续；混合动力系统结构复杂，制造成本高，维修比较困难，售价相对较高。

1.3.4　插电式混合动力电动汽车发展现状

　　插电式混合动力电动汽车（PHEV，简称插电式混合动力汽车）具有较长的纯电续驶里程，同时还可以以混合动力模式工作，具有良好的燃油经济性，所以近年来插电式混合动力汽车技术得到普遍关注。几款典型的插电式混合动力汽车如图 1-9 所示。

a) WEY VV7 PHEV

b) 宝马5系新能源

图 1-9　典型的插电式混合动力汽车

　　在我国，各大汽车公司也都对插电式混合动力汽车进行了原型样车的开发和技术储备。我国在插电式混合动力乘用车技术已经取得显著进展，部分产品性能指标已与国外不相上下。商用车方面，自主掌握插电式混合动力多能源动力系统整车控制、高功率电机系统、混合动力自动变速器、增程式辅助功率发电单元等关键技术，双电机串并联、功率分流式等不同技术路线均有不俗的市场表现。但同时插电式混合动力的发展也存在一些问题，如集成了电动车、燃油车两套完整的动力系统，成本高、结构复杂、车身质量较大；增程式混合动力汽车电池容量大，但发动机和发电机不直接驱动，造成部分浪费，在高速路况下油耗偏高。

1.3.5　燃料电池电动汽车发展现状

燃料电池电动汽车相比传统燃油车,车辆排放的是氢和氧的结合物——水,所以它相当于零排放,同时氢燃料电池车型加氢的时间非常短。

2019 年 12 月 30 日,中国首批采用日本丰田燃料电池技术的 20 辆氢能源公交车抵达常熟投入运营,如图 1-10 所示。该车为苏州金龙生产的海格第五代氢能源公交,也是国内首批采用丰田电堆和重塑系统的氢燃料电池客车,具有无污染、低噪声、高效率、长续航等优点。

图 1-10　常熟氢燃料公交

近年来,我国高度重视氢能源产业发展,将氢能纳入国家“十四五”规划和 2035 年远景目标纲要。从我国氢燃料电池电动汽车产业发展来看,当前氢燃料电池电动汽车产业整体仍处于政策驱动阶段。国家层面发布的碳达峰、碳中和系列政策文件中,陆续将氢能及氢能源燃料电池产业纳入绿色低碳转型,实现碳达峰、碳中和的技术路线之一。截至 2021 年底,全国“3+2”燃料电池汽车示范城市群格局已经形成,产业政策逐渐落地实施。首批示范城市群京津冀城市群、上海城市群、广东城市群在燃料电池关键技术和车辆推广应用方面具有明显优势,且经济实力雄厚,是全国燃料电池电动汽车推广应用的先锋地区。

第 2 章 电动汽车的基本结构与工作原理

2.1 纯电动汽车

纯电动汽车是指利用动力电池作为储能动力源，通过动力电池向驱动电机提供电能，驱动电机运转，从而驱动电动汽车的一种新能源汽车，其基本结构示意图如图 2-1 所示。

相对于燃油汽车，纯电动汽车所具有的优点如下：

1）零排放、零污染、噪声小。

2）结构简单、使用维修方便。

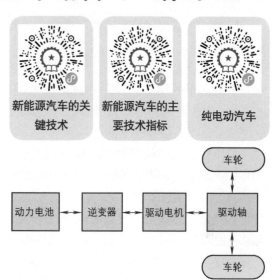

图 2-1 纯电动汽车基本结构

3）能量转换效率高，同时可回收制动时和下坡时的能量，提高能量的利用效率。

4）可在夜间利用电网的廉价"谷电"进行充电，起到平抑电网的峰谷差的作用。

纯电动汽车集成了机械、电子、能源、计算机、信息等多种高新技术，是典型的高新技术产品，其最终目标是实现车辆的智能化、数字化和轻量化。目前，研制和开发的关键技术主要有动力电池、驱动电机、电机控制、车身和底盘设计及能量管理技术等。从电气工程的角度来分，纯电动汽车可以分为机械子系统、电力电子子系统和信息子系统。

机械子系统由底盘和车身、驱动装置、变速器等组成，与之相关的特性包括道路特性、被动安全性、汽车内部空间、装配时间、适用性以及价格等。

电力电子子系统由动力网、电机及其控制器和能源系统组成，与之相关的特性有安全、规则、标准、效率、可靠性、重量以及价格等。

信息子系统用于处理驾驶员的意图，并监控汽车的运行以及电源、电机、控制器和充电器的状态，与之相关的有通信网络、数据处理的算法以及和通信相关的故障诊断和充电控制等。

2.1.1 纯电动汽车的构型与结构

燃油汽车与电动汽车的主要区别在于它们的驱动系统不同，传统的燃油汽车用液态的汽油或柴油作燃料，以内燃机驱动，而电动汽车由电机驱动，用动力电池、燃料电池、内燃机、电容器或高速飞轮等作为相应的动力来源。由于电机驱动独有的一些特点，因此尽

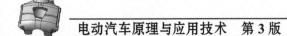

管大多数电动汽车参数是从发展成熟的燃油汽车体系中借鉴的，但电动汽车的结构和许多性能与技术参数有其本身的特征。

现在高性能电动汽车结构通常是专门设计制造的，这种专门设计制造的电动汽车结构以原有的车体和车架设计为基础，满足电动汽车独有的结构要求并充分利用了电力驱动的灵活性。

与燃油汽车相比，电动汽车的结构特点是灵活，这种灵活性源于电动汽车具有以下三个独特的特点。

（1）能量传递方式不同

电动汽车的能量主要是通过柔性电缆电线而不是通过刚性联轴器和转轴传递的，因此，电动汽车各部件的布置具有很大的灵活性。

（2）驱动系统布置不同

例如独立的四轮驱动和轮毂电机驱动等系统与传统燃油车的驱动系统结构区别很大，采用不同类型的驱动电机也会影响到电动汽车的重量、尺寸和形状。

（3）储能装置不同

不同类型的储能装置会对电动汽车的结构、质量、尺寸和形状产生影响。不同的补充能源装置需要不同的硬件和机构，例如动力电池可通过感应式和接触式的充电机充电，或者采用替换动力电池的方式，将替换下来的动力电池进行集中充电。

如图2-2所示，电动汽车可分为三个子系统，即电驱动子系统、能源子系统和辅助控制子系统。其中，电驱动子系统由电子控制器、功率转换器、电机、机械传动装置和驱动车轮组成；能源子系统由主电源、能量管理系统和充电系统构成；辅助控制子系统具有动力转向、温度控制和辅助动力源等功能。在图中，双线表示机械连接，粗实线表示电气连接，细线表示控制信号连接，线上的箭头表示电功率和控制信号流动的方向。根据从制动踏板和加速踏板输入的信号，电子控制器发出相应的控制指令来控制功率转换器中功率装置的通断，功率转换器的功能是调节电机和电源之间的功率流。当电动汽车制动时，再生制动的动能被转化为电能并存储至电源，此时功率流要反向流动。能量管理系统和电控系统一起控制再生制动及其能量的回收，能量管理系统和充电器一同控制充电并监测电源的使用情况。辅助动力供给系统供给电动汽车辅助系统不同等级的电压并提供必要的动力，它主要为动力转向、空调、制动及其他辅助装置提供动力。除了从制动踏板和加速踏板给电动汽车输入信号外，方向盘输入也是一个很重要的输入信号，助力转向系统根据方向盘的角度位置来决定汽车灵活地转向。

2.1.2　纯电动汽车的工作原理

依托于传统内燃机汽车，采用驱动电机替代原有的内燃机，可形成最为简单的电动汽车电驱动系统，如图2-3所示。它由驱动电机、离合器、变速器和差速器组成，这是纯电动汽车传动系统布置的常规形式。在此种形式中，传统内燃机由一组动力电池和驱动电机所代替，离合器、变速器和差速器的布置形式与传统内燃机车辆的布置形式一致。其中的离合器和变速器也可以被自动变速器所代替。

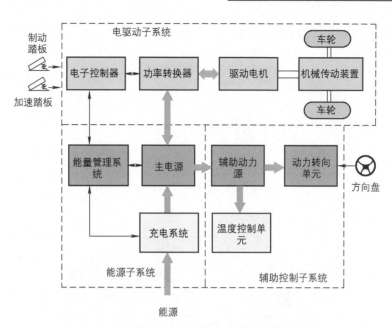

图 2-2　电动汽车的基本结构

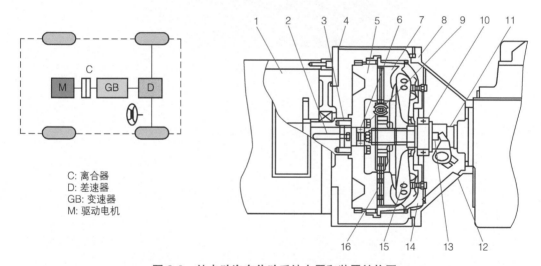

C: 离合器
D: 差速器
GB: 变速器
M: 驱动电机

图 2-3　纯电动汽车传动系统布置和装置结构图

1—驱动电机　2—螺栓　3—套筒　4—飞轮壳　5—飞轮　6—轴承　7—压盘　8—离合器壳　9—螺栓
10—轴承　11—输入轴　12—分离叉　13—分离套筒　14—离合器盖　15—分离杠杆　16—从动盘

　　由于驱动电机能够在较长的速度范围内提供相对恒定的功率，因此多级变速器可以被一个固定速比减速器所代替，并且离合器也可以省去，即无变速器的传动形式，如图 2-4 所示。这种传动系统一方面可以节省机械传动结构的重量和体积，另一方面可以减少由于换档所带来的控制难度。

　　第三种传动形式与第二种传动形式类似，但是驱动电机、固定速比减速器和差速器被进一步整合为一体，布置在驱动轴上，如图 2-5 所示，整个驱动传动系统被大大简化和集成。从再生制动的角度出发，这种传动形式可以很容易地实现电能从车轮再到电机的回收

（驱动轮以外的动能通过制动转化为热能）。这样的布置形式要求有低速大转矩、速度变化范围大的电机，同时增加了电机和逆变器的容量。

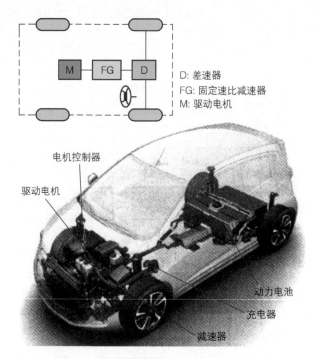

图 2-4　采用固定速比减速器的驱动系统

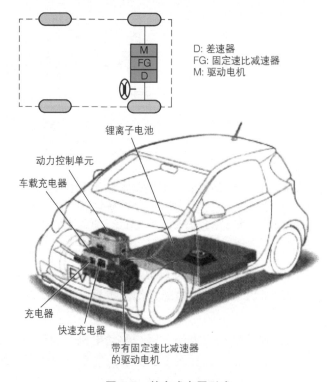

图 2-5　整合式布置形式

如图 2-6 所示,在第三种传动形式的基础上,差速器被两个独立的驱动电机所代替。每个驱动电机单独完成一侧车轮的驱动任务,即无机械差速器的分布式驱动形式。在车辆进行曲线行驶时,两侧的电机就会分别工作在不同的速度下。实车图显示的为双电机驱动模式下的底盘结构。前轴两个半桥上分别用一个电机驱动一侧车轮的行驶,但是控制难度较大。如图 2-7 所示为 ZF 研发的双驱动电机驱动桥结构,驱动电机置于两侧,分别驱动两侧车轮。ZF 研发的双驱动电机驱动桥间没有大型的差速器桥包,因此可以降低质心。

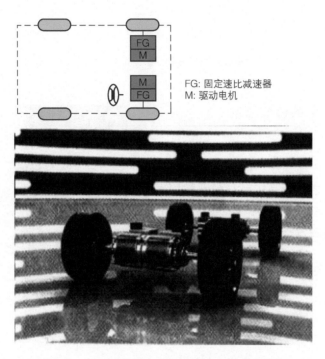

FG: 固定速比减速器
M: 驱动电机

图 2-6 双驱动电机 - 固定速比变速器驱动结构

为了进一步简化驱动系统,牵引电机与车轮之间取消了传统的传动轴,由轮边或轮毂电机直接驱动车轮前进,如图 2-8a 所示。同时用一个单排的行星齿轮来减小转速和增强转矩,以满足不同工况的功率要求。单排行星齿轮可以提供合适的减速比和线性输入输出特性。

在完全舍弃驱动电机和驱动轮之间的机械传动装置之后,轮毂电机的外转子直接接在驱动轮上,驱动电机转速控制与车

图 2-7 ZF 研发的双驱动电机驱动桥结构

轮转速控制融为一体,构成了所谓的双轮毂电机,使车速控制变得简单。然而,这种分布方式需要驱动电机提供更高的转矩来起动和加速车辆,如图 2-8b 所示。图 2-9 所示为轮毂

电机的安装位置。

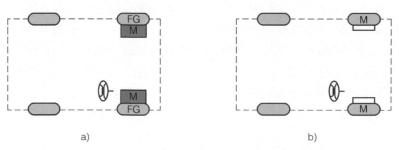

a)   b)

FG: 固定速比变速器   M: 驱动电机

图 2-8 轮边或轮毂电机驱动型式

2.1.3 纯电动汽车的行驶性能

电动汽车与内燃机汽车在外表上没有显著区别，并且它们都采用橡胶轮胎，电动汽车行驶时，车轮与地面之间相互接触与相互作用以及它们之间的力学过程也不存在本质的区别。这两种汽车的转向装置、悬架装置及制动系统基本上也是相同的。它们之间的主要差别是采用了不同的动力系统。内燃机汽车是燃油混合气体在内燃机中燃烧做功，从而推动汽车前进。电动汽车是由动力电池提供电能，经过驱

图 2-9 轮毂电机的安装位置

动电机和驱动系统驱动电动汽车行驶。因此，电动汽车的操纵稳定性、平顺性及通过性与内燃机汽车相似。电动汽车本身除具有再生制动性能外，与内燃机的制动性能也是相似的。电动汽车的能量供给和消耗，与动力电池的性能密切相关，直接影响电动汽车的动力性和续驶里程，同时影响电动汽车行驶的成本效益。

1. 电动汽车驱动力和行驶阻力

电动汽车在行驶中，由动力电池输出电能给驱动电机，驱动电机输出功率，用于克服电动汽车本身的机械装置的内阻力，以及由行驶条件决定的外阻力消耗的功率。内阻力通常由汽车内机械装置的效率表示。外阻力即电动汽车行驶阻力。从分析电动汽车行驶时的受力状况出发，建立行驶方程式，这是分析电动汽车行驶性能的基础。

（1）驱动力

电动汽车的驱动电机输出轴输出转矩 M，经过减速齿轮传动，传到驱动轴上的转矩 M_t，使驱动轮与地面之间产生相互作用，车轮与地面作用一圆周力 F_0，同时，地面对驱动轮产生反作用力 F_t。F_t 与 F_0 大小相等方向相反，F_t 方向与驱动轮前进方向一致，是推动汽车前进的外力，定义为电动汽车的驱动力。有

$$M_t = Mi_g i_0 \eta$$

$$F_t = \frac{M_t}{r} = \frac{Mi_g i_0 \eta}{r}$$

（2-1）

式中　F_t——驱动力（N）；

　　　M——驱动电机输出转矩（N·m）；

　　　i_g——减速器或者变速器传动比；

　　　i_0——主减速器传动比；

　　　η——电动汽车机械传动效率；

　　　r——驱动轮半径（m）。

电动汽车机械传动装置指与驱动电机输出轴有运动学联系的减速齿轮传动箱或者变速器、传动轴以及主减速器等机械装置。机械传动链中的功率损失有：齿轮啮合点处的摩擦损失、轴承中的摩擦损失、旋转零件与密封装置之间的摩擦损失以及搅动润滑油的能量损失等。影响因素复杂，单独计算每个损失比较困难。现代机械传动装置生产技术水平比较高，传动装置中的损失较小，为了简化计算，将各项损失合并到啮合损失内。对于一般机械传动装置效率可以按下式计算：

$$\eta = \eta_y^n \eta_z^m$$

（2-2）

式中　η_y——圆柱齿轮对的效率，$\eta_y = 0.97 \sim 0.98$；

　　　η_z——圆锥齿轮对的效率，$\eta_z = 0.96 \sim 0.97$；

　　　n——传递转矩时处于啮合状态的圆柱齿轮对数；

　　　m——传递转矩时处于啮合状态的圆锥齿轮对数。

对于采用行星轮系或行星排的机械传动效率，计算方法更为复杂，不予讨论。对于单排行星减速器的效率值一般取 $0.97 \sim 0.98$，万向传动轴的效率取 0.98。

汽车在各种行驶工况下行驶时，所需的转矩和功率是行驶速度的函数，取决于不同车速行驶时所遇到的行驶阻力。原动机的转矩 – 转速特性必须满足汽车的这种需要。假设原动机在不同转速时的功率保持不变，则

$$P_M = \frac{Mn}{9549}$$

（2-3）

式中　n——原动机转速（r/min）；

　　　M——原动机转矩（N·m）；

　　　P_M——原动机的输出功率（kW）。

在原动机的工作转速范围内，转矩与转速成反比、转矩特性是一条在第一象限内的双曲线。转速低时转矩大，转速高时转矩小。这种特性比较接近汽车的行驶工况。但是各种原动机的转矩特性与这种理想的特性是有区别的。对串激式直流驱动电机的功率与转矩特性如图 2-10 所示。串激式交流驱动电机的功率与转矩特性如图 2-11 所示。

这些特性图上有三条曲线，即连续功率、小时功率和起动功率（瞬时功率）。起动功率和小时功率均大于连续功率。由于驱动电机发热，起动功率与小时功率使用时间受到限

制。这个特点使得车辆在一段时间内可得到较大加速度或者克服较大的坡道阻力的能力。

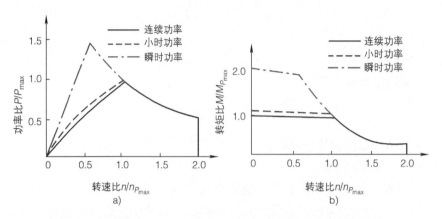

图2-10　加载时间不同时，串激式直流驱动电机的功率与转矩特性

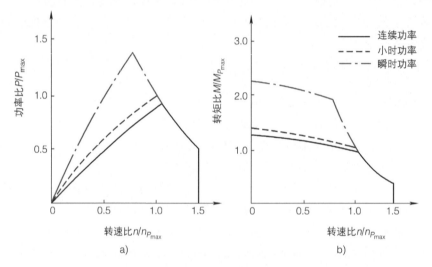

图2-11　加载时间不同时，串激式交流驱动电机的功率与转矩特性

（2）行驶阻力

电动汽车在坡道上上坡加速行驶时，作用于电动汽车上的阻力与驱动力保持平衡，建立如下的汽车行驶方程式：

$$F_t = F_f + F_w + F_i + F_j \tag{2-4}$$

式中　F_t——电动汽车驱动力；

　　　　F_f——电动汽车行驶时的滚动阻力；

　　　　F_w——电动汽车行驶时的空气阻力；

　　　　F_j——电动汽车行驶时的加速阻力；

　　　　F_i——电动汽车行驶时的坡道阻力。

1）滚动阻力 F_f

电动汽车在硬路面上行驶，由于橡胶轮胎的弹性迟滞形成的能量损失，相当于汽车车轮在前进方向上遇到的一个阻力消耗了汽车的能量。将这个阻力定义为汽车行驶的滚动阻力 F_f，通常它与车轮上的法向载荷成正比。即

$$F_f = fG\cos\alpha \tag{2-5}$$

式中　G——汽车的总重量（N）；

　　　α——汽车在坡道上行驶时道路的坡度角；

　　　f——滚动阻力系数。

滚动阻力系数 f 数值由试验确定，影响滚动阻力系数的因素很复杂。通常滚动阻力系数与路面的种类，行驶车速和轮胎的材料、构造、气压等因素有关。为了降低滚动阻力系数，可以采用低弹性迟滞橡胶、薄胎面、高压子午线轮胎。

2）空气阻力 F_w

根据空气动力学原理，汽车在行驶过程中由于空气动力的作用，在汽车行驶方向上作用在汽车上的分力称为空气阻力。空气阻力通常与气流相对速度的动压力成正比。空气阻力可以表示为

$$F_w = \frac{C_D A v_a^2}{21.15} \tag{2-6}$$

式中　C_D——空气阻力系数；

　　　v_a——汽车行驶速度（km/h）；

　　　A——迎风面积（m²）。

降低空气阻力的主要途径是降低 C_D 值。空气阻力系数 C_D 值与汽车表面的结构形状有关，由风洞试验确定。通常，轿车 $C_D = 0.3 \sim 0.46$，货车 $C_D = 0.6 \sim 0.7$，大客车 $C_D = 0.6 \sim 0.7$。

3）坡道阻力 F_i

汽车上坡行驶时，除必须克服滚动阻力与空气阻力外，还必须克服上坡阻力 F_i。由于汽车的重力沿上坡路面的分力 $G\sin\alpha$ 阻止汽车前进，此力成为上坡阻力。有

$$F_i = G\sin\alpha \tag{2-7}$$

式中　G——汽车的总重量（N）；

　　　α——汽车在坡道上行驶时道路的坡度角。

道路的坡度角除以角度表示外，道路工程上常以坡度表示，将坡度角的正切值定义为坡度，即

$$i = \tan\alpha = \frac{h}{s} \tag{2-8}$$

一般的路面上坡度角很小，可以近似地认为

$$F_i = G\sin a = Gi \tag{2-9}$$

4）加速阻力 F_j

设有两个物体其质量均等于 M，其中一个物体在运动时有一部分质量可以旋转，并与该物体有一定的运动学联系；另一个物体没有旋转质量。若以相同的力作用于该物体时，两个物体所得到的加速度是不相等的，前者的加速度小于后者。这是因为物体受力作用而作加速运动时，有旋转质量的那一部分除随该物体作平移加速外，还将产生旋转加速度。因此，旋转质量加速旋转而形成附加惯性负荷，表现为对该物体整体的阻力。对于有旋转质量的物体，其加速度比没有旋转质量的物体的加速度要小一些。可以设想有旋转质量的物体，其质量比无旋转质量的物体增加了 δ 倍，δ 称为质量增加系数，或者质量换算系数，用牛顿第二定律表示为

$$F = \delta ma \tag{2-10}$$

电动汽车加速行驶时的加速阻力则可以表示为

$$F_j = \frac{\delta G}{g} \frac{dv}{dt} \tag{2-11}$$

式中　δ——电动汽车的质量换算系数。

电动汽车的质量换算系数可进一步作理论分析计算，通常由试验确定。对于电动汽车还缺乏实验数据和近似的计算方法，可参考内燃机汽车的质量换算系数的计算方法。由于电动汽车没有内燃机和飞轮的旋转质量，因此其质量换算系数会相对小一些。

2. 电动汽车行驶的驱动力与行驶阻力的平衡

电动汽车在行驶过程中，驱动力与行驶阻力始终保持平衡，这种平衡关系由电动汽车行驶方程式（2-4）表示。可以利用行驶方程式通过解析法或者图解法分析电动汽车的动力性能。

绘制给定电动汽车的驱动力和行驶阻力平衡图时，已知数据如下：驱动电机输出轴上的转矩特性、汽车的总质量、减速器与主减速器的传动比、传动效率、车轮半径、汽车空气阻力系数、汽车的迎风面积。利用式（2-1）即可计算电动汽车车轮上的驱动力，车速可由下式利用驱动电机的转速换算。

$$v_a = 0.377 \frac{nr}{i_d i_o} \tag{2-12}$$

式中　i_d——减速器或者变速器传动比；

　　　i_o——主减速器传动比；

　　　n——原动机转速（r/min）；

　　　r——驱动轮半径（m）。

利用上述计算结果，即可画出驱动力图。

电动汽车等速行驶时，由式（2-4）得

$$F_t = F_f + F_w \tag{2-13}$$

式中　F_t——电动汽车驱动力；

　　　F_f——电动汽车行驶时的滚动阻力；

　　　F_w——电动汽车行驶时的空气阻力。

将不同车速下的滚动阻力和空气阻力加起来画在驱动力图上，如图 2-12 所示。由驱动力曲线与 $F_f + F_w$ 曲线的交点即可求出电动汽车的最高车速。特别要注意这个交点是在驱动电机的连续工作区还是在短时工作区或者瞬时工作区。电动汽车的最高车速只有在驱动电机的连续工作区才有意义。

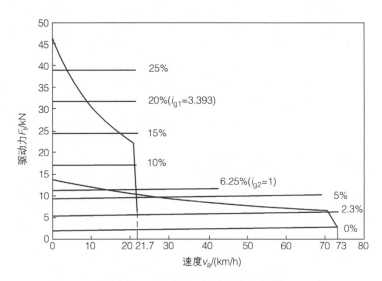

图 2-12　驱动力 - 行驶阻力平衡图

令

$$F_{fw} = F_f + F_w \tag{2-14}$$

将式（2-4）改写为

$$F_i + F_j = F_t - F_{fw} \tag{2-15}$$

式中　F_j——电动汽车行驶时的加速阻力；

　　　F_i——电动汽车行驶时的坡道阻力。

汽车在坡道上以速度 v 等速行驶，$F_j = 0$，则

$$i = \frac{F_t - F_{fw}}{G} \tag{2-16}$$

由式（2-16）可求出电动汽车以速度 v 等速爬坡行驶时的坡度 i。当车速 $v = v_{min}$ 时，即可求得电动汽车的最大爬坡度 i_{max}。注意此处 F_t 应该取短时间工作的转矩曲线对应之 F_t，如图 2-13 所示。图 2-13 表示五种不同主减速比的电动汽车爬坡坡度曲线。

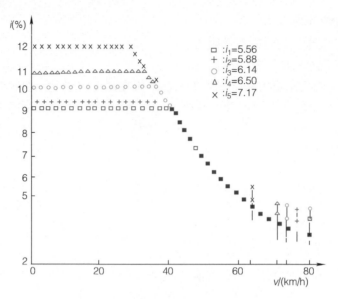

图 2-13　五种不同主减速比的电动汽车爬坡坡度曲线

当汽车在水平良好硬路面上加速行驶时，$F_i = 0$，有

$$F_j = F_t - F_{fw} \qquad （2\text{-}17）$$

$$\frac{\mathrm{d}v}{\mathrm{d}t} = \frac{g}{\delta G}(F_t - F_{fw}) \qquad （2\text{-}18）$$

利用上式，再经过数学处理后，可由计算机编程计算汽车的加速性能，图 2-14 表示五种不同主减速器主减速比的电动汽车加速曲线。

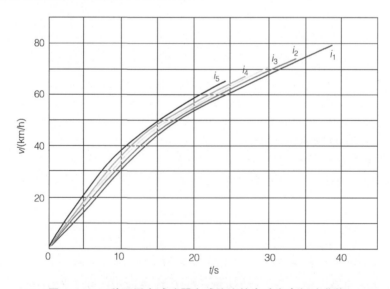

图 2-14　五种不同主减速器主减速比的电动汽车加速曲线

3. 电动汽车的动力性评价参数

和传统汽车一样，电动汽车的动力性也可以用最高车速、加速能力和最大爬坡度来进行描述，但是与燃油汽车不同的是，驱动电机存在不同的工作制，如 1min 工作制、5min 工作制、30min 工作制等，即存在瞬时功率、连续功率和小时功率。在描述或评价电动汽车的动力性时，要进行说明。

1）最高车速是指汽车在无风条件下，在水平、良好的路面上所能达到的平均最高车速。现在电动汽车的最高车速已经大大提高，甚至超过了传统汽车。

2）加速能力是用汽车原地起步的加速能力和超车加速能力来表示，通常采用电动汽车加速过程中所经过的加速时间和加速距离作为评价汽车的加速性能指标。

3）爬坡能力是指汽车在良好的路面上，以低车速行驶的上坡的最大坡度，坡度值一般用百分比来表示。对于电动汽车而言，不同的用途和使用工况，对于汽车的爬坡能力的要求是不一样的。

对于电动汽车的动力性能指标，国家有详细的标准，对实验条件、车辆准备、车辆状态、试验顺序和测试方法等做了详细的规定。

4. 电动汽车的续驶里程

电动汽车上动力电池组充满一次电后的最大行驶里程称为电动汽车的续驶里程。电动汽车的续驶里程短，是近一个世纪以来落后于内燃机汽车的重要原因。因此，如何降低不同行驶工况下电动汽车的能量消耗、提高电动汽车的效率、增加续驶里程，是发展电动汽车必需解决的重要课题。

（1）续驶里程计算方法

如上所述，不同的电动汽车在不同的行驶工况下单位行驶里程的能量消耗与续驶里程有显著的差别，难以用统一的计算公式进行计算。可用试验方法求取。采用电动汽车在道路上滑行试验的方法可求取汽车的滚动阻力和空气阻力，试验中采用五轮仪记录汽车在滑行过程的 $v-t$ 曲线如图 2-15 所示。

汽车滑行时的滚动阻力和空气阻力之和为

$$F_f + F_w = \frac{G}{g}\frac{dv}{dt} - \frac{M_m}{r} \tag{2-19}$$

式中　M_m——传动系统作用于驱动轮的摩擦阻力矩；

　　　G——汽车的总重量（N）；

　　　r——驱动轮半径（m）。

在式（2.19）中可忽略 M_m 项，对计算结果再进行修正。将上式两端乘以平均速度，克服道路滚动阻力和空气阻力消耗的功率为

$$P = P_f + P_w = \frac{M}{3.6^2 \times 1000}\frac{v_n + v_{n-1}}{2}\frac{v_{n-1} - v_n}{t_n - t_{n-1}} \tag{2-20}$$

式中　P_f——克服滚动阻力所消耗的功率；

　　　P_w——克服空气阻力所消耗的功率；

　　　M——电动汽车质量（kg）；

　　　v——电动汽车的速度（km/h）；

　　　t——时间（s）。

经过单位换算后化简得

$$P = 3.86 \times 10^{-5} \frac{M(v_n^2 - v_{n-1}^2)}{t_n - t_{n-1}} \tag{2-21}$$

式中　M——电动汽车质量（kg）；

　　　v——电动汽车的速度（km/h）；

　　　t——时间（s）。

电动汽车克服道路滚动阻力和空气阻力消耗的能量为

$$E = FS \tag{2-22}$$

式中　F——电动汽车驱动力；

　　　S——电动汽车行驶里程。

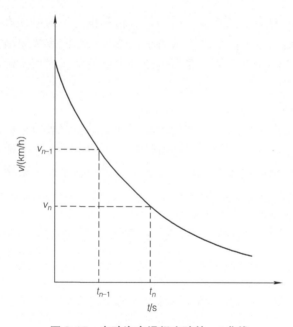

图 2-15　电动汽车滑行实验的 v-t 曲线

电动汽车行驶单位里程消耗的能量为

$$e = \frac{FS}{S} = \frac{P}{v} \tag{2-23}$$

电动汽车滑行时的平均车速为

$$\bar{v} = \frac{v_{n-1} - v_n}{t_n - t_{n-1}} \tag{2-24}$$

因此，电动汽车在平均车速下，克服道路滚动阻力和空气阻力的单位里程消耗的能量为

$$e = \frac{M}{3.6 \times 3600}\left(\frac{v_{n-1} - v_n}{t_n - t_{n-1}}\right) \tag{2-25}$$

经过修正后的电动汽车克服道路阻力所消耗的功率 P 与速度 v 的关系如图 2-16 所示，所需能量与车速之间的关系如图 2-17 所示。

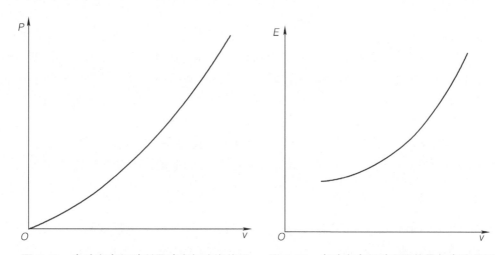

图 2-16 电动汽车行驶所需功率与速度关系　　图 2-17　电动汽车行驶所需能量与车速关系

在一些文献中，将电动汽车的能量经济性定义为电动汽车以不同行驶规范达到的续驶里程与动力电池再充电恢复到原有的充电状态所需要的交流电能量之比：

$$电动汽车经济性 = \frac{预定行驶规范所走的续驶里程}{蓄电池再充电恢复到原充电状态所需的交流电能量} \tag{2-26}$$

设电动汽车行驶时单位里程能耗为 e（kW·h/km），电动汽车总质量为 M，单位以吨（t）表示时将电动汽车行驶的比能耗定义为 e_0[单位为 kW·h/（km·t）]，则

$$e_0 = \frac{e}{M} \tag{2-27}$$

设电动汽车上动力电池组充满电的总能量为 E（kW·h），由下式可计算电动汽车的续驶里程 S，即

$$S = \frac{E}{e} = \frac{E}{e_0 M} \tag{2-28}$$

实际情况并没有计算式那样简单。由于空气阻力消耗的能量与质量无关，同时动力电池受到放电效率、放电深度、放电电流以及自放电现象的影响，有的动力电池每天自放电率高

达 1% 以上，这些因素都会影响动力电池组的输出总能量。另外，行驶工况的差别等因素都将影响电动汽车的续驶里程，因此，式（2-28）只能近似地估算电动汽车的续驶里程。

（2）电动汽车续驶里程的影响因素

电动汽车续驶里程的影响因素比较复杂，与电动汽车在行驶过程中的能量消耗紧密相关，影响它们的主要因素来自电动汽车行驶的外部条件与电动汽车本身的结构条件。

1）环境状况

在相同的车辆条件下，电动汽车行驶的道路与环境气候影响着电动汽车行驶的能量消耗，如道路状况较差、交通拥挤等都会使车辆的能量消耗增加，降低电动汽车的续驶里程；反之，道路状况良好、交通畅通等，就会相对降低车辆的能量消耗，进而增加电动汽车的行驶里程。

2）环境温度

环境温度对电动汽车的续驶里程有重要的影响，首先，温度对动力电池的性能影响比较大，每种动力电池都有自己最佳的工作温度，且在不同的温度时，动力电池组放出的能量及内阻等有很大的差别：温度过低时，可用的能量和容量大为减少，动力电池的内阻也会呈非线性增长，严重限制了电动汽车续驶里程。其次，汽车内部各润滑部分、气泵、转向油泵的工作效率、空气阻力等都有与环境温度有一定的关系。资料表明，温度由 25℃ 降低到 0℃ 的过程中，电动汽车的阻力增加 10%，增加的电动汽车能耗使得续驶里程大为减少。

3）电动汽车的总质量

对电动汽车的车身要求与普通燃油车基本一致，在满足刚度和强度要求的情况下，应力求车身的轻量化。在工况一定时，电动汽车的能耗和质量基本呈线性关系。

4）辅助装置的能量消耗

电动汽车上制动系统的空气压缩机、转向系统的油泵等均需要辅助电机驱动，其他还有照明、音响、通风、取暖、空调都需要消耗动力电池的电能。除空调之外，这部分能量消耗约占电动汽车总能耗的 6%～12%。

5）电池的性能

电池的性能参数主要包括动力电池的能量密度、额定容量、自放电率、放电电流内阻，特别是动力电池组的一致性等是影响电动汽车行驶的能量消耗和续驶里程的重要因素。例如电池持续在高倍率的充放电状态下，动力电池的可用放电容量和能量就会减少许多，使得电动汽车的续驶里程减少；动力电池组在充放电的过程中，并联的电池组如果性能存在差异，电压高的电池组会对电压低的电池组进行充电，易引起充电时过充电，放电时过放电，这就会消耗动力电池组对外的输出功率，影响续驶里程。

2.2 混合动力电动汽车

混合动力
电动汽车

混合动力汽车是指汽车动力传动系由两个或多个能同时运转的单个动力传动系统联合组成的汽车，汽车的行驶功率依据汽车实际行驶状态由单个动力传动系单独或多个动力传动系共同提供。如果其中一个动力传动系统为纯电动汽车动力传动系，则该混合动力汽车为混合动力电动汽车。混合动力电动汽车按照推进系统能量流和功率流的配置结构关系或动力传输路线分类可以分为串联式混合动力、并联式混合动力和混联式混合动力。

（1）串联式混合动力电动汽车

由内燃机直接带动发电机发电，产生的电能通过控制单元传到电池，再由电池传输给电机转化为动能，最后通过变速机构来驱动汽车。电池对在发电机产生的能量和电动机需要的能量之间进行调节，从而保证车辆正常工作。串联式混合动力电动汽车的结构示意图如图 2-18 所示。

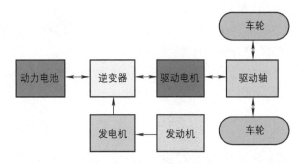

图 2-18　串联式混合动力电动汽车的结构示意图

串联式混合动力电动汽车具有如下特点：①车载能量源环节和混合；②单一的动力装置；③车载能量源由两个以上的能量联合组成。

串联式混合动力电动汽车实现了车载能量源的多样化，可充分发挥各种能量源的优势，并通过适当的控制实现它们的最佳组合，满足汽车行驶的各种特殊要求。

（2）并联式混合动力电动汽车

并联式混合动力电动汽车采用发动机和驱动电机两套独立的驱动系统驱动车轮。发动机和驱动电机通常通过不同的离合器来驱动车轮，可以采用发动机单独驱动、驱动电机单独驱动或者发动机和驱动电机混合驱动三种工作模式。当发动机提供的功率大于车辆所需驱动功率时或者当车辆制动时，驱动电机工作于发电机状态，给动力电池充电。与串联式混合动力相比，它需要两个驱动装置，即发动机和驱动电机。在相同的驱动性能要求下，由于驱动电机系统和发动机可以同时提供动力，并联式通常比串联式的所需的驱动电机单机功率小。并联式混合动力电动汽车结构如图 2-19 所示。

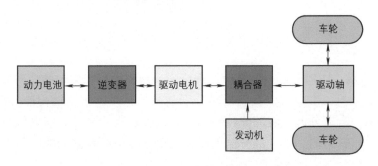

图 2-19　并联式混合动力电动汽车结构

并联式混合动力电动汽车具有如下特点：①机械动能的混合；②具有两个或多个动力装置；③每一个动力装置都有自己单独的车载能量源。

（3）混联式混合动力电动汽车

混联式混合动力电动汽车的内燃机系统和电机驱动系统各有一套机械变速机构，两套机构或通过齿轮系，或采用行星轮式结构结合在一起，从而综合调节内燃机与电动机之间的转速关系，可以更加灵活地根据工况来调节内燃机的功率输出和电机的运转。混联式混合动力电动汽车结构如图2-20所示。

如图2-20所示，混联式混合动力电动汽车动力传动系统中具有两个电机系统，即发电机和电机驱动系统，兼备了串联混合动力车载能量源的混合以及并联混合动力机械动能的混合，驱动模式灵活，能量效率更高。在实际应用中主要由两种方案，即开关式和功率分流式其结构分别如图2-21和图2-22所示。

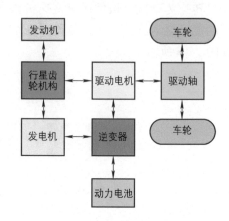

图 2-20　混联式混合动力电动汽车结构

如图2-21所示，开关式混合动力系统中离合器起到了串联结构和并联结构的切换作用。若离合器打开，则该混合动力传动系即为简单的串联式结构；若离合器接合且发电机不工作，则该混合动力传动系即为简单的并联式结构；若离合器接合且发电机工作于发电模式，则该混合动力传动系即为复杂的混联式结构。

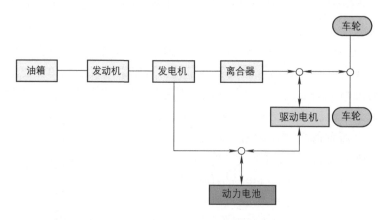

图 2-21　开关式混联式混合动力电动汽车

如图2-22所示，功率分流式混合动力系统巧妙地利用了行星轮系功率分流以及3个自由度的特点，发动机、发电机以及驱动轴分别与行星轮系的3个轴相连。在正常工作时，发动机的输出动力自动分流为两部分：一部分直接输出到驱动轴，与电机驱动系统输出的动力联合组成并联式结构；另一部分输出到发电机，发电机发出的电能与动力电池组组成串联式结构。

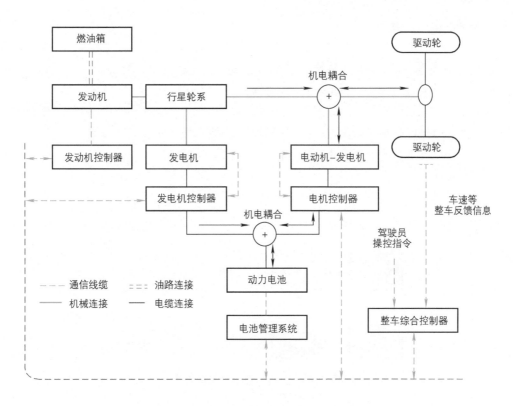

图 2-22　功率分流混联式混合动力电动汽车

2.3　插电式混合动力电动汽车

插电式混合动力电动汽车与混合动力电动汽车结构类似，区别在于其车载的动力电池组可以利用电力网（包括家用电源插座）进行充电，具有较长的纯电动行驶里程，必要时仍然可以工作在混合动力模式。因此，与混合动力电动汽车相比，它具有较大容量的动力电池组、较大功率的电机驱动系统。

该类电动汽车具有的特点包括：

1）插电式混合动力电动汽车具有较低的噪声和排放。

2）插电式混合动力电动汽车介于常规混合动力电动汽车和纯电动汽车之间，出行里程长（如周末郊游）时采用以内燃机为主的混合动力模式，出行里程短（如日常上下班）时采用纯电动模式。

3）可在晚间低谷时使用外部电网对车载动力电池进行充电，不仅可改善电厂发电机组效率，而且可降低对石油的依赖；同时用电比燃油便宜，可以降低使用成本。

4）由于插电式混合动力电动汽车的行驶特性，动力电池荷电状态（SOC）必须在很大的范围内波动，属于深度充放电，因此循环工作寿命受到一定的影响，需要动力电池具备深充和深放能力。

2.4　燃料电池电动汽车

燃料电池电动汽车的动力系统主要由燃料电池发动机、燃料存储装置（主要用于储氢）、驱动电机、动力电池组等组成，如图2-23所示，其采用燃料电池发电作为主要能量源，通过电机驱动车辆前进。燃料电池是利用氢气和氧气（或空气）在催化剂的作用下直接经电化学反应产生电能的装置。

燃料电池
电动汽车

其他新能源
汽车

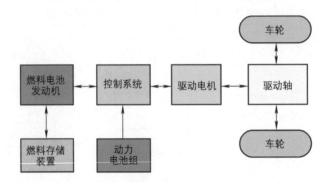

图 2-23　燃料电池电动汽车结构

燃料电池电动汽车具有效率高、节能环保（以氢气为能源、排放物为水）、运行平稳、噪音小等优点。

燃料电池作为电动汽车的动力来源，其特点主要表现在：

1）能量转化效率高。燃料电池的能量转换效率可高达60%～80%，为内燃机的2～3倍。

2）不污染环境。燃料电池的燃料是氢和氧，生成物是清洁的水，它本身工作不产生CO和CO_2，也没有硫和微粒排出，没有高温反应，也不产生NO_x。如果使用车载的甲醇重整催化器供给氢气，仅会产生微量的CO和较少的CO_2。

但现阶段，燃料电池的许多关键技术还处于研发试验阶段。此外，燃料电池的理想燃料——氢气，在制备、供应、储运等方面距离产业化还有大量的技术与经济问题有待解决。

作为燃料电池必不可少的反应催化剂，稀有金属铂金（Pt）被大量应用。按照现有燃料电池对铂金的消耗量，地球上所有储量都用来制造车用燃料电池，也仅能满足几百万辆车的需求。因此如何降低稀有金属用量也是燃料电池电动汽车推广应用的技术和资源瓶颈之一。

第3章 驱动电机

驱动电机概述

驱动电机是电动汽车驱动系统的核心部件，其性能的好坏直接影响电动汽车驱动系统的性能。本章将主要介绍包括直流电机、交流异步电机、永磁同步电机和开关磁阻电机等电动汽车常用驱动电机的结构、原理、特点及其在电动汽车中的应用，并介绍轮毂电机技术和电动汽车再生制动技术。

3.1 电机分类

电动汽车要求驱动电机具备低速大转矩、工况适用性强等性能特点，符合电动汽车应用要求的驱动电机分类如图 3-1 所示。

驱动电机分类、特点及应用

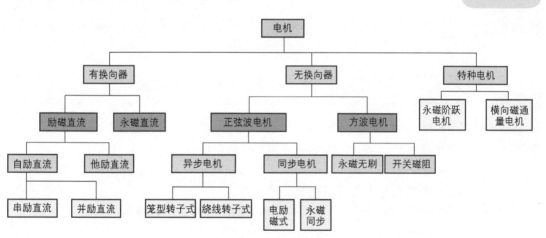

图 3-1　电动汽车驱动电机的分类

电动汽车通常采用的驱动电机有直流电机、交流异步电机、永磁同步电机和开关磁阻电机。最早应用于电动汽车的是直流电机，这种电机的特点是控制性能好、控制成本低。随着电子、机械制造和自动控制技术的发展，交流异步电机、永磁同步电机和开关磁阻电机表现出比直流电机更加优越的性能，这些类型的电机正在逐步取代直流电机。4 种电机的性能比较见表 3-1。

（1）车用电机的工作环境

与工业生产机械、家用电器等的电机相比，电动汽车用驱动电机的工作环境有明显不同。主要体现在：

1）电机工况变化频繁：电动汽车经常起动 / 停车、加速 / 减速、上坡 / 下坡等，电机的输出转矩和功率变化频繁。

表 3-1 电动汽车常用驱动电机的性能比较

性能	直流电机	交流异步电机	永磁同步电机	开关磁阻电机
功率密度	低	中	高	较高
转矩性能	好	一般	好	好
转速范围 /（r/min）	4000～6000	9000～15000	4000～10000	>15000
功率因数（%）	—	82～85	90～93	60～65
峰值效率（%）	85～89	94～95	95～97	85～90
负荷效率（%）	80～87	90～92	85～97	78～86
过载能力（%）	200	300～500	300～500	300～500
恒功率区比例	—	1：5	1：2.25	1：3
电机尺寸 / 质量	大 / 大	中 / 中	小 / 小	小 / 小
可靠性	差	好	一般	好
结构的坚固性	差	好	一般	好
控制操作性能	最好	好	好	好
控制器成本	低	高	高	一般

2）电机在冲击、振动的环境下工作：电动汽车的颠簸和振动都会传递给电机，此外，电机还要承受汽车在紧急制动、急转弯、急加速时的惯性力。

3）车载电源能量有限：电动汽车的电源能源是有限的，当能量用尽时，需要停止运行，进行充电或添加燃料来恢复其消耗的能量。

4）电机本身也是负载：电机及其控制器本身的质量也是车辆质量的一部分。

（2）车用电机的性能要求

由于电动汽车特殊的工作环境，对电动汽车车用驱动电机的要求要比普通电机高，主要体现在以下几个方面：

1）高比功率：高比功率可减小对有效车载空间的占用，减少系统的质量。

2）高效率：在复杂路况、行驶方式频繁改变以及低负荷运行时都要有较高的效率，以节约电能。

3）高可靠性：耐温和耐潮性能强，能在较恶劣的环境下长时间工作。

4）高电压：在允许的范围内应尽可能采用高电压，以减小电机的尺寸和降低逆变器的成本。

5）高电气系统安全性：各种动力电池组和电机的工作电压可达到 300V 以上，电气系统的安全性和控制系统的安全性，都必须符合相关车辆电气控制的安全性标准和规定。

3.2 直流电机

3.2.1 直流电机的结构及基本原理

1. 直流电机的结构

直流电机主要由定子、转子及换向器组成，其结构如图 3-2 所示。

1）定子：直流电机的定子主要用于产生主磁场和在机械上支承电机，其主要构成是主磁极、换向极、机座、电刷装置。

2）转子：直流电机的转子也称为电枢，由电枢铁心和电枢绕组构成。

3）换向器：换向器的作用是使电枢绕组中的电流及时换向，将从电刷输入的直流电转换为电枢绕组的交流电。换向器是由许多铜片组成的，各铜片之间用云母片绝缘。

2. 直流电机的基本原理

如图 3-3a 所示，电源的直流电加于电刷 A（正极）和 B（负极）上，则线圈 abcd 中流过电流，在导体 ab 中，电流由 a 指向 b，在导体 cd 中，电流由 c 指向 d。用左手定则可知导体 ab 所受到的磁场力从右向左，导体 cd 所受到的磁场力从左向右，这样形成的转矩 M 为逆时针方向，在该转矩作用下电枢将逆时针方向旋转。

如图 3-3b 所示，当电枢转过了 180°，直流电仍由电刷 A 流入，电刷 B 流出，电流在电枢内的流向改变为 d 到 c，b 到 a，由左手定则可知导体 cd 所受到的磁场力从右向左，ab 所受磁场力从左向右，转矩 M 方向仍为逆时针，则可保持电枢持续逆时针转动。

直流电机驱动系统

直流电机的结构及基本原理

直流电机的分类与机械特性

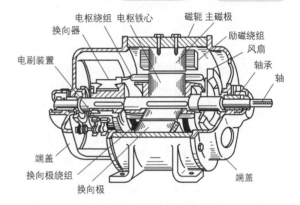

图 3-2　直流电机的结构

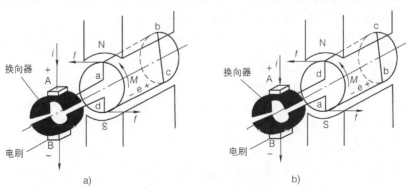

图 3-3　直流电机工作原理

3.2.2 直流电机的特点及控制方法

直流电机的控制
方法

1. 直流电机的特点

（1）直流电机的主要优点

1）调速性能良好：直流电机具有良好的电磁转矩控制特性，可实现均匀平滑的无级调速，具有较宽的调速范围。

2）起动性能好：直流电机具有较大的起动转矩。

3）具有较宽的恒功率范围：直流电机恒功率输出范围较宽，可确保电动汽车具有较好的低速起动性能和高速行驶能力。

4）控制较为简单：直流电动机可采用斩波器实现调速控制，具有控制灵活高效、质量小、体积小、响应快等特点。

5）价格便宜：直流电机的制造和控制技术都比较成熟，其控制装置简单、价格较低，因而整个直流驱动系统的价格较便宜。

（2）直流电机的主要缺点

1）效率低：相比交流电机，直流电机的效率低。

2）维护工作量大：有刷直流电机工作时电刷和换向器之间会产生换向火花，换向器容易烧蚀。

3）转速低：转速越高，电刷和换向器产生的火花越大，这限制了直流电机转速的提高。

4）质量和体积大：直流电机功率密度低，质量大，体积也大。

2. 直流电机的控制方法

由于电动汽车的行驶工况、运行状态经常变化，因此，电机的转矩及转速必须经常调节以满足电动汽车驱动力的需要。直流电机的控制方法有电枢电压调节法、磁场调节法、电枢回路电阻调节法等。

（1）电枢电压调节法

通过改变电枢电压来控制电机的转速。适用于电机基速（额定转速）以下的调速调节。

以减速为例，其基本调节方式为：降低电枢电压时，在电机转速、阻力矩没有来得及变化时，电枢电流必然下降，电枢产生的电磁转矩下降，致使电枢转速下降。随着电枢转速的降低，电枢反电势减小，电枢电流回升，电枢转矩增大，直到与电机阻力矩相一致时，电机才会在比调压前低的转速下稳定运转。

（2）磁场调节法

磁场调节法是通过调节磁极绕组励磁电流，改变磁极磁通量Φ来调节电机的转速，适用于电机基速以上的转速控制。

（3）电枢回路电阻调节法

电枢回路电阻调节法是在磁极绕组励磁电流不变的情况下，改变电枢回路的电阻，使电枢电流变化来实现电机转速的调节。电枢回路电阻调节法的机械特性差，而且会使电机运行不稳定,加之电枢回路串入电阻消耗了电能,一般很少在电动汽车上采用。

3.2.3　直流电机在电动汽车上的应用

由于直流电机体积和质量大,存在换向火花、电刷磨损以及电机本身结构复杂等问题,随着交流变频调速技术的发展,交流调速电机在电动汽车上的应用后来居上。但是直流电机控制方法和结构简单,起动和加速转矩大,电磁转矩控制特性良好、调速比较方便,不需检测磁极位置,技术成熟,现在仍在很多场合使用,如城市中的无轨电车和电动叉车较多地采用直流驱动系统,很多电动观光车和电动巡逻车上也使用直流电机。

3.3　交流异步电机

3.3.1　交流异步电机的结构及基本原理

交流电机驱动
系统

1. 交流异步电机的结构

如图 3-4 所示,交流异步电机主要由定子和转子组成。

1)定子由外壳、定子铁心和定子绕组构成。

异步电机的结构
与工作原理

① 定子铁心:一般由厚度 0.35～0.5mm 的硅钢片叠压而成。硅钢片的内圆冲有均匀分布的槽,可以安放定子绕组。

② 定子绕组:由 3 相在空间互隔 120° 电角度、对称排列、结构完全相同的绕组连接而成。

2)转子由转子绕组和转子铁心组成。

转子铁心用硅钢片叠压而成,套装在转轴上,作用和定子铁心相同,即铁心本身用作导磁,外圆上均布的槽用于安放转子绕组。

吊环　后端盖　转子铁心　定子铁心　转子绕组　定子绕组　机座　出线盒　风扇　风罩　前端盖

图 3-4　交流异步电机结构

2. 交流异步电机的基本原理

当金属导线通过电流,在导线周围的空间将产生圆形磁场,磁场的方向可以根据"右手螺旋定则"来确定:用右手握住导线,让大拇指指向电流的方向,那么其余四指弯曲的方向就是磁感线的环绕方向。

交流异步电机的三相定子绕组在空间上互差120°电角度，连接成星形（Y）或三角形（△），如图3-5所示的U、V、W三相绕组。

当在三相绕组中通入i_u，i_v，i_w三相交流电流时，如图3-6所示，由"右手螺旋定则"，三相绕组周围均会产生磁场，并且磁场随着电流的变化而变化。当将三相绕组周围的磁场合成后，会形成一个旋转的磁场。

当转子绕组处于旋转的磁场中，转子绕组会因为切割磁感线而产生出感应电动势，感应电动势的方向可以用右手定则判断。由于转子绕组是闭合的，则会有感应电流产生。由于感应电流的产生，转子绕组在磁场中会受到电磁力的作用，力的方向可由左手定则判断。由于转子绕组闭合回路两边受到两个相反方向的电磁力的作用，因此会产生电磁转矩，使得转子绕组转动，转动方向和旋转磁场的方向一致。

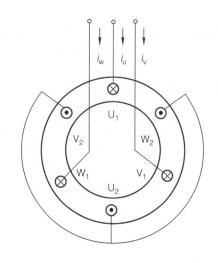

图3-5　U、V、W三相定子绕组布置

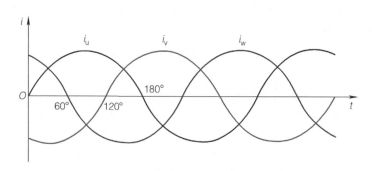

图3-6　输入定子绕组的三相交流电波形

3.3.2　交流异步电机的特点及控制方法

1. 交流异步电机的特点

（1）交流异步电机的优点

1）效率较高。交流异步电机的效率高于直流电机，这一特点对于车载能量有限的电动汽车来说格外重要。

2）结构简单、体积较小、质量小。相比于直流电机，交流异步电机转子的结构简单、结构尺寸小、质量小。

3）工作可靠、使用寿命长。交流异步电机无电刷和换向器，不存在换向火花问题，

交流异步电机的
运行特性

因而工作可靠性较高，使用寿命也较长。

4）免维护。由于不存在换向火花和电刷磨损问题，因而在使用中无须维护。

（2）交流异步电机的缺点

1）调速性能相对较差。由于转子的转速与定子旋转磁场的旋转速度存在转差率，因此调速性能较差。

2）配用的控制器成本较高：交流异步电机的控制相对较为复杂，配用的控制器成本较高。

异步电机的启
动、调速和制动

2. 交流异步电机的控制方法

交流异步电机的控制大体分为两种：矢量控制（FOC）和直接转矩控制（DTC）。

（1）矢量控制

矢量控制的思想是模拟直流电机，求出交流电机电磁转矩与之对应的磁场和电枢电流，并分别加以控制。其特点如下：

1）可以从零转速开始进行控制，调速范围很宽。

2）转速控制响应速度快，且调速精度较高。

3）可以对转矩实施较为精确的控制，电机的加速特性也很好。

4）系统受电机的参数变化的影响较大，且计算复杂，控制相对繁琐。

目前矢量控制理论比较完善，并日趋成熟，可基本满足电动汽车的动力性要求。

（2）直接转矩控制

在定子坐标下，通过检测电机定子电压和电流，计算电机的磁链和转矩，并根据与给定值比较所得差值，实现磁链和转矩的直接控制。不受转子参数随着转速变化而变化的影响，简化了控制结构，动态响应快，因此受到了广泛的关注。其特点如下：

1）调速精度较高，响应速度快。

2）计算简单，而且控制思想新颖，控制结构简单，控制手段直接。

3）信号处理的物理概念明确，动静态性能均佳。

4）调速范围较窄，低速特性有脉动现象。

在技术实现上，直接转矩控制往往很难体现出优越性，调速范围不及矢量控制宽，其根源主要在于其低速时，转矩脉动的存在以及负载能力的下降，这些问题制约了直接转矩控制进入实用化的进程。

3.3.3 交流异步电机在电动汽车中的应用

交流异步电机是一种应用广泛的电机，其运行可靠、转速高、成本低。从技术水平看，交流异步电机驱动系统是电动汽车用驱动系统的理想选择，但是，在高速运行时转子容易发热，需要对电机进行冷却，且其提速性能较差。因而交流异步电机适合大功率、低速车辆，尤其是驱动系统功率需求较大的大型电动客车，如国内主流客车企业生产的广汽GZ6120EV1、金龙 XMQ6126YE、申沃 SWB6121EV2 等电动客车均采用交流异步电机驱动系统。

3.4　永磁同步电机

永磁同步电机的
结构及基本原理

3.4.1　永磁同步电机的结构及基本原理

1. 永磁同步电机的结构

永磁同步电机的基本结构与交流异步电机类似，都包括定子部分和转子部分。永磁同步电机的转子结构有瓦片式、嵌入式和内埋式等多种。永磁同步电机的定子是由铁心和三相绕组构成，与交流异步电机相似，但转子为永久磁铁，其结构如图3-7所示。

图 3-7　永磁同步电机的结构

2. 永磁同步电机的基本原理

与交流异步交流电机一样，当定子绕组输入三相正弦交流电时，会产生一个旋转磁场。该旋转磁场与转子的永磁体磁场相互作用，使转子产生电磁转矩，并随着定子的旋转磁场转动。由于转子的转动与旋转磁场同步，故而称之为永磁同步电机。对于某一型号的同步电机，转速只与电源的频率有关。

3.4.2　永磁同步电机的特点及控制方法

永磁同步电机
的特点

1. 永磁同步电机的特点

永磁同步电机驱动系统应用到电动汽车上，具有以下几个独特的优点：

1）由于转子无须励磁，电机可在很低的转速下保持同步运行，调速的范围宽。

2）效率高、功率密度大：采用了高磁能稀土材料，因此可以大大提高气隙磁通密度和能量转换的效率。另外，采用稀土永磁材料后，电机的体积可以大大缩小，质量可以相应减小，从而有效提高了功率密度。

3）瞬态特性通常都比较好：由于采用了高性能的永磁材料，体积得以减小，因此有较低的转动惯量、更快的响应速度。

4）具有良好的机械特性：对于由于负载的变化引起的电机转矩扰动，永磁同步电机具有较强的承受能力。

5）结构多样化：转子可以有多种结构，永磁体可以内置或外置，不同结构有不同性能特点和适用环境，因而其应用范围广。

总体上讲，永磁同步电机具有结构简单、体积小、质量小、损耗小、效率高等优点，但它与交流异步电机相比，也有成本高、启动困难等缺点。

2. 永磁同步电机的控制方法

永磁同步电机的控制较为复杂，其控制方法也有多种，如矢量控制（磁场定向控制）、直接转矩控制和恒压频比开环控制等控制方式。

（1）矢量控制

矢量控制的原理为：以转子磁链旋转空间矢量为参考坐标，将定子电流分解为相互正交的两个分量：一个与磁链同方向，代表定子电流励磁分量；另一个与磁链方向正交，代表定子电流转矩分量。分别对其进行控制。

永磁同步电机转速和电源频率严格同步，转差率恒等于零，控制效果受转子参数影响小，在永磁同步电机上更容易实现矢量控制。因其控制结构简单，控制软件容易实现，已被广泛应用到调速系统中。

（2）直接转矩控制

直流转矩控制不需要矢量控制中的旋转坐标变换和转子磁链定向，转矩取代电流成为受控对象。电压矢量则是控制系统里唯一的输入，通过电压矢量，直接控制转矩和磁链的增加或减小，控制结构简单，受电机参数变化影响小，能够获得极佳的动态性能。

由于在电动汽车运行过程中，直接转矩控制需要结合复杂的运行工况进行控制，使得直接转矩控制较难应用到电动汽车驱动控制系统中。

（3）恒压频比开环控制

恒压频比开环控制的控制矢量为电机的外部矢量，即电压和频率。控制系统将参考电压和频率输入到实现控制策略的调整器中，最后由逆变器产生一个交变的正弦电压施加在电机的定子绕组上，使之运行在指定的电压和频率下。

恒压频比开环控制策略简单，易于实现，转速通过电源频率进行控制。但是，恒压频比开环控制策略未引入速度、位置等反馈信号，因此无法实时捕捉电机状态，致使无法精确控制电磁转矩。在突发加载或者加速指令时，容易发生失步现象。另外，也不具备快速的动态响应特性，控制性能差，通常只用于对调速性能要求一般的通用变频器上。

3.4.3 永磁同步电机在电动汽车上的应用

与传统的电励磁电机相比，永磁同步电机特别是稀土永磁同步电机具有结构简单、运行可靠、体积小、重量小、损耗少、效率高、电机的形状和尺寸可以灵活多变等显著优点，在电动汽车电驱动系统中具有很高的应用价值。现在很多电动乘用车均使用永磁同步电机，如日系车中的丰田 2010 Prius、本田 INSIGHT 和日产 ALTIMA。在欧洲各国也大多采用永磁同步电机，如大众 Audi A8 Hybrid、宝马 Active Hybrid 7，我国现阶段推广应用的主要车型比亚迪 E6、北汽 C30 等也普遍采用永磁同步电机。

我国永磁材料资源储备丰富，永磁同步电机制造成本也将进一步降低，相对于其他种类的电机，其优势必将更加显著。

3.5　开关磁阻电机

开关磁阻电机的
结构及基本原理

3.5.1　开关磁阻电机的结构及基本原理

1. 开关磁阻电机的结构

开关磁阻电机的基本组成部件有转子、定子铁心和绕组、接线盒等，如图 3-8 所示。

1）转子：开关磁阻电机的转子由导磁性能良好的硅钢片叠压而成，转子的凸极上无绕组。开关磁阻电机转子的作用是构成定子磁场磁通路，并在磁场力的作用下转动，产生电磁转矩。转子的凸极个数为偶数。实际应用的开关磁阻电机的转子凸极最少有 4 个（2 对），最多有 16 个（8 对）。

2）定子：开关磁阻电机的定子铁心也是由硅钢片叠压而成的，成对的凸极上绕有两个互相串联的绕组。定子的作用是定子绕组按顺序通电，产生的电磁力牵引转子转动。定子凸极的个数也是偶数，最少的有 6 个，最多的有 18 个。

图 3-8　开关磁阻电机的构成
1—转子　2—接线盒　3—定子铁心和绕组

定子和转子的极数组合见表 3-2，目前应用较多的是四相 8/6 极结构和三相 6/4 极结构。

表 3-2　开关磁阻电机的极数组合

相数	3	4	5	6	7	8	9
定子极数	6	8	10	12	14	16	18
转子极数	4	6	8	10	12	14	16
步进角 /（°）	30	15	9	9	4.25	3.21	2.5

2. 开关磁阻电机的基本原理

开关磁阻电机无论是结构还是工作原理，与其他类型的电机相比都有很大的不同。开关磁阻电机的定子和转子均为双凸极结构，依据磁路磁阻最小原理产生电磁转矩，使转子转动。

开关磁阻电机的定子双凸极上绕有集中绕组，转子凸极上没有绕组，其结构如图 3-9 所示。

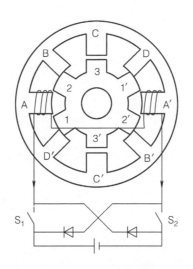

图 3-9　四相 8/6 极开关磁阻电机结构

图 3-9 中仅画出其中一相绕组（A 相）的连接情况。当定子、转子凸极正对时，磁阻最小。当定子、转子凸极完全错开时，磁阻最大。当 B 相绕组施加电流时，由于磁通总是选择磁阻最小的路径闭合，为减少磁路的磁阻，转子将顺时针旋转，直到转子凸极 2 与定子凸极 B 的轴线重合。

当各电子开关依次控制 A、B、C、D 四个定子绕组通电时，转子就会不断受电磁力的作用而持续转动。如果定子绕组按 D→A→B→C 的顺序通电，则转子就会逆着励磁顺序以逆时针方向连续旋转。反之，若按 B→A→D→C 的顺序通电，则电机转子就会沿顺时针方向转动。

根据定子、转子凸极对数的配比，开关磁阻电机可以设计成不同的结构，如图 3-10 所示。

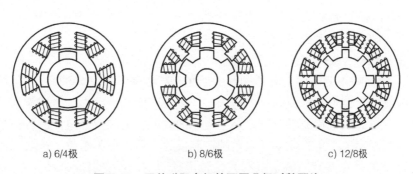

a) 6/4极　　　　　b) 8/6极　　　　　c) 12/8极

图 3-10　开关磁阻电机的不同凸极对数配比

3.5.2 开关磁阻电机的特点及控制方法

开关磁阻电机的
特点与控制技术

1. 开关磁阻电机的特点

（1）主要优势

开关磁阻电机作为一种新型调速电机，其在电动汽车领域应用的主要优势如下：

1）通过适当的控制策略和系统设计，开关磁阻电机能满足电动汽车四象限运行要求，具有较强的再生制动能力，并在高速运行区域内能保持较强的制动能力。

2）开关磁阻电机驱动系统有良好的散热性能，功率密度大，减小了电机体积和质量，节省了电动汽车的有效空间。

3）开关磁阻电机在很宽的功率和转速范围内能保持高效率，能有效提高电动汽车的一次充电的续驶里程。

4）开关磁阻电机可以达到良好控制特性，而且容易智能化，从而能通过编程和替换电路元器件，满足不同类型电动汽车的运行要求。

5）开关磁阻电机结构简单、成本低、制造工艺简单。

6）开关磁阻电机可控参数多、调速性能好，适于频繁启动、停止以及正反转运行。

（2）主要不足

开关磁阻电机的不足主要有：

1）虽然结构简单，但其设计和控制较复杂，开关磁阻电机设计和控制要求非常精细，当电机的凸极数较多时，主接线数就多，电机的主电路较复杂。

2）由于电磁转矩的脉动较大，在特定频率下会产生谐振，这些都使得开关磁阻电机的噪声和振动较大。

2. 开关磁阻电机的控制方法

开关磁阻电机通过电子开关控制定子各凸极相绕组的通断和电流的大小，转子本身不产生磁场，只起导磁的作用。在工作中，定子绕组的电流为方波，磁极磁通处于高饱和状态。

开关磁阻电机的运行不是单纯的发电或者电动的过程，而是将两者有机结合在一起的控制过程。开关磁阻电机控制系统的可控参数主要有控制绕组通断晶体管的导通角度（开通角和关断角）、相电流幅值以及相绕组的端电压。常用的控制方法有角度控制（APC）、电流斩波控制（CCC）和电压控制（VC）3种。

（1）角度控制法（APC）

APC是电压保持不变，而对开通角和关断角进行控制。改变开通角，可以改变电流的波形宽度、改变电流波形的峰值和有效值大小，以及改变电流波形与电感波形的相对位置。改变关断角，可以影响电流波形宽度以及与电感曲线的相对位置，电流有效值也随之变化。一般情况下采用固定关断角、改变开通角的控制模式，但固定关断角的选取也很重要。

角度控制法的优点是转矩调节范围大，转矩脉动小，可实现效率最优控制和转矩最优控制，但是该方法不适合用于低速工况。

（2）电流斩波控制法（CCC）

电流斩波控制方式中，开通角和关断角保持不变，而主要靠控制斩波电流限的大小来调节电流的峰值，从而起到调节电机转矩和转速的目的。

电流斩波控制适用于低速和制动运行工况，可限制电流峰值的增长，并起到良好有效的调节作用，转矩也比较平稳，转矩脉动一般也比其他控制方式要小。

（3）电压控制法（VC）

电压控制法是在某相绕组导通阶段，在主开关的控制信号中加入 PWM 信号，调节占空比来调节绕组端电压的大小，从而改变相电流值。

电压控制法实现容易，且成本较低，缺点在于功率元件开关频率高、开关损耗大，不能精确控制相电流。

3.5.3　开关磁阻电机在电动汽车上的应用

开关磁阻电机转子上没有绕组和永磁体，其结构是 4 种电机中最坚固的，而且这样的结构使得电机制造简单、成本低、散热特性较好。相对于直流电机和交流电机，开关磁阻电机具有更高的效率，而且可以在较宽的功率和转速范围内高效率运行，这种特性十分符合电动汽车驱动的要求。但是，由于外加电压的阶跃性变化，使得定子电流、电机径向力变化率突变，使得开关磁阻电机工作时产生较大的脉动，再加上其结构和各相工作时的不对称，导致开关磁阻电机工作时产生较大的噪声和振动，这是开关磁阻电机在电动汽车驱动系统中应用普遍存在和亟须解决的问题。目前还没有产业化车型使用开关磁阻电机。

开关磁阻电机作为最新一代无级调速系统，尚处于深化研究开发、不断完善提高的阶段，其应用领域也在不断拓展之中。

3.6　轮毂电机技术

轮毂电机技术又称为车轮内装式电机技术，是一种将电机、传动系统和制动系统融为一体的轮毂装置技术。目前，电动汽车的主要驱动形式为集中式驱动，其具有驱动系统布置容易、控制系统相对简单和技术基础相对成熟的优点，但由于离合器、变速器、主减速器和传动轴等机械传动系统的存在，其底盘结构复杂、车内空间狭小、运转噪声较大，并且传动效率较低。轮毂电机技术可省去传统的传动系机构，将轮毂电机上的驱动力直接或者经过减速器传递到车轮上，不仅避免了复杂的底盘结构，而且提高了传动效率。轮毂电机驱动结构如图 3-11 所示。轮毂电机可采用永磁无刷、直流无刷和开关磁阻等电机类型。由于电机处于车轮轮毂内，受体积限制，要求电机为扁形结构，即电机短而粗。

3.6.1　轮毂电机技术发展

轮毂电机最早出现于 20 世纪 50 年代，美国人罗伯特发明了集电机、减速机构和制动机构于一体的轮毂装置。汽车产业发展较早的国家，如美国和日本在这方面的研究工作较多。

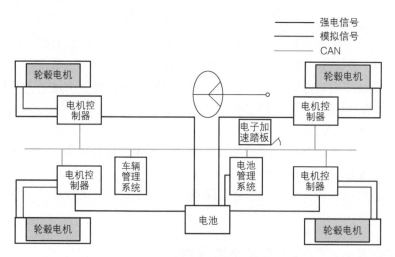

图 3-11　轮毂电机驱动结构图

目前，日本在轮毂电机技术领域处于领先地位。1991 年，日本的清水浩教授所带领的团队研制出了 IZA、ECO、KAZ 等轮毂驱动电动汽车，其中 ECO 电动汽车由两个永磁无刷直流轮毂电机后置驱动，并装有行星齿轮减速机构，额定功率为 6.8kW，峰值功率为 20kW。2003 年，普利司通公司在东京车展上展示了独立开发的轮毂电机与专业低滚动阻力轮胎匹配的动态吸振型电动轮。2011 年 3 月，清水浩教授组建的 SIM-DRIVE 公司的 1 号试验车 SIM-LEI 一次充电可续航 333km，0—100km/h 加速时间为 4.8s，最高车速可达 150km/h。

2003 年，美国通用汽车公司将轮毂电机技术成功运用到 S-10 小型货车上。该电机给车轮增加的质量约为 15kg，电机功率约为 25kW，产生的转矩比普通雪佛兰 S-10 皮卡车高出 60%。2005 年，通用汽车推出的燃料电池汽车的后轮采用轮毂电机驱动，前轮则采用集中单电机驱动，电机总功率达 110kW，续驶里程达 500km。

我国对轮毂电机技术的研究起步较晚，但随着国家"863"计划电动汽车重大专项课题的推进，研究力度在不断加强。同济大学分别于 2002 年、2003 年和 2004 年研制了三代"春晖"系列电动汽车，均采用低速永磁无刷直流轮毂电机。2004 年，比亚迪公司在车展上展出的"ET"概念车使用了 4 个功率为 25kW 的轮毂电机，最高车速可达到 165km/h，续驶里程为 350km。2010 年，广州汽车集团推出了"传祺"电动汽车，采用 Protean Electric 公司的轮毂电机，电机的最大功率为 83kW，最大转矩为 825N·m。近年来，国内电动汽车轮毂电机技术有了一定的提升。例如湖北泰特机电有限公司是国内比较早布局轮毂电机的企业，轮毂电机已经在全球 8 个国家 10 多条纯电动商用车的路线上运营，最早的一批是从 2009 年开始营运。此外，还有一些国内企业也聚焦研发轮毂电机，比如天海集团等。

3.6.2　轮毂电机的结构

轮毂电机驱动系统根据电机转子的形式主要分成两种结构形式：内转子式和外转子式。

内转子式轮毂电机采用高速内转子电机，配备固定传动比的减速器，

轮毂电机的结构

电机的转速通常高达 10000r/min。外转子式轮毂电机则采用低速外转子电机，无减速装置，电机的外转子与车轮的轮辋固定或者集成在一起，车轮的转速与电机相同，电机的最高转速在 1000～1500r/min 之间，如图 3-12 所示。

内转子式的轮毂电机具有比功率较高、质量小、体积小、噪声小、成本低等优点。其缺点是必须采用减速装置，使效率降低，非簧载质量增大，电机的最高转速受到线圈损耗、摩擦损耗以及变速机构的承受能力等因素的限制。外转子式的轮毂电机的优点是结构简单、轴向尺寸小，能在很宽的速度范围内控制转矩，且响应速度快，没有减速机构，因而效率高。其缺点是要获得较大的转矩，必须增大电机的体积和质量，因而其成本高。这两种结构在目前的电动汽车中都有应用，但是随着紧凑的行星齿轮变速机构的出现，高速内转子式驱动系统在功率密度方面比低速外转子式更具竞争力。

图 3-12　外转子式轮毂电机的结构示意图

3.6.3　轮毂电机技术的特点及驱动方式

轮毂电机系统
的控制技术

1. 轮毂电机技术的特点

轮毂电机技术的优点如下：

（1）更方便的底盘布置，更灵活的供电系统

由于采用了电动轮驱动的形式，汽车底盘的布置将更加灵活，省去了机械传动系之后，使得汽车乘员舱具有更大的空间，底盘设计也就具有更大的通用性。同时，电动汽车的电源供电系统也更加灵活，无论是采用燃料电池、超级电容器或者蓄电池，或者是它们的组合形式，都将更加灵活而不受限制，动力传动形式也由原来的机械硬连接变为只需要电缆进行供电的软连接形式。

（2）更好的汽车底盘主动控制性能

在采用轮毂电机驱动形式的电动汽车中，汽车的电动轮是可以独立控制的，汽车底盘的主动控制通过对驱动电机的控制实现。电机的控制响应快、精度高，每个驱动轮由各自的控制器控制，可以实现底盘主动控制的功能，并且如果是在四轮中均采用轮毂电机，可以实现最理想的控制效果。

（3）更快的控制响应

传统汽车驱动力控制系统结构复杂，制造成本高，且由于机械系统响应慢、电磁阀迟滞和液压管路膨胀变形等缘故，传统汽车的防抱死制动系统（ABS）和牵引力控制系统（TCS）的实际时间延迟为50～100ms。但轮毂电机只通过控制电机及其控制系统来实现各驱动轮驱动力的控制，再加上电机的自身转矩，系统响应时间可达0.2ms。由此可以看出，轮毂电机驱动响应快且易于控制，这对于对响应速度要求高的动力控制系统（VCD）、ABS、TCS和电子稳定功能（ESP）来说是非常重要的。

（4）最优的驱动力分配

由于驱动轮（2个或者4个）的驱动力是可以单独调节的，所以通过分析各轮的转矩利用效率，可选择最经济的驱动方式。

（5）更佳的驾驶舒适性

传统汽车的动力来自于发动机，汽车行驶过程中不可避免地会出现较大的噪声和传动系统的振动。而轮毂电机只有少量电磁噪声和机械噪声，并且电机转矩特性可在没有变速器的情况下实现无级变速，也没有换档冲击，行驶过程中平顺性好。

轮毂电机技术的不足如下：

1）轮毂电机增大了非簧载质量，这会对整车的操控性产生一定的不利影响。

2）虽然电子制动可以实现能量回收，但是其制动能力有限，所以仍需要有液压制动系统。

3）对密封有较高要求，同时在设计上也需要为轮毂电机单独考虑散热、防水等问题。

4）轮毂电机关键核心元器件（如大功率集成模块IGBT、IPM等）以及控制器全部需要从国外进口，这对于我国电动汽车以后的技术扩展和产业化推广将带来一定的制约。

2.轮毂电机技术的驱动方式

轮毂电机使用时常采用减速驱动和直接驱动两种驱动方式，如图3-13所示。

采用减速驱动方式，电机一般在高速下运行，多选用高速内转子式电机。减速机构放置在电机和车轮之间，起到减速和增加转矩的作用。减速驱动具有如下优点：电机运行在高速下，具有较高的效率，转矩大，爬坡性能好，能保证汽车在低速运行时获得较大的平稳转矩。不足之处是：难以实现液态润滑、齿轮磨损严重、使用寿命短、不易散热、噪声大。减速驱

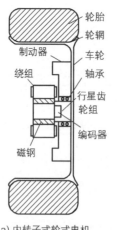
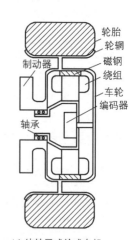

a) 内转子式轮式电机　　　　b) 外转子式轮式电机

图3-13　轮毂电机减速驱动和直接驱动

动方式适合于丘陵或山区使用，以及要求过载能力大和城区客车等需要频繁起动 / 停车等场合。

直接驱动方式多采用外转子式电机。为了使汽车能顺利起步，要求电机在低速时能提供大的转矩。直接驱动的优点有：不需要减速机构，使得整个驱动结构更加简单、紧凑，轴向尺寸也较小，而且效率也进一步提高，响应速度也较快。其缺点是：起步、爬坡以及承载较大载荷时需要大电流，易损坏电池，电机效率峰值区域小。直接驱动方式适合平路或负荷较小的场合。

3.6.4　轮毂电机在电动汽车上的应用

轮毂电机技术并非新生事物，早在 1900 年，保时捷就首先制造了前轮装备轮毂电机的电动汽车；20 世纪 70 年代，这一技术在矿山运输车等领域得到了应用。对于车用的轮毂电机技术，日系厂商研究较早，也推出了一些电动轮毂汽车车型，如本田 FCX concept、三菱 colt。目前国内也有自主品牌汽车厂商在研发此项技术。

轮毂电机驱动形式的优势比较明显，高质量的电动轮毂产品及电动轮毂汽车控制系统的研发已经是国际电气和汽车工程界研究的重要方向。轮毂电机也有自己的不足并存在一些问题，比如密封、起步电流和启动转矩的平衡关系，以及转向时驱动轮的差速问题等。如果能在工程上解决这些难题，轮毂电机驱动技术将在未来的电动汽车中拥有广泛的前景。

3.6.5　轮毂电机应用的关键技术问题

（1）轮毂电机结构优化问题

由于车轮内部空间有限，驱动电机、制动系统、减速机构、控制系统合理布置的难度增大。此外，轮毂电机驱动的电动汽车对驱动电机的功率密度性能要求高，同时轮毂电机工作环境恶劣，如何通过对轮毂电机结构的优化和设计来保证轮毂电机安全、高效地运行将会是轮毂电机研究的重要方向。

（2）轮毂电机电动汽车动力学控制问题

轮毂电机电动汽车为驱动防滑与制动防抱死控制提供了更迅速、更精确的执行器，但其对状态估计的精度和控制算法的鲁棒性要求也进一步提高。轮毂电机电动汽车直接横摆力矩控制与传统的直接横摆力矩控制相比，涵盖从常规到极限的全工况范围，因此算法须对非线性的轮胎特性有更好的自适应性。差速、差动驱动助力转向和车身姿态等控制尚处于起步研究阶段。此外，为解决多个动力学控制间的协调问题，集成控制也成为轮毂电机电动汽车动力学控制的一个重要发展方向。

（3）轮毂电机整车性能匹配问题

由于轮毂电机布置在轮毂内，在不平路面激励下的轮胎跳动、载荷不均、安装误差等都将引起电机气隙不均匀，轮毂电机引起的振动激励会进一步恶化，同时会引起定转子及相邻部件的振动，这会给车辆的平顺性和接地安全性带来不利的影响。通过研究轮毂电机与整车性能的匹配来消除这种不利影响已成为轮毂电机驱动电动汽车发展所要解决的关键问题之一。

3.7 电动汽车的再生制动

汽车再生制动
能量管理系统

再生制动的原理是在制动时将汽车行驶的惯性能量通过传动系统传递给电机，电机以发电机方式工作，为动力电池充电，实现制动能量的再生利用。与此同时，产生的电机制动力矩又可通过传动系统对驱动轮施加制动，产生制动力。在考虑设计再生制动发电的几种使用场合时，应全面综合考虑制动、下坡滑行、高速运行和低速运行等多种场合。

相对于车辆行驶所提出的高制动力矩需求，电机只能提供较小的制动力矩，因此电动汽车的制动系统不仅包括再生制动系统，还保留了传统汽车的液压制动系统。当车辆保持在制动频繁且制动强度较小的工况下行驶时，可充分利用再生制动系统。若汽车制动过程中所需要的制动强度较大，为保持车辆的制动安全，要尽可能地使用传统液压制动，而电机则较少参与或者不参与制动。

如图 3-14 所示，在车辆需要减速时，通过控制系统，驱动轮反拖驱动电机，驱动电机转化为发电机工作状态，产生反向电流，同时产生作用于驱动轮的制动力矩，可通过动力电池将制动产生的电能回收。

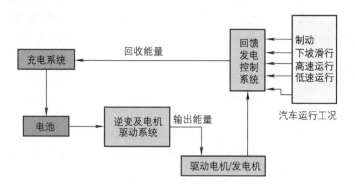

图 3-14 制动能量回收

第4章 动力电池系统

电动汽车与
动力电池

自电动汽车诞生以来，提高动力电池的功率密度、能量密度、使用寿命以及降低成本一直是电动汽车动力电池技术研发的核心。本章将重点介绍动力电池的基本参数、锂离子动力电池的特性、动力电池管理系统的构成与功能、动力电池组使用寿命以及动力电池的梯次利用与回收。

4.1 动力电池简介

动力电池的
类型与特点

动力电池的
充电方式

4.1.1 动力电池的基本构成

电池是一种把化学反应所释放的能量直接转变成直流电能的装置。要实现化学能转变成电能的过程，必须满足如下条件：

1）必须将化学反应中失去电子的氧化过程（在负极进行），得到电子的还原过程（在正极进行），分别在两个区域进行。

2）两电极间必须具有离子导电性的物质。

3）化学变化过程中电子的传递必须经过外线路。

为满足构成电池的条件，电池需包含以下基本组成部分：正极活性物质、负极活性物质、电解质、隔膜、外壳以及导电栅、汇流体、端子、安全阀等零件。电池的基本结构如图4-1所示。

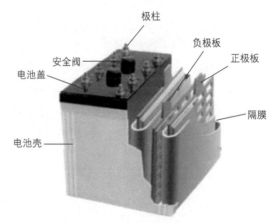

图4-1 电池的基本结构

4.1.2 动力电池的基本参数

（1）端电压和电动势

端电压：动力电池正极和负极之间的电位差。动力电池在没有负载情况下的端电压叫开路电压。动力电池接上负载后处于放电状态下的电压称为负载电压，又称为工作电压。电池充放电结束时的电压称为终止电压，分为充电终止电压和放电终止电压。图4-2所示为电池的充放电曲线，由图可知电池的充放电结束时都有一个电压极限值：充电时的电压极限值就是充电终止电压；放电时的电压极限值就是放电终止电压。

电动势（E）：组成电池的两个电极的平衡电极电位之差。

（2）容量

容量是指电池在一定的放电条件下所能放出的电量，用符号 C 表示，单位常用 A·h 或 mA·h 表示。

理论容量是假定电池中的活性物质全部参加电池的成流反应所能提供的电量。理论容量可根据电池反应式中电极活性物质的用量，按法拉第定律计算的活性物质的电化学当量精确求出。

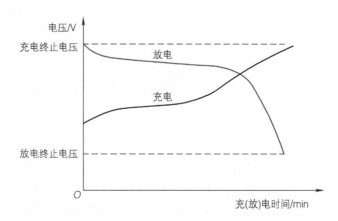

图 4-2　电池充放电电压变化曲线

法拉第定律指出，电流通过电解质溶液时，在电极上发生化学反应的物质的量与通过的电量成正比。数学式表达为

$$Q = zmF/M \qquad (4-1)$$

式中　Q——电极反应中通过的电量（A·h）；

　　　z——在电极反应式中的电子计量系数；

　　　m——发生反应的活性物质的质量（g）；

　　　M——活性物质的摩尔质量（g/mol）；

　　　F——法拉第常数，约为 96500g/mol 或 26.8A·h。

理论容量是电池容量的最大极限值，电池实际放出的容量只是理论容量的一部分。

额定容量也叫标称容量，是指按国家或有关部门规定的标准，保证电池在一定的放电条件（如温度、放电率、终止电压等）下应该放出的最低限度的容量。额定容量是制造厂标明的安时容量，是验收电池质量的重要技术指标。

实际容量（C）是指在实际应用工作情况下放电时电池放出的电量。充满电的电池在一定条件下所能输出的电量，等于放电电流与放电时间的积分。实际容量的计算方法如下：

恒电流放电时

$$C = IT \qquad (4-2)$$

变电流放电时

$$C = \int_0^T I(t)\mathrm{d}t \qquad (4-3)$$

式中　I——放电电流，是放电时间 t 的函数；

　　　T——放电至终止电压的时间。

电池的实际容量除与其本身的结构与制造工艺有关外，还受其放电制度的影响。

（3）内阻

电流通过电池内部时受到阻力，使电池的工作电压降低，该阻力称为电池内阻。由于电池内阻的作用，电池放电时端电压低于电动势和开路电压。充电时充电的端电压高于电动势和开路电压。电池内阻是化学电源的一个极为重要的参数。它直接影响电池的工作电压、工作电流、输出能量与功率等，对于一个实用的化学电源，其内阻越小越好。

电池内阻不是常数，在放电过程中由于活性物质的组成、电解液浓度和温度的变化以及放电时间而变化。电池内阻包括欧姆内阻和电极在电化学反应时所表现出的极化内阻，两者之和称为电池的全内阻。

欧姆内阻主要由电极材料、电解液、隔膜的内阻及各部分零件的接触电阻组成。

极化内阻是指化学电源的正极与负极在进行电化学反应时由于极化所引起的内阻。它是电化学极化和浓差极化所引起的电阻之和。极化内阻与活性物质的本性、电极的结构、电池的制造工艺有关，尤其与电池的工作条件密切相关，放电电流和温度对其影响很大。

（4）能量与能量密度

1）能量是指电池在一定放电制度下所能释放出的电能，单位常用 W·h 或 kW·h 表示。电池的能量分为理论能量和实际能量。

理论能量（W_0）为电池的理论容量与其电动势的乘积，即

$$W_0 = C_0 E \tag{4-4}$$

实际能量（W）为电池放电时实际输出的能量，它在数值上等于电池实际放电电压、放电电流与放电时间的积分，即

$$W = \int V(t)I(t)\mathrm{d}t \tag{4-5}$$

也可用电池组额定容量与电池放电平均电压的乘积来估算。

2）能量密度是指单位质量或单位体积的电池所能输出的能量，相应地称为质量能量密度（W·h/kg）或体积能量密度（W·h/L），也称为质量比能量或体积比能量。在电动汽车应用方面，电池的质量比能量影响电动汽车的整车质量和续驶里程，而体积比能量影响到电池的布置空间。

（5）功率与功率密度

1）功率是指在一定的放电制度下，单位时间内电池输出的能量，单位为 W 或 kW。

2）功率密度又称比功率，是单位质量或单位体积电池输出的功率，单位为 W/kg 或 W/L。比功率是评价电池及电池包是否满足电动汽车加速和爬坡能力的重要指标。

（6）荷电状态

荷电状态（State of Charge，SOC）描述了电池的剩余电量，其值为电池在一定放电倍率下，剩余电量与相同条件下额定容量的比值。荷电状态值是个相对量，一般用百分比的方式来表示，SOC 的取值为：$0 \leqslant \mathrm{SOC} \leqslant 100\%$。

（7）放电深度

放电深度（Depth of Discharge，DOD）是放电容量与额定容量之比的百分数，与 SOC 之间存在如下数学计算关系：

$$\mathrm{DOD} = 100\% - \mathrm{SOC} \tag{4-6}$$

（8）循环使用寿命（Cycle Life）

循环使用寿命是指以电池充电和放电一次为一个循环，按一定测试标准，当电池容量

降到某一规定值（一般规定为额定值的 80%）以前，电池经历的充放电循环总次数。循环使用寿命是评价电池寿命性能的一项重要指标。

（9）自放电率

自放电率是指电池在存放时间内，在没有负荷的条件下自身放电，使得电池的容量损失的速度，用单位时间（月或年）内电池容量下降的百分数来表示。

（10）输出效率

电池实际上是一个能量存储器，充电时把电能转变为化学能储存起来，放电时再把化学能转变为电能释放出来，供用电装置使用。电池的输出效率通常用容量效率和能量效率来表示。电池的容量效率指电池放电时输出的容量与充电时输入的容量之比，电池的能量效率指电池放电时输出的能量与充电时输入的能量之比。通常，电池的能量效率为 55% ~ 85%，容量效率为 65% ~ 95%。对电动汽车而言，能量效率是比容量效率更重要的一个评价指标。

（11）抗滥用能力

指电池对短路、过充电、过放电、机械振动、撞击、挤压以及遭受高温和着火等非正常使用情况的容忍程度。

（12）成本

电池的成本与电池的技术含量、材料、制作方法和生产规模有关，目前新开发的高比能量、高比功率的电池（如锂离子电池）成本较高，使得电动汽车的造价也较高。并发和研制高效、低成本的电池是电动汽车发展的关键。

电池成本一般以电池单位容量或能量的成本进行表示，单位为元 /A·h 或元 /kW·h。对于不同类型或同类型不同生产厂家、不同型号的电池可以进行比较。

（13）放电制度

放电制度是电池放电时所规定的各种条件，主要包括放电速率（电流）、终止电压和温度等。

1）放电电流是指电池放电时的电流大小。放电电流的大小直接影响到电池的各项性能指标，因此，介绍电池的容量或能量时，必须说明放电电流的大小，指出放电的条件。放电电流通常用放电率表示。放电率是指电池放电时的速率，有时率或倍率两种表示形式。

时率是以放电时间（h）表示的放电速率，即以一定的放电电流放完额定容量所需的时间（h），常用 C/n 来表示，其中，C 为额定容量，n 为一定的放电电流。放电率所表示的时间越短，所用的放电电流越大；放电率所表示的时间越长，所用的放电电流越小。

倍率实际上是指电池在规定的时间内放出其额定容量所输出的电流值。它在数值上等于额定容量的倍数。例如，3 倍率（3C）放电，其表示放电电流的数值是额定容量数值的 3 倍。若电池的容量为 15A·h，那么放电电流应为 $3 \times 15A = 45A$。

2）放电终止电压是指电池放电时，电压下降到不宜再继续放电的最低工作电压，其值与电池材料直接相关，并受到电池结构、放电率、环境温度等多种因素影响。

4.1.3　动力电池的分类

可用于电动汽车的动力电池根据正负极材料特性、电化学成分不同，电池常用有 3 种分类方法。

（1）按电解液种类分类

1）碱性电池，电解质主要以氢氧化钾水溶液为主的电池，如碱性锌锰电池（俗称碱锰电池或碱性电池）、镉镍电池、氢镍电池等。

2）酸性电池，主要以硫酸水溶液为介质的电池，如铅酸蓄电池。

3）中性电池，以盐溶液为介质的电池，如锌锰干电池、海水激活电池等。

4）有机电解液电池，主要以有机溶液为介质的电池，如锂离子电池等。

（2）按工作性质和储存方式分类

1）一次电池，又称原电池，即不能再充电使用的电池，如锌锰干电池、锂原电池等。

2）二次电池，即可充电电池，如铅酸电池、镍镉电池、镍氢电池、锂离子电池等。

3）燃料电池，活性材料在电池工作时才连续不断地从外部加入电池，如氢氧燃料电池、金属燃料电池等。

4）储备电池，储备电池储存时电极板不直接接触电解液，直到电池使用时，才加入电解液，如镁－氯化银电池，又称海水激活电池。

（3）按电池所用正、负极材料分类

1）锌系列电池，如锌锰电池、锌银电池等。

2）镍系列电池，如镍镉电池、镍氢电池等。

3）铅系列电池，如铅酸电池。

4）锂系列电池，如锂离子电池、锂聚合物电池和锂硫电池。

5）二氧化锰系列电池，如锌锰电池、碱锰电池等。

6）空气（氧气）系列电池，如锌空气电池、铝空气电池等。

4.1.4　国内外动力电池的研究现状

长期以来，电池的寿命和成本问题一直是制约电动汽车发展的技术瓶颈。经过不断的技术创新与技术改进，电池技术得到了飞速的发展，已从传统的铅酸电池演化到包含镍氢动力电池、钴酸锂、锰酸锂、聚合物、三元锂、磷酸铁锂等先进的绿色动力电池的技术体系，在比能量、比功率、安全性、可靠性、循环寿命、成本等方面取得了长足进步。

现阶段在电动汽车上使用的主流电池类型及其基本特性见表 4-1。锂离子动力电池具有容量高、比能量高、循环寿命长、无记忆效应等优点，因而成为当前电动汽车用动力电池技术研究开发的主要方向。

当前，国际上各大电池公司纷纷投入巨资研制开发锂离子动力电池，在技术上取得了一系列重大突破。美国 Vaknce 公司研制的 U-charge 磷酸铁锂电池，除了能量密度高、安全性好等优势外，可在 $-20 \sim 60℃$ 的宽温度范围内放电及储存，其重量比同容量的铅酸蓄电池轻了 56%，一次充电后的运行时间是铅酸电池的 2 倍，循环寿命是铅酸蓄电池的 $6 \sim 7$ 倍。韩国 SK innovation 动力锂电池正极采用 NCM 三元材料，NCM622 电池单体质量能量密度达到 $200W \cdot h/kg$，而 NCM811 单体电池可以达到 $300W \cdot h/kg$。

表 4-1 电动汽车用主流电池类型及其基本特性

特性	铅酸电池	镍镉电池	镍氢电池	钠硫电池	锂电池
比能量 /（W·h/kg）	50~70	40~60	60~80	100	200~260
比功率 /（W/kg）	200~300	150~300	550~1350	200	250~450
循环寿命 / 次	400~600	600~1200	1000 以上	800	800~2000
优点	技术成熟、廉价、可靠性高	比能量较高、寿命长、耐过充电/放电性好	比能量高、寿命长	比能量高	比能量高、寿命长
缺点	比能量低、耐过充电/放电性差	镉有毒、价高、高温充电性差	价高、高温充电性差	高温工作稳定	价高、存在一定安全性问题

在我国，权威部门对动力电池的测试结果表明，中国研制的动力电池的功率密度和能量密度实测数据达到了同类型电池的国际先进水平，电池安全性能也有了很大提高。镍氢动力电池荷电保持能力大幅度提升，常温搁置 28 天，荷电保持能力可达 95% 以上。锂离子电池在系统集成技术及能力方面取得较大进展和突破，采用磷酸铁锂材料的动力电池系统的能量密度一般在 160~180W·h/kg 之间，采用三元材料（18650 圆柱形动力电池）的动力电池系统的能量密度一般在 150~300W·h/kg 之间，最高可达 389W·h/kg。

在电池技术发展规划方面，世界主要发达国家均制定了国家层面的动力电池研究发展规划，大力支持动力电池技术和产业的发展。美国能效和可再生能源局（Office of Energy Efficiency and Renewable Energy，EERE）发布了"电动汽车无处不在大挑战蓝图"（EV everywhere grand challenge blueprint）"，设置的 2022 年动力电池系统技术指标包括电池系统质量能量密度 250W·h/kg，体积能量密度 400W·h/L，功率密度 2000W/kg，成本 \$125/（kW·h）。长期目标（截至 2027 年）则主要支持后锂离子电池技术的开发，如锂硫、锂空气、镁离子及锌空气电池等，在寿命、能量效率、功率密度以及其他重要性能参数等方面开展深入的研究工作，以实现其商业化应用。美国能源部的研究着重于电池材料革新、电芯电化学优化、增强可持续性和降低成本。计划至 2025 年，将电池成本降至 \$60/（kW·h）。2030 年，规模化量产无钴无镍电池材料。

日本经济产业省下属的新能源产业技术综合开发机构（New Energy and Industrial Technology Development Organization，NEDO）牵头制定了较为详细的动力电池研发路线图和行动计划，重点对锂离子电池单体、模块、标准及评价技术进行研发项目的设置，开展技术攻关。根据 NEDO 的技术路线图，在 2025 年之前，日本动力电池将是现在锂电池体系，此后电解质将进入全固态电池阶段，同时锂硫电池也会成为主流，此后会有其他电池出现，比如锂空气电池。在具体的动力电池研究目标上，日本提出，在 2020 年实现 250W·h/kg 能量密度的电池包，成本降到 20000 日元 /（kW·h）以下，循环次数 1000~1500 次。到 2030 年，电池包密度达到 500W·h/kg，成本降到 10000 日元 /（kW·h）以下，循环次数 1000~1500 次。

德国政府为推动电动汽车的发展，制定了国家电驱动平台计划，通过电池灯塔研发项目推动在动力电池领域建立单体电池及电池系统的生产能力，从材料开发及电池技术、创新性电池设计技术、安全性评估及测试流程、电池寿命的建模与分析、大规模生产的工艺技术五方面开展研发工作。在电芯方面德国的目标是 2030 年实现能量密度 400W·h/kg，循环次数 2000 次，成本 75 欧元 /（kW·h）。目前，德国卡尔斯鲁厄理工学院和乌尔姆大学亥姆霍兹研究中心的研究人员研发了一种新的正极和电解质组合的锂金属电池，可以实现高达 560W·h/kg 的单体电池能量密度。与此同时，德国还发起了电池研发的资助计划，通过简化研究成果向产业应用转化实现电池 "德国制造"（Made in German）。具体执行方面，这一计划将价值链上下游的参与者都串联起来，从上游的材料，到正极、负极、隔膜、电解质、电池制造商、电池包制造和主机厂。

韩国知识经济部大力支持电动汽车用锂离子电池的研发工作，着重对锂离子动力电池单体、模块、系统及关键原材料等进行攻关研究。支持的世界首要材料项目（World Premier Material, WPM），涉及纯电动汽车和储能两大应用领域，纯电动汽车侧重于能量密度，储能侧重于成本，从高功率、高容量、低成本、高安全性四方面开展相关技术研究。其中引导绿色社会的二次电池技术研发项目，下设锂离子电池关键材料、应用技术研究（针对储能及纯电动汽车领域）、评价与测试基础设施，涵盖基础研究、关键原材料、测试评价及标准、动力电池应用，以期在韩国打造完善的动力电池产业链。

我国科技部发布的 "十二五" "十三五" 规划电动汽车重大项目中，对混合动力用高功率动力电池、纯电驱动用高能量型锂离子动力电池以及下一代纯电驱动用新型锂离子电池和新体系电池进行了技术研发支持。国务院印发的新能源汽车产业发展规划（2021—2035 年），对动力电池路线图再次阐述了发展愿景，开展正负极材料、电解液、隔膜、膜电极等关键核心技术研究，加强高强度、轻量化、高安全、低成本、长寿命的动力电池和燃料电池系统短板技术攻关，加快固态动力电池技术研发及产业化。中国动力电池 2025 年能量密度目标 400W·h/kg，材料体系是富锂锰基正极 + 高比能硅碳负极；2030 年，能量密度目标是 500W·h/kg，材料体系方面，正负极仍是富锂锰基正极 + 高比能硅碳负极，但是电解液将演变为固态电解液。目前，我国在高镍正极材料及动力锂电池单体开发方面获取得重要进展，三元高比能动力锂离子电池，能量密度超过 300W·h/kg。而在磷酸铁锂电池方面，能量密度可实现 ≥ 180W·h/kg。企业研发方面，各个车企与电池厂商做出了积极的响应。除了大力发展锂离子电池，宁德时代在钠离子电池领域也积极开拓。钠离子电池的工作机理和电池结构与锂离子电池类似，均是通过金属离子在正负极之间迁移实现充放电功能。二者主要区别在于电池材料，钠离子电池正级一般由钠离子层状氧化物等构成，负极则以硬碳代替锂电池使用的石墨。由于钠元素储备更加丰富，因此钠离子电池比起锂离子电池来说，不仅其本身价格低廉、节约成本，其制造过程同样更节省成本。钠电子的投入使用，将会使得车辆在定价上更具有优势，也更有助于新能源电动汽车的普及。2021 年 7 月 29 日，宁德时代发布第一代钠离子电池，其电芯（电池单体）能量密度为 160W·h/kg，略低于磷酸铁锂电池，但是低温性能和快充明显优势，常温充电 15min 达到 80% 电量，在 −20℃ 环境下能保持 90% 以上的系统放电率。宁德时代表示，下一代钠离子电池电芯能量密度将突破 250W·h/kg，预计 2025 年形成基本产业链。

2020 年 3 月 29 日，比亚迪正式推出刀片电池。在模拟车祸碰撞的针刺实验中，刀片电池可以保证无烟、无明火，电池表面温度仅 30 ~ 60℃ 左右，与传统电池会发生热失控相比短路时产热更少、散热更快，具有良好的安全性能。长 96cm、宽 9cm、高 1.35cm 的单体电池，通过阵列的方式排布在一起，就像"刀片"一样插入到电池包里面，在成组时跳过模组和梁，减少了冗余零部件后，形成类似蜂窝铝板的结构等——刀片电池通过一系列的结构创新，实现了电池的超级强度的同时，电池包的安全性能大幅提升，体积利用率也提升了 50% 以上。因为刀片电池能够大大减少三元锂电池因电池安全和强度不够而增加的结构件，从而减少车辆的质量，所以单体能量密度虽然没有比三元锂电池的高，但是能够达到主流三元锂电池同等的续航能力。同时，刀片电池电量可于 33min 内实现 SOC10% ～ 80% 的快充。

除了比亚迪的刀片电池，蜂巢能源也推出了短刀片电池。蜂巢能源 L600 短刀磷酸铁锂电芯第一代型号为 184A·h，采用叠片技术，在能量密度、循环寿命、快充电、安全等方面均较目前主流铁锂电池有明显提升。同时支持切换 590 标准模组，实现串并联方案灵活变化，以高标准化、灵活性的特点可最大化降低电池包的设计难度，灵活高兼容，可广泛适配不同纯电动平台车型。2021 年 7 月 16 日，蜂巢能源宣布其研发的全球首款无钴电池量产下线，能量密度为 240W·h/kg。

固态电池，即采用固态电解质的锂离子电池，因其在技术指标和成本上对于三元锂电池的领先，被公认为未来锂电池的发展方向。在新能源汽车应用中，固态电池拥有不可取代的优势，其一是固态电解质具有不易燃、无腐蚀、无挥发等特性，因此无论在性能还是安全性方面都优于液态电池；其二是能量密度更高，理论上固态电池的能量密度可以达到 400 ～ 500W·h/kg，进而提升电动汽车的续驶里程；其三是用固态电解质取代正负极之间的隔膜电解液，使得电池更薄、体积更小，因此可实现动力电池小型化、薄膜化。2021 年 1 月，蔚来发布了 150kW·h 固态电池包，可实现 360W·h/kg 的能量密度，并定于 2022 年第四季度对外交付；国轩高科已开发出能量密度大于 360W·h/kg 的固态电池产品，并获车企认可和项目定点；北汽蓝谷表示目前完成了第二代固态电芯的开发，电池系统台架测试验证及整车搭载验证；2021 年 2 月，奇瑞汽车与安瓦新能源能量密度 300 ～ 340W·h/kg 的半固态动力电池产业化项目签约落地；2021 年 3 月，广汽埃安发布新一代动力电池安全技术"弹匣电池"。

4.2　锂离子动力电池

锂电池与三元锂

自 20 世纪 90 年代面世以来，锂离子电池就以其能量密度高、循环寿命长、无记忆效应、环境友好等优点成为动力电池应用领域研究的热点。近年来，锂离子电池已经成为电动汽车用动力电池的主体。

4.2.1　概述

锂离子电池根据正极材料的不同，分为钴酸锂电池、锰酸锂电池、磷酸铁锂电池和三元材料锂离子电池等；根据所用电解质材料不同，分为液态锂离子电池（Lithium-Ion Battery，LIB）和聚合物锂离子电池（Polymer Lithium-Ion Battery，PLB）两大类。三元材料锂离子电池以其能量密度高、安全性好等优点开始在电动汽车上得到广泛的应用。

相对于其他类型电池，锂离子电池具有以下显著的优点：

（1）工作电压高

钴酸锂单体电池的工作电压为 3.6V，锰酸锂单体电池的工作电压为 3.7V，磷酸铁锂单体电池的工作电压为 3.2V，而镍氢、镍镉单体电池的工作电压仅为 1.2V。

（2）能量密度高

锂离子电池正极材料的理论能量密度可达 200W·h/kg 以上，实际应用中由于不可逆容量损失，通常低于这个数值，但也可达 140W·h/kg，该数值仍为镍氢电池的 2 倍左右。

（3）循环寿命长

目前，锂离子电池在深度放电情况下，循环次数可达 1000 次以上；在低放电深度条件下，循环次数可达上万次，其性能远远优于其他同类电池。

（4）自放电小

锂离子电池月自放电率仅为总电容量的 5%～9%，大大缓解了传统的二次电池放置时由自放电所引起的电能损失问题。

（5）无记忆效应

记忆效应是一种发生在部分充电电池上（如镍镉电池或镍氢电池），经过多次充电后导致电池容量减少的现象。锂离子电池相比镍镉电池、镍氢电池其记忆效应最不明显。

（6）环保性高

相对于传统的铅酸电池、镍镉电池和镍氢电池废弃可能造成的环境污染问题，锂离子电池中不包含汞、铅、镉等有害元素，是真正意义上的绿色电池。

4.2.2　锂离子动力电池的工作原理

锂离子电池在原理上实际是一种锂离子浓差电池，正、负电极由两种不同的锂离子嵌入化合物组成，正极采用锂化合物 Li_xCoO_2、Li_xNiO_2 或 Li_xMnO_2，负极采用锂碳层间化合物 Li_xC_6，电解质为 $LiPF_6$ 和 $LiAsF_6$ 等有机溶液。经过 Li^+ 在正、负电极间的往返嵌入和脱嵌形成电池的充电和放电过程。充电时，Li^+ 正极脱嵌经过电解质嵌入负极，负极处于富锂态，正极处于贫锂态，同时电子的补偿电荷从外电路供给到碳负极，保持负极的电平衡；放电时则相反，Li^+ 从负极脱嵌，经过电解质嵌入到正极，正极处于富锂态，负极处于贫锂态。从充放电的可逆性看，锂离子电池反应是一种理想的可逆反应。锂离子电池工作原理如图 4-3 所示，内部结构如图 4-4 所示。锂离子电池的电极反应表达式分别为

正极反应式：

$$LiMO_2 \longrightarrow Li_{1-x}MO_2 + xLi^+ + xe \tag{4-7}$$

负极反应式：

$$nC + xLi^+ + xe \longrightarrow Li_xC_n \tag{4-8}$$

电池反应式：

$$LiMO_2 + nC \longrightarrow Li_{1-x}MO_2 + Li_xC_n \tag{4-9}$$

其中，M 代表 Co、Ni、W、Mn 等金属元素。

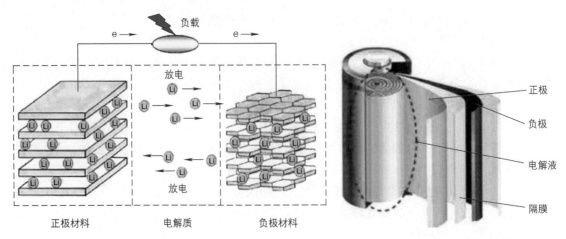

图 4-3　锂离子电池工作原理　　　　　图 4-4　锂离子电池内部结构

4.2.3　锂离子动力电池的失效机理

理想的锂离子电池除了锂离子在正、负极之间嵌入和脱出外，不发生其他副反应，不出现锂离子的不可逆消耗。实际上，锂离子电池每时每刻都有副反应存在，也有活性物质不可逆的消耗，如电解液分解、活性物质溶解、金属锂沉积等，只不过程度不同而已。实际电池系统的每次循环中，任何能够产生或消耗锂离子或电子的副反应，都可能导致电池容量平衡的改变。一旦电池的容量平衡发生改变，这种改变就是不可逆的，并且可以通过多次循环进行累积，对电池性能产生严重影响。造成锂离子电池容量衰退的原因主要有：

（1）正极材料的溶解

以尖晶石 $LiMn_2O_4$ 为例，Mn 的溶解是引起 $LiMn_2O_4$ 可逆容量衰减的主要原因。Mn 的溶解沉积造成正极活性物质减少；溶解的 Mn 游离到负极时会造成负极固态电解质相界面（Solid Electrolyte Interface，SEI）膜的不稳定，被破坏的 SEI 膜再形成时会消耗锂离子，造成锂离子的减少。Mn 的溶解是尖晶石锂离子电池容量衰减的重要原因，在这一点学界已经基本达成共识，但是对于 Mn 的溶解机理却存在多种不同的解释。

（2）正极材料的相变化

一般认为，锂离子的正常脱嵌反应总是伴随着宿主结构摩尔体积的变化，引起结构的膨胀与收缩，导致氧八面体偏离球对称性并成为变形的八面体构型。这种现象叫做 Jahn-Teller 效应（或 J-T 扭曲）。在 $LiMn_2O_4$ 电池中，J-T 效应所导致的尖晶石结构不可逆转变，也是容量衰减的主要原因之一。J-T 效应多发生在过放电阶段，在起始材料中加入过量的锂，掺杂 Ni、Co、Al 等阳离子或者 S 等阴离子可以有效地抑制 J-T 效应。

（3）电解液的分解

锂离子电池中常用的电解液主要包括由各种有机碳酸酯（如 PC、EC、DMC、DEC 等）的混合物组成的溶剂以及由锂盐（如 $LiPF_6$、$LiClO_4$、$LiAsF_6$ 等）组成的电解质。在充电的条件下，电解液对含碳电极具有不稳定性，故会发生还原反应。电解液还原消耗了电解质及其溶剂，对电池容量及循环寿命产生不良影响。

（4）过充电造成的容量损失

电池在过充电时，会造成负极锂的沉积、电解液的氧化以及正极氧的损失。这些副反应或者消耗了活性物质，或者产生不溶物质堵塞电极孔隙，或者正极氧损失导致高电压区的 J-T 效应，这些都会导致电池容量衰减。

（5）自放电

锂离子电池的自放电所导致的容量损失大部分是可逆的，只有一小部分是不可逆的。造成不可逆自放电的原因主要有：锂离子的损失（形成不可溶的 Li_2CO_3 等物质），电解液氧化产物堵塞电极微孔造成内阻增大等。

（6）SEI 膜的形成

因 SEI 膜的形成而损失的锂离子将导致两极间容量平衡的改变，在最初的几次循环中就会使电池的容量下降。另外，SEI 膜的形成使得部分石墨粒子和整个电极发生隔离而失去活性，也会造成容量的损失。

（7）集流体的腐蚀

锂离子电池中的集流体材料常用铜和铝，两者都容易发生腐蚀，集流体的腐蚀会导致电内阻增加，从而造成容量损失。

4.2.4 锂离子动力电池的性能

1. 充放电特性

锂离子电池充电从安全、可靠及兼顾充电效率等方面考虑，通常采用两段式充电方法。第 1 阶段为恒流限压，第 2 阶段为恒压限流。锂离子电池充电的最高限压值根据正极材料不同而有一定的差别。锂离子电池基本充放电电压曲线如图 4-5 所示。图中曲线采用的充放电电流均为 0.3C。对于不同的锂离子电池，区别主要有两点：第 1 阶段恒流值，根据电池正极材料和制造工艺不同，最佳值存在一定的差别，一般采用电流范围为 0.2C ~ 0.3C；不同锂离子电池在恒流时间上存在很大的差别，恒流可充入容量占总体容量的比例也存在很大差别，从电动汽车实际应用的角度，恒流时间越长，充电时间越短，更有利于应用。

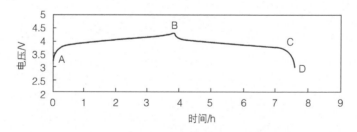

图 4-5　锂离子电池基本充放电电压曲线

锂离子电池放电在中前期电压稳定，下降缓慢，但在放电后期电压下降迅速，如图 4-6 中的 CD 段所示。在此阶段必须进行有效控制，防止电池过放电，避免对电池造成不可逆性损害。

（1）充电电流对充电特性的影响

以额定容量100A·h某锂离子电池为例，在SOC = 40%、恒温20℃情况下，采用不同充电率充电，充电曲线如图4-6所示。

如充电曲线所示，随充电电流的增加，恒流时间逐步减少，恒流可充入容量和能量也逐步减少。在实际电池组应用中，可以以锂离子电池允许的最大充电电流充电，达到限压后，进行恒压充电，这样在减少充电时间的基础上，也保证了充电的安全性；另外，应综合考虑充电时间和效率，选择适中的充电电流，以减少内阻能耗。

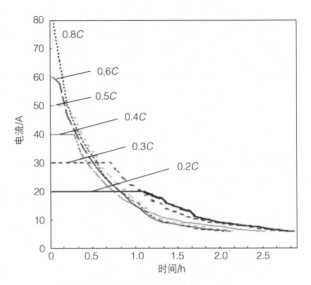

图4-6　锂离子电池充电电流曲线

（2）放电深度对充电特性的影响

在恒温环境温度20℃下，对额定容量100A·h锂离子电池在不同SOC、以0.3C恒流限压进行充电。试验参数见表4-2，充电曲线如图4-7所示。在图4-7中，曲线从左到右放电容量依次增加。

表4-2　不同放电深度充电试验参数

放电		充电		等容量充入能量 /W·h	充电时间 /min	恒流时间 /min	恒流充电容量/A·h	单位容量平均充电时间 /min	等容量充放电效率
容量 /A·h	能量 /W·h	容量 /A·h	能量 /W·h						
10	32.85	13.32	57.40	43.10	58	3	1.5	5.80	0.762
20	65.12	22.78	98.32	86.32	119	6	3.0	5.95	0.754
30	95.86	30.91	133.10	129.20	151	12	6.0	5.03	0.742
40	122.03	40.12	169.60	164.98	171	18	9.0	4.28	0.740
50	159.07	50.32	220.52	214.47	218	34	17.0	4.36	0.742
60	188.33	60.08	263.39	260.99	252	45	22.5	4.20	0.722
80	249.76	80.35	344.4	342.90	318	72	35.76	3.98	0.728

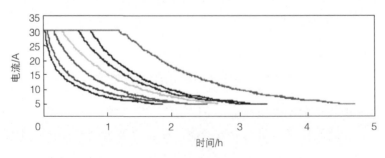

图4-7　锂离子20℃，0.3C恒流锂离子电池充电曲线

从表 4-2 和图 4-7 可以得到如下 3 个结论：①随放电深度增加，充电所需时间增加，但平均每单位容量所需的充电时间减少，即充电时间的增加随放电深度不成正比增加；②随放电深度增加，恒流充电时间所占总充电时间比例增加，恒流充电容量占所需充入容量的比重增加；③随放电深度增加，等安时充放电效率有所降低，但降低幅度不大。

（3）充电温度对充电特性的影响

在不同环境温度下对锂离子电池进行充电，以某额定容量 200A·h 锂离子电池为例，采用恒流限压方式，记录充电截止条件为充电电流下限为 1A 的充电参数，见表 4-3。

表 4-3　不同温度电池充电参数

环境温度 /℃	充电电流降至 5A			充电电流降至 1A		
	充入容量 /A·h	充入能量 /W·h	充电时间 /h	充入容量 /A·h	充入能量 /W·h	充电时间 /h
-25	118.09	516.81	9.0	147.08	640.79	21.0
-5	127.29	566.63	7.1	160.75	717.27	19.0
10	164.59	707.65	6.4	203.12	867.32	15.2
25	168.94	726.91	5.5	205.98	878.71	12.3

从表 4-3 可以看出，随着环境温度降低，电池的可充入容量明显降低，而充电时间明显增加。低温（-25℃）同室温（25℃）相比，相同的充电结束电流，可充入容量和能量降低约 25% ~ 30%。若以 5A 为充电结束标准，则电池仅能充入在此温度下可充入容量或能量的 75% ~ 85%。但降低充电结束电流，就意味着充电时间的大幅增加。在冬季低温情况下，电池可充入容量低，因此，为了防止电池过放电，必须降低单次充电电池的可用容量。

（4）放电特性影响因素

以某额定容量 200A·h 锂离子电池为例。在 20℃ 的环境温度下，将电池充满电，分别在 -20℃、0℃、20℃ 进行不同放电电流下的放电试验，100A（0.5C）放电过程的曲线如图 4-8 所示。

在低温下，电池的放电电压较低，尤其在放电初期同样的放电电流下，电池电压将出现一个急剧的

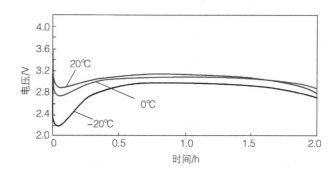

图 4-8　锂离子电池 100A（0.5C）放电过程的曲线

下降，如图 4-8 所示，所以放电能量偏低；在放电中期，放电消耗在电池内阻上的能量使得电池自身的温度升高，锂离子申电池活性物质的活性增加，电池电压有所升高，因此可放出的能量增加；在放电后期，电池电压降低，单位时间放出的能量随之降低。

在同一温度、同样的放电终止电压下，不同的放电结束电流，可放出的容量和能量有一定的差别。电流越小，可放出容量和能量越多。

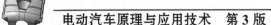

2. 安全性

锂离子电池在热冲击、过充电、过放电和短路等滥用情况下，其内部的活性物质及电解液等组分间将发生化学、电化学反应，产生大量的热量与气体，使得电池内部压力升高，积累到一定程度可能导致电池着火甚至爆炸。其主要原因如下：

（1）材料稳定性

锂离子电池在一些滥用状态下，如高温、过充电、针刺穿透以及挤压等情况下，可以导致电极和有机电解液之间的强烈作用，如有机电解液的剧烈氧化、还原或正极分解产生的氧气进一步与有机电解液反应等。这些反应产生的大量热量如不能及时散失到周围环境中，必将导致电池内热失控的产生，最终导致电池的燃烧、爆炸。因此，正负电极、有机电解液相互作用的热稳定性是制约锂离子电池安全性的首要因素。

（2）制造工艺

锂离子电池的制造工艺分为液态和聚合物锂离子电池的制造工艺。无论是什么结构的锂离子电池，电极制造、电池装配等制造过程都会对电池的安全性产生影响。如正极和负极混料、涂布、辊压、裁片或冲切、组装、加注电解液的量、封口、化成等诸道工序的质量控制，无一不影响电池的性能和安全性。浆料的均匀度决定了活性物质在电极上分布的均匀性，从而影响电池的安全性。浆料细度太大，电池充放电时会出现负极材料膨胀与收缩比较大的变化，可能出现金属锂的析出；浆料细度太小会导致电池内阻过大。涂布加热温度过低或烘干时间不足会使溶剂残留，黏结剂部分溶解，造成部分活性物质容易剥离；温度过高可能造成黏结剂炭化，活性物质脱落形成电池内短路。

4.2.5 锂离子动力电池的应用

随着移动电子设备的迅速发展和能源需求的不断增大，人们对锂离子电池的需求也越来越大。锂离子电池的高容量、适中的电压、广泛的来源以及其循环寿命长、成本低、性能好、对环境无污染等特点，决定了它不仅可以应用于移动通信工具，也被越来越广泛地应用在正迅速发展的电动汽车上。

（1）在便携式电器方面的应用

目前移动电话、便携式计算机、微型摄像机等需要便携式电源的用电器已经成为人们生活中不可缺少的一部分。在电源方面，锂离子电池已成为市场的主流。

（2）在交通行业的应用

随着社会文明的进步，人们的保环意识提高并对环境的要求日益高涨。环保的交通工具已经进入人们的视野。目前，我国以电动自行车为主的电动轻型车呈现出蓬勃发展的趋势，锂离子动力电池已开始在部分高端车型应用。在电动汽车开发方面，锂离子动力电池已经成为主流。在国内众多汽车研制和生产企业开发的电动汽车车型大部分采用锂离子电池。国际上，已经进入市场销售的纯电动汽车和插电式混合动力电动汽车，如日产公司的 LEAF、美国特斯拉（Tesla Motors）公司的 Tesla Model S 以及通用公司的 VOLT 均采用了锂离子电池系统。

（3）在军事装备及航空航天事业中的应用

在军事装备中，锂离子电池主要用作动力启动电源、无线通信电台电源、微型无人驾驶侦察飞机动力电源等。此外，诸如激光瞄准器、夜视器、飞行员救生电台电源、船示位标电源等现在也普遍采用锂离子电池。在航天领域，锂离子电池已经用于地球同步轨道卫星和低轨道通信卫星，作为发射和飞行中校正、地面操作的动力。

（4）其他

锂离子电池由于自身的结构特点和特殊的工作原理，决定了其原材料丰富、环保、比容量高、循环性能和安全性能好等特点，在医疗行业（例如，助听器、心脏起搏器等）、石化行业（例如，采油动力负荷调整）、电力行业（例如，储能电源）等均具有广阔的应用前景。在追求能源绿色化的今天，它具有更加重要的意义。

作为新一代绿色高能电池，锂离子电池有望成为最有前途和最具发展潜力的电池之一。

4.3 其他储能装置

4.3.1 铅酸蓄电池

铅酸蓄电池

铅酸蓄电池以酸性水溶液为电解质，电极以铅及其氧化物为材料，故称为铅酸蓄电池。铅酸蓄电池的正极活性物质主要成分为二氧化铅，负极活性物质主要成分为绒状铅，隔板由微孔橡胶、颜料玻璃纤维等材料制成，电解液由浓硫酸和净化水配制而成。铅酸蓄电池广泛应用于生产和生活的各个领域。作为起动、点火、照明电池，主要用于汽车、摩托车、内燃机车和电力机车；作为工业用铅酸蓄电池，主要用于邮电、通信、发电厂和变电所开关控制设备以及计算机备用电源等；以阀控密封式铅酸蓄电池为主，可用于应急灯、UPS、电信、广电、铁路和航标等；作为动力电池，主要用于电动汽车、高尔夫球车、电动叉车、矿用车等，而且在一定时间内铅酸蓄电池仍然会在这些低速纯电动车辆中得到使用。

随着社会各界对环境问题的重视，铅酸蓄电池中的硫酸以及铅、锑、砷、镍等重金属会对环境产生污染成为限制其发展和应用的一个重要因素。如铅主要作用于人体的神经系统、造血系统、消化系统和肝、肾等器官，能抑制血红蛋白的合成代谢，还能直接作用于成熟红细胞，对婴幼儿的毒害很大。

4.3.2 镍氢电池

镍氢电池是在镍镉电池的基础上发展起来的一种绿色电池，其正极主要成分为氢氧化物，负极主要成分为储氢合金，电解质为氢氧化钾水溶液，隔膜主要有尼龙纤维、聚丙烯纤维和维纶纤维电池隔膜。

镍氢电池中没有铅、镉等重金属元素，不会对环境造成污染，能满足混合动力电动汽车所要求的高能量、高功率、长寿命和足够宽的工作温度范围要求。但是和铅酸蓄电池相比，镍氢电池价格较高，而且自放电损耗大，对环境温度敏感，还有记忆效应和充电发热等问题。

4.3.3　超级电容器

其他类型的
动力电池

超级电容器（Ultra Capacitor）是一种介于电解质电容器和电化学蓄电池之间的储能装置，其储能方式与传统电容器不同。传统电容器由电极和电解质构成，通过电极间的电解质在电场作用下产生极化效应而储存能量，而超级电容器则不存在介质，依靠电解质与电极接触界面上形成的特有双层结构储存能量。与传统的电容器和二次电池相比，超级电容器的比功率是电池的 10 倍以上，储存电荷的能力比普通电容器高，并具有充放电速度快、循环寿命长、使用温度范围宽、无污染等特点，是一种非常有前途的绿色储能装置。

超级电容器主要应用在混合动力电动汽车上，超级电容器 - 蓄电池复合电源系统被认为是解决未来电动汽车动力问题的有效途径之一。随着对电动汽车用超级电容器的进一步研究和开发，超级电容器 - 蓄电池复合电源系统在满足性能和成本要求上更具有实用性，其市场前景广阔。

4.4　动力电池管理系统

电池管理系统的
基本构成和功能

电池管理系统的
数据采集方法

动力电池管理系统（Battery Management System，BMS）是用来对蓄电池组进行安全监控及有效管理、提高蓄电池使用效率的装置。对于电动汽车而言，通过该系统对电池组充放电的有效控制，可以达到增加续驶里程、延长使用寿命、降低运行成本的目的，并保证动力电池组应用的安全性和可靠性。动力电池管理系统已经成为电动汽车必不可少的核心部件之一。

4.4.1　基本构成

对电池管理系统功能和用途的理解是随着电动汽车技术的发展逐步丰富起来的。最早的电池管理系统仅仅进行电池一次测量参数（电压、电流、温度等）的采集，之后发展到二次参数（SOC、内阻）的测量和预测，并根据极端参数进行电池状态预警。现阶段电池管理系统除完成数据测量和预警功能外，还通过数据总线直接参与车辆状态的控制。

图 4-9 所示为主从式电池管理系统的拓扑结构，它采用一个主控单元（BCU）、多个从控单元（HMU、BMU）的结构形式。电池管理系统的主要工作原理可简单归纳为：数据采集电路采集电池状态信息（电压、电流、温度等）数据后，通过 CAN 总线将数据传送给电子控制单元（ECU）进行数据处理和分析，然后电池管理系统根据分析结果对系统内的相关功能模块发出控制指令（如控制风机开、关等），并向外界传递参数信息；同时，电池管理系统也能通过 CAN 总线与组合仪表及充电机等进行通信，实现参数显示、充电监控等功能。电池管理系统电气连接结构如图 4-10 所示。

动力电池的
电量管理

动力电池的
均衡管理

4.4.2　主要功能

电池能量管理系统的主要功能包括：数据采集、电池状态估计、能量管理、热管理、安全管理和通信等，如图 4-11 所示。

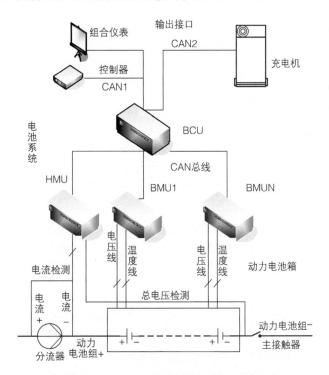

图 4-9　主从式电池管理系统拓扑结构

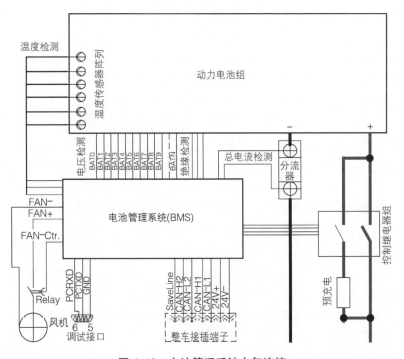

图 4-10　电池管理系统电气连接

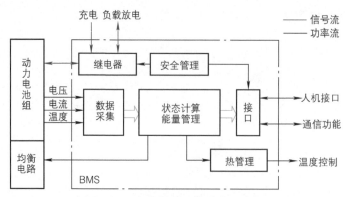

图 4-11　电池管理系统功能示意图

（1）数据采集

电池管理系统的所有算法均以采集的动力电池数据作为输入，采样速率、精度和前置滤波特性是影响电池系统性能的重要指标。电动汽车电池管理系统的采样频率一般要求大于 20Hz（间隔 50ms）。

（2）电池状态计算

电池状态计算主要包括 SOC 和电池组健康状态（State of Heath，SOH）两方面。SOC 用来提示动力电池组剩余电量，是计算和估计电动汽车续驶里程的基础。SOH 用来提示动力电池技术状态、预计可用寿命等健康状态的参数。

SOC 是防止动力电池过充电和过放电的主要依据，只有准确估算动力电池组的 SOC 才能有效提高其利用效率、保证其使用寿命。在电动汽车中，准确估算动力电池 SOC 可以起到保护动力电池、提高整车性能、降低对动力电池性能的要求以及提高经济性等作用。

（3）能量管理

能量管理主要包括以电流、电压、温度、SOC 和 SOH 为输入进行充电过程控制，以 SOC、SOH 和温度等参数为条件进行放电功率控制两个部分。

（4）安全管理

安全管理主要用于监视电池电压、电流、温度等是否超过正常范围，防止电池组过充电、过放电。如今在对电池组进行整组监控的同时，多数电池管理系统已经发展到对单体电池进行过充电、过放电、过温等安全状态管理。

动力电池的安全管理

安全管理系统主要有以下功能：烟雾报警、绝缘检测、过电压和过电流控制、过放电控制、防止温度过高、在发生碰撞的情况下关闭电池。

（5）热管理

热管理主要用于电池工作温度超高时对电池进行冷却，低于适宜工作温度下限时对电池进行加热，使电池处于适宜的工作温度范围内，并在电池工作过程中保持电池单体间温度均衡。对于大功率放电和高温条件下使用的电池，电池的热管理尤为必要。

动力电池的热管理及数据通信

热管理主要有以下功能：电池温度的准确测量和监控、电池组温度过高时的有效散热和通风、低温条件下的快速加热、有害气体产生时的有效通风、保证电池组温度场的均匀分布。

（6）均衡控制

单体电池的一致性差异导致电池组的工作状态由最差的单体电池决定。在电池组各个电池之间设置均衡电路、实施均衡控制是为了使各单体电池充放电的工作情况尽量一致，提高整体电池组的工作性能。

（7）通信功能

通过电池管理系统实现电池参数和信息与车载设备或非车载设备的通信，为充放电控制、整车控制提供数据依据是电池管理系统的重要功能之一。根据应用需要，数据交换可采用不同的通信接口，如模拟信号、PWM 信号、CAN 总线或 I2C 串行接口。

（8）人机接口

人机接口用于根据设计需要设置显示信息以及控制按键、旋钮等。图 4-12 所示为某电池管理系统的监控信息显示界面，电池管理系统的实际安装位置如图 4-13 所示。

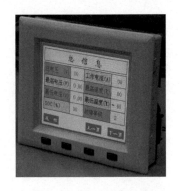

图 4-12　电池状态信息

图 4-13　电池管理系统在电池包中的安装位置

4.4.3　热管理系统

电池热管理是根据温度对电池性能的影响，结合电池的电化学特性与产热机理，基于具体电池的最佳充放电温度区间，通过合理的设计，建立在材料学、电化学、传热学、分子动力学等多学科多领域基础之上，为解决电池在温度过高或过低情况下工作而引起热散逸或热失控问题，以提升电池整体性能的技术。处于合理的工作温度区间是电池组保持良好性能的必要条件。因此，针对锂离子电池组设计合理的热管理方案对于电池系统整体性能的提升具有重要意义。

电池组热管理系统有如下 5 项主要功能：①电池温度的准确测量和监控；②电池组温度过高时的有效散热和通风；③低温条件下的快速加热；④有害气体产生时的有效通风；⑤保证电池组温度场的均匀分布。

根据传热介质的不同，可将电池组热管理系统分为空冷、液冷和相变材料冷却三种。考虑到材料的研发以及制造成本等问题，目前最有效且最常用的散热系统是采用空气作为散热介质。

按照散热风道结构，空冷系统又可分为串行通风方式和并行通风方式两种，分别如

图 4-14 和图 4-15 所示。

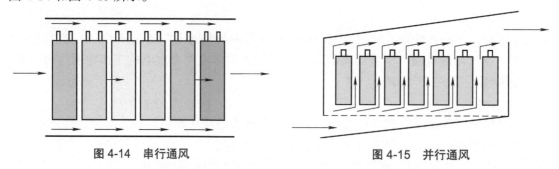

图 4-14　串行通风　　　　　　　　图 4-15　并行通风

串行通风一般是使空气从电池包一侧流往另外一侧，从而达到带走热量的效果。这时气流会将先流过的地方的热量带到后流过的地方，从而导致两处温度不一致且温差较大。而并行通风时，模块间空气都是直立上升气流，这样能够更均匀地分配气流，从而保证电池包中各处的散热一致性。

热管理系统按照是否有内部加热或制冷装置可分为被动式和主动式两种。被动系统成本较低，采取的措施相对简单；主动系统相对复杂，并且需要更大的附加功率，但效果较为理想。

图 4-16 ~ 图 4-18 所示为空气加热与散热结构示意图。

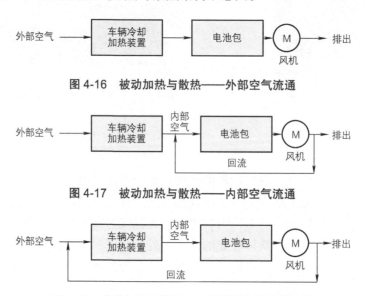

图 4-16　被动加热与散热——外部空气流通

图 4-17　被动加热与散热——内部空气流通

图 4-18　主动加热与散热——外部和内部空气流通

在图 4-17 和图 4-18 中，尽管空气是经过汽车空调或供暖系统冷却和加热的，但它仍然被认为是一种被动系统。运用这种被动系统，由于引入环境空气的温度的不一致性，环境空气必须在一定温度范围（10 ~ 35℃）中才能正常进行热管理，在环境极冷或极热条件下运行电池包可能会产生更大的不均匀度。

在加热系统中，除了采用将热空气引入电池包中的方式外，还可以采用其他方式，如图 4-19 ~ 图 4-22 所示（方形电池）。

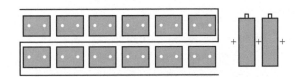

图 4-19　在电池列前后缠绕硅胶加热线

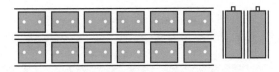

图 4-20　在电池列间添加电热膜

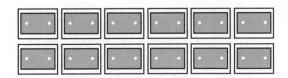

图 4-21　在电池本体上包覆电热膜

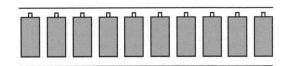

图 4-22　在电池上、下端添加加热板

4.5　动力电池组

无论哪种电池类型，其单体电池的电压和容量都无法满足电动汽车的需求，必须通过串并联的方式组成电池组为电动汽车提供能量。由于电池组内单体间不一致性的存在，在动力电池组使用过程中，电池组的最大可用容量与单体的可用容量下降速度不同步，也将导致各单体的 SOC 状态各不相同。电池组的性能并不等于各单体电池性能的简单相加，而是存在类似于木桶短板效应的问题，因此电池组寿命和电池单体相比有明显降低。

4.5.1　动力电池组的布置形式

由于现阶段电池能量密度的限制，为了达到满足车辆用户需求的续驶里程，电池系统占整车的质量比例较高，在 10% ~ 20% 之间。因此电池包在整车上的布置位置对电动车辆的性能和布置结构有很大的影响。

动力电池布置形式可以按照轴荷分配质量或者按照动力电池与底盘的关系进行分类，如图 4-23 所示。

（1）按照轴荷分配质量的位置分类

按照轴荷分配质量的位置分类，具体可分为前轴前、后轴后和两轴之间三个位置。在一般情况下，纯电动汽车电池包通常布置在两轴之间。

图 4-24 所示为电动客车骨架图，电池分别置于两轴间以及后轴后的位置。混合动力电动汽车由于电池比较少，采用单一位置进行电池布置，图 4-25 所示为普锐斯混合动力电动汽车电池包位置。

图 4-23　动力电池组布置形式分类

图 4-24　电动客车骨架图

图 4-25　普锐斯混合动力电动汽车电池包位置

（2）按动力电池组与底盘的关系分类

近年来很多乘用车采用底盘均布的方式布置动力电池系统，不仅可以提高电池系统的安全性，还可以降低车辆重心，增强车辆的操纵稳定性和安全性。具体来说，布置方式又可分为底盘上部布置、一体化布置等，分别如图 4-26 所示。

采用底盘上部布置方式的电池系统一般安装在车辆座椅下、底盘上部，如图 4-26 所示的车型电池系统均采用这种布置方式。

a) 比亚迪E6

b) 荣威E50

c) 日产聆风

d) 雷诺ZOE

e) 大众e-UP

f) 大众e-Golf

g) 启辰晨风

h) 三菱MiEV

图 4-26　电池系统底盘上部布置

将电池系统与底盘结构融为一体可提高电池系统、车辆的结构强度，增强电池系统的碰撞安全性，采用这种电池系统设计方式的车型如图 4-27 所示。

a) 特斯拉Model S   b) 宝马 i3

图 4-27　电池系统一体化布置

4.5.2　动力电池组的一致性

电池一致性是指同一规格型号的单体电池组成电池组后，其电压、荷电量、容量及其衰退率、内阻及其变化率、寿命、温度影响、自放电率等参数存在一定的差别。但有时电池不能表现出一致性，主要表现在两方面：

1）在制造过程差异引起的单体原始差异：由于工艺上的问题和材质的不均匀，使得电池极板活性物质的活化程度和厚度、微孔率、连条、隔板等存在很微小的差别，这种电池内部结构和材质上的不完全一致性，就会使同一批次出厂的同一型号电池的容量、内阻等参数不可能完全一致。

2）在装车使用时的环境差异引起的单体退化差异：由于电池组中各个电池的温度、通风条件、自放电程度、电解液密度等差别的影响，在一定程度上增加了电池电压、内阻及容量等参数的不一致性。

1. 电池一致性的分类

根据使用中电池组不一致性扩大的原因和对电池组性能的影响方式，可以把电池的一致性分为容量一致性、电压一致性和电阻一致性。

（1）电压一致性

电压不一致的主要影响因素在于并联组中电池的互充电，当并联组中一节电池电压低时，其他电池将给此电池充电。并联电压不一致性如图 4-28 所示，设 V_1 的端电压低于 V_2，则电流方向如图 4-28 所示，如同电池充电电路。采用这种连接方式时，低压电池容量小幅增加的同时高压电池容量急剧降低，能量将损耗在互充电过程中而达不到预期的对外输出。

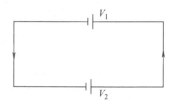

图 4-28　并联电压不一致性

若低压电池和正常电池一起使用，将成为电池组的负载，影响其他电池的工作，进而影响整个电池组的寿命。所以，在电池组不一致程度明显增加的深放电阶段，不能再继续行车，否则会造成低容量电池过放电，影响电池组使用寿命。

电池静态（电池静止 1h 以上）开路电压在一定程度上是电池 SOC 的集中表现。由于电池 SOC 在一定范围内还与电池开路电压呈线性关系，因此开路电压不一致也在一定程度上体现了电池能量状态不一致。

（2）容量一致性

电池组在出厂前的分选试验可以保证单体电池初始容量一致性较好，在使用过程中可以通过电池单体单独充放电来调整单体电池初始容量，使之差异性较小，所以初始容量不一致不是电动汽车电池成组应用的主要矛盾。在电池组实际使用过程中，容量不一致主要是电池起始容量不一致和放电电流不一致综合影响的结果。

（3）内阻一致性

电池内阻不一致使得电池组中每个单体在放电过程中热损失的能量各不一样，最终会影响电池单体的能量状态。

2. 电池组电压一致性的发展规律

随使用时间和行驶里程的增加，电池的不一致程度逐渐增加。最直观的反映为运行一段时间后，单体电池电压不一致程度增加。以某锂离子电池组为例，说明电池组在使用过程中电压一致性的分布规律，如图 4-29 所示。

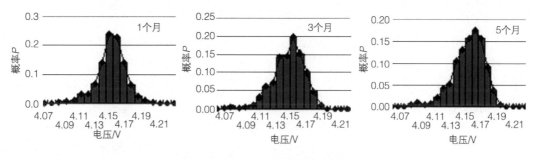

图 4-29　电压一致性统计结果

从图中可以看出，最初电压在 4.15 ~ 4.16V 出现的概率最大，随着时间的推移，概率最大电压段有上升到 4.16 ~ 4.17V 的趋势。随着使用时间的增加，电池组的电压分散程度增加，表现为概率分布的峰值随时间逐步降低，最低电压和最高电压在两个方向上延伸；另一方面，各个电压段的概率值在峰值两端基本成对称分布且呈逐步下降趋势，分布状态与正态分布相似。

3. 提高电池一致性的措施

电池组的一致性是相对的，不一致性是绝对的。电池的不一致性在生产阶段就已经产生了，在应用过程中，需要采取一定的措施，减缓电池不一致性扩大的趋势或速度。根据动力电池应用经验和试验研究，常采用如下八项措施，保证电池组寿命逐步趋于单体电池的使用寿命。

1）提高电池制造工艺水平，保证电池出厂质量，尤其是初始电压的一致性。同一批次电池出厂前，以电压、内阻及电池化成数据为标准进行参数相关性分析，筛选相关性良好的电池，以此来保证同批电池的性能尽可能一致。

2）在动力电池成组时，务必保证电池组采用同一类型、同一规格、同一型号的电池。

3）在电池组使用过程中检测单体电池参数，尤其是动、静态情况下（电动汽车停驶或行驶过程中）的电压分布情况，掌握电池组中单体电池不一致性的发展规律，对极端参数电池进行及时调整或更换，以保证电池组参数不一致性不随使用时间而增大。

4）对使用中发现的容量偏低的电池进行单独维护性充电，使其性能恢复。

5）间隔一定时间对电池组进行小电流维护性充电，促进电池组自身的均衡和性能恢复。

6）尽量避免电池过充电，尽量防止电池深度放电。

7）保证电池组良好的使用环境，尽量保证电池组温度场均匀，减小振动，避免水、尘土等污染电池极柱。

8）采用电池组均衡系统，对电池组充放电进行智能管理。

4. 一致性对电池组寿命的影响

电池组寿命的影响因素除了单体本身所含因素以外，还包括单体电池之间的一致性水平，电池组的成组方式又影响着电池组内单体间的一致性水平。在车辆应用过程中，主要体现在以下因素差异。

1）温度差异：在电动汽车上电池的安装位置根据需要可能布置在不同的位置，电池所处的热环境存在差异，如某箱电池可能靠近电机等热源，而部分电池可能处于通风状况良好的区域，或者在同一位置的电池模组内由于通风条件的差异导致单体间有温差。

2）充放电倍率差异：同一种电池都有相同的最佳放电率，容量不同，最佳放电电流就不同。在串联组中电流相同，所以有的电池在最佳放电电流工作，而有的电池达不到或超过了最佳放电电流。即由于电池的不一致性，导致其在工作过程中的放电率有差异。

3）放电深度差异：若电池组中电池单体容量不一致，则在汽车行驶过程中，在大多数电池还属于浅放电的情况下，容量不足的电池已经进入深放电阶段，并且在其他电池深放电时，低容量电池可能已经没有电量可以放出，成为电路中的负载。因此，电池容量不一致会导致其放电深度有差异。

4）单体电池与电池组的可用容量差异：在充电过程中，小容量电池将提前充满，为使电池组中其他电池充满，小容量电池必将过充电，充电后期充电电压偏高，甚至超出电池电压最高限，会形成安全隐患，影响整个电池组的充电过程，并且过充电将严重影响电池的使用寿命。

各种一致性水平的差异导致了电池组寿命与单体电池寿命存在较大差异。另外，不一致参数之间并不是相互独立的，而是相互影响、互为因果关系的。电池初始容量不一致及衰退速度不一致是造成荷电状态不一致的原因，而所有的不一致性最直接的表现形式就是电池电压的不一致，电池电压的不一致性可以从一定程度上反映动力电池组其他各种不一致性。电池组不一致性的成因和传递过程如图4-30所示。

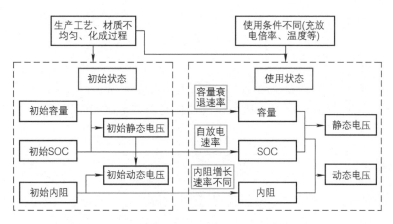

图 4-30　动力电池组不一致性的成因及其传递过程

4.5.3　动力电池的使用寿命

动力电池单体在充放电循环使用过程中，由于一些不可避免的副反应的存在，电池可用活性物质逐步减少，性能逐步退化。其退化程度随着充放电循环次数的增加而加剧，其退化速度与动力电池单体充放电的工作状态和环境有着直接的联系。

影响动力电池单体寿命的因素主要包括充放电速率、充放电深度、环境温度、存储条件、电池维护过程、电流波纹以及过充电量和过充电频率等。

（1）充电截止电压

动力电池在充电过程中一般都伴随有副反应，提高充电截止电压，甚至超过电池电化学电位后进行充电一般会加剧副反应的发生，导致电池使用寿命缩短，并可能导致内部短路电池损坏，甚至造成着火爆炸等危险工况。

以某锂离子动力电池为例，图 4-31 所示为降低充电截止电压对电池容量衰退的影响。由图可知，避免对锂离子电池充电至容量的 100%，可以在很大程度上延长锂离子电池的寿命；降低充电截止电压将有效提高电池循环寿命，但代价是降低电池的可用容量。研究表明，充电电压降低 100 ～ 300mV 可以将周期寿命延长 2 ～ 5 倍或者更长时间。图 4-32 所示为提高充电截止电压对电池容量衰退的影响。从图 4-32 可以看出，充电截止电压即使提高

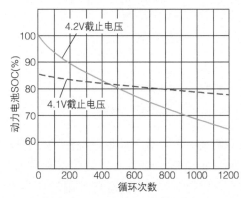

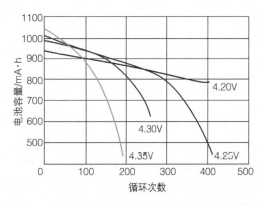

图 4-31　降低充电截止电压对电池容量衰退的影响　　图 4-32　提高充电截止电压对电池容量衰退的影响

0.05V，对动力电池容量衰退的影响也是巨大的。充电截止电压提高 0.15V，就使得动力电池容量保持在 800mA·h 以上的循环寿命从 350 次降低到 140 次。

（2）放电深度

深度放电会加速动力电池的衰退。某锂离子动力电池在不同放电深度下的循环寿命数据见表 4-4。从中可以发现，浅充浅放可以有效提高动力电池的使用寿命。

表 4-4　放电深度与循环寿命的对应关系

放电深度（%）	100	50	25	10
循环寿命 / 次	500	1500	2500	4700

（3）充放电倍率

动力电池单体的充放电倍率是其在使用工况下最直接的特征参数，其大小直接影响着动力电池单体的衰退速度。充放电倍率越高，动力电池单体的容量衰退越快。图 4-33 所示是在不同充放电倍率下动力电池单体的容量衰退情况，可以看出，同样是 $0.5C$ 充电，$1C$ 放电的电池退化较 $0.5C$ 放电的严重；同样是 $1C$ 放电，$1C$ 充电的电池退化较 $0.5C$ 放电的严重。由此可知，动力电池单体大倍率的充放电都会加快其容量的退化速度，如果充放电倍率过大，动力电池单体还可能会出现直接损坏，甚至过热、短路起火等极端现象。

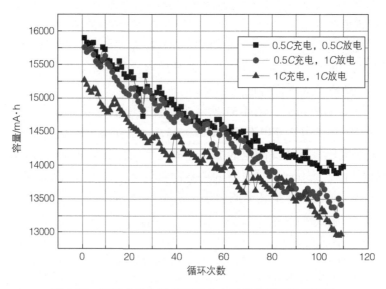

图 4-33　不同充放电倍率下动力电池单体的容量衰退图

（4）环境温度

不同的动力电池均有最佳的工作温度范围，过高或过低的温度都将对电池的使用寿命产生影响。图 4-34 所示为两种温度条件下的某 10A·h 锂离子动力电池的容量衰减曲线。采用 $0.3C$ 进行充电，$0.5C$ 放电的方式进行循环，可以看出在高温下运行应用的动力电池容量衰减明显大于常温下工作的电池。

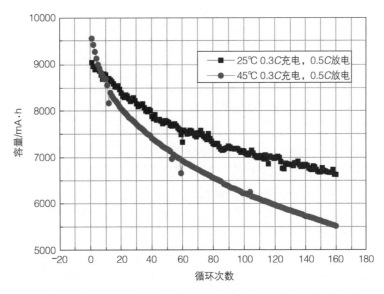

图 4-34 某 10A·h 锂离子动力电池不同温度条件下的容量衰减

（5）存储条件

存储过程中，电池的自放电、正负极材料钝化、电解液分解蒸发、电化学副反应等因素将导致电池产生不可逆的容量损失。以锂离子电池为例，在锂离子电池存储期间，石墨负极的副反应是引起锂离子动力电池容量衰减的主要原因。锂离子电池电极材料与电解液在固液相界面上发生反应后，其负极表面会形成一层电子绝缘且离子可导的固体电解质界面（SEI）膜。这主要是由于电解液在负极表面的还原分解而形成的。这层膜的性质和质量直接影响着电极的充放电性能和安全性。

4.6 动力电池的梯次利用与回收

按照国家标准规定，动力电池的容量下降到额定容量的 80% 就意味着其寿命的终结，如果直接将电池淘汰，将造成严重的资源浪费。因此，当动力电池不宜在现有车辆上继续使用时，可对其进行梯次利用；充分发挥动力电池的利用价值后还可对其回收利用，提取电池中的贵金属、稀土元素等稀缺资源，提高资源利用率、减少污染。

车用动力电池的
回收

4.6.1 动力电池的梯次利用

动力电池梯次利用是指当动力电池不能满足现有电动汽车的功率和能量需求时，继续将其转移应用到对动力电池能量密度、功率密度要求较低的其他领域，达到充分发挥其剩余价值的目的。

国内外对动力电池梯次利用的研究尚处于前瞻性阶段。2003 年，美国 Sandia 国家实验室开展了车用淘汰电池梯次利用的技术与经济性研究，分析了车用淘汰电池梯次利用的可行性，并给出了车用淘汰电池的适用领域。2010 年，美国可再生能源国家实验室开始进行插电式混合动力电动汽车及纯电动汽车用锂离子电池二次利用的研究，目的是降低电动汽车的购置成本。日本日产公司于2010年宣布二次销售聆风纯电动汽车即将淘汰的锂离子电池，以降低用户的购买成本，标志着车用淘汰电池的梯次利用即将进入商业化运营阶段。

我国在"十二五"国家高技术研究发展计划中首次将电池的梯次利用技术纳入示范应用项目，要求对电池梯次利用的筛选原则、成组方法和系统方案进行研究，并建立车用淘汰锂离子电池的准入导则。

理论上，城市电动公交车、市政电动特种用途车以及遍布全国各地的风景旅游区用电动观光车对于整车续驶性能、加速性能、最高车速等性能要求的差异导致在动力电池组配备上对储能容量、功率的需求呈现递减梯度，以100A·h锂离子动力电池单体为例，依据使用容量将其划分为4个梯次，见表4-5。当动力电池在某个梯次应用时，经过一定的充放电循环后，电池容量衰退到本梯次应用的最小容忍值，则可用作以下某个梯次电动汽车等的能量源。例如，在城乡结合部应用的低速电动车、旅游观光车现阶段应用的能量源以铅酸蓄电池为主，而若将容量衰退到原有容量50%左右的锂离子电池应用于此，其能量密度仍大于铅酸蓄电池，且可获得比原有铅酸蓄电池更好的性能。

表4-5　动力电池利用梯次划分

项目	梯次			
	1	2	3	4
电池容量/(A·h)	80～100	60～80	40～60	<40
适用车型	大型公交车、高速电动汽车	城市特殊用途用车、市政用车等	低速电动微型车、旅游观光车	电站UPS储能

在实际应用中，以奥运纯电动公交客车退役电池为对象，假设退役电池容量为其额定容量的80%，二次利用的成品率为90%，电力电子设备的充放电效率都为90%，电池使用时的放电深度为60%，则当新电池价格为3.0元/(W·h)时，通过梯次利用的方式，可使新电池价格降低约15%。

4.6.2　动力电池的回收

动力电池回收是指动力电池在功率和能量方面均完全失去使用价值之后，通过一定的途径由相关机构或企业收集，并采用化学或物理方法分离出各种有利用价值的元素，减少或消除对环境带来的负面影响的行为。

铅酸蓄电池的回收利用过程如图4-35所示。其中，新工艺下废铅酸蓄电池能更好地得到回收利用，回收的物质不仅可以用于制造新铅酸蓄电池，还可得到Na_2SO_4副产品，极大减少了对环境的污染。

目前世界上仅有一些大的汽车公司针对特定市场开展了动力电池的回收处理工作。例如，日本丰田汽车公司生产的普锐斯混合动力电动汽车，其电池回收处理模式已经基本形成。丰田在欧洲已经建立了电池回收处理网络，电池回收工作相当规范。部分发达国家也开展了一些有关动力电池回收处理的研究工作，如美国能源部从1990年开始立法要求回收电动汽车电池，大型汽车公司已经开始联合研发镍氢电池和锂离子电池回收处理技术，美国阿贡国家实验室也一直在开展电动汽车电池回收的研究工作。

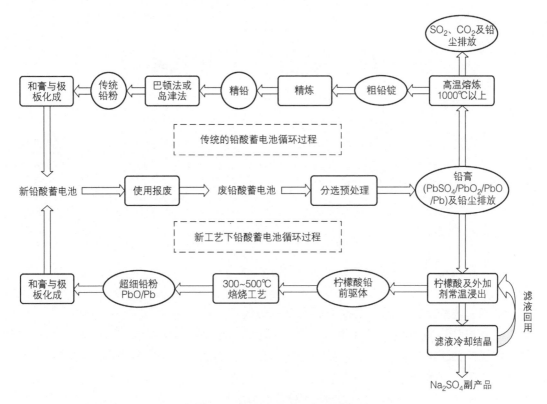

图 4-35　铅酸蓄电池回收利用流程

　　我国对于动力电池的回收技术和回收体系尚在研究和建设过程中，也与国外研究单位合作开展了研究项目。其中由北京理工大学和美国阿贡国家实验室共同开展的中美电动汽车用动力电池项目，研究了中美电池生产过程中的异同之处，评估了经济高效的电池材料回收方法，研究了锂离子电池中有价金属的回收方法。

第5章 电动汽车电气系统

本章将简述电动汽车电气系统的分类，重点详述电动空调系统、功率变换器等高压电气系统部件的发展现状与技术特点，并对电动汽车高压安全的检测与防护、电气系统电磁兼容设计方法、抑制电磁干扰的措施等进行介绍。

5.1 电气系统概述

电气系统是电动汽车的神经，承担着能量与信息传递的功能，对电动汽车的动力性、经济性、安全性和舒适性等有很大的影响，是电动汽车的重要组成部分，图 5-1 所示为电动汽车电气系统的结构原理。根据不同的电压等级和用途，电动汽车的电气系统分为低压电气系统和高压电气系统。低压电气系统采用直流 12V 或 24V 电源，一方面为灯光、刮水器等常规的低压电器提供电源，另一方面为整车控制器、高压电气设备控制器和辅助部件供电。高压电气系统主要由动力电池、驱动电机和功率变换器等大功率、高电压的电气设备组成，根据车辆行驶的功率需求完成从动力电池到驱动电机的能量转换与传输过程。图 5-2 所示为典型电动汽车高低压电路原理。

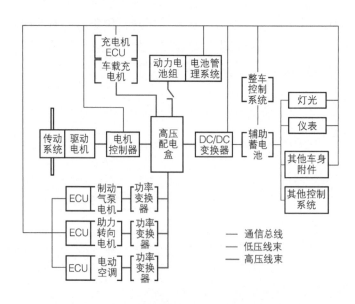

图 5-1　电动汽车电气系统的结构原理

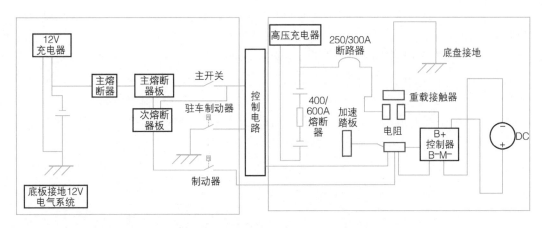

图 5-2　典型电动汽车高低压电路原理

（1）低压电气系统

电动汽车低压电气系统主要由 DC/DC 变换器、辅助蓄电池和若干低压电气设备组成。如图 5-3 所示，电动汽车的低压电气设备主要包括灯光系统、仪表系统和娱乐系统等。燃油汽车的辅助蓄电池与发动机相连由发电机来充电，而电动汽车的辅助蓄电池则由动力电池通过 DC/DC 变换器来充电。

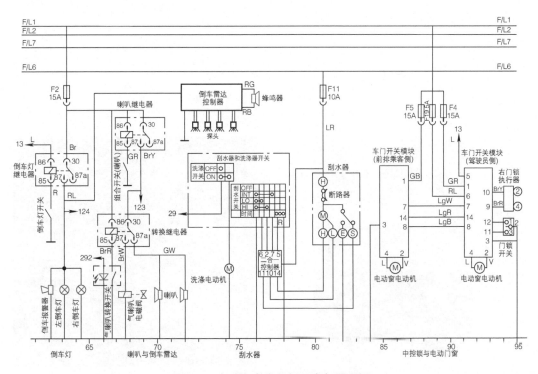

图 5-3　电动汽车常见低压电气原理图

（2）高压电气系统

如图 5-4 所示，动力电池的高压能量从正极出发，首先通过位于驾驶员操控台的高压开关 DK1，该开关受低压控制，作为整车高压电源的总开关及充电开关。经线路 2 可以进行充电操作，经线路 3 连接主电机控制器（通过驱动电机驱动车辆）、直流电源变换器（为低压电源充电）、转向系统控制器（控制转向助力机构）、制动控制系统控制器（控制和驱动气泵提供制动能量）及冷暖一体化空调，最后经过分流器 FL 流回负极，分流器的作用是检测高压线路中的电流值。此外，在电池内部之间装有 500A 的熔断器 F，可防止高压回路中电流过大。图 5-5 所示是高压电器组成部件设计图与实物图。

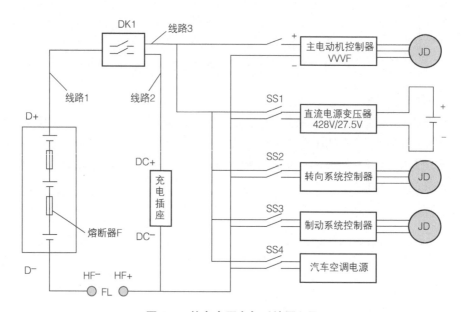

图 5-4　整车高压电气系统原理图

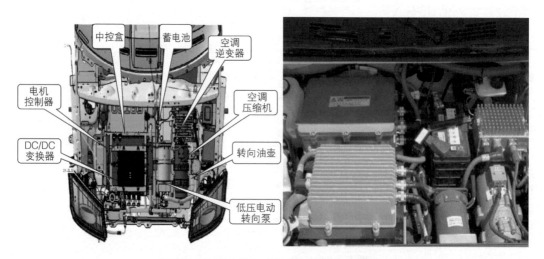

图 5-5　高压电器组成部件设计图与实物图

5.2 电动汽车空调系统

5.2.1 电动汽车空调的发展现状

手动空调系统

空调系统作为传统汽车和电动汽车功耗最大的辅助子系统，其功耗占所有辅助子系统功耗的 60% 以上。电动空调系统由于能量效率高、调节方便、舒适性好等优点，逐步成为车辆空调研发和应用的热点和发展趋势。传统汽车与电动汽车空调系统的区别在于：电动汽车没有发动机的余热可以利用或者不能完全利用发动机的余热，需采用热泵型空调系统或辅助加热器；电动空调压缩机可以采用电机直接驱动，但对压缩机高转速性和密封性的要求较高。对于电动空气调节系统，目前采用的方案主要包括电动热泵式空调系统、电动压缩机制冷与电加热器混合调节空调系统。图 5-6 所示为电动空调的应用示例。

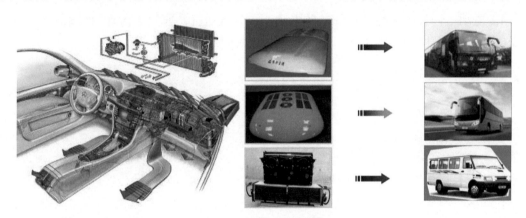

图 5-6 电动空调的应用示例

相比传统空调系统，电动空气调节系统在环境保护、前舱结构布置以及车厢舒适性等各项指标上均处于优势，其主要优点如下。

1）电驱动压缩机空调系统可以采用全封闭的 HFC134a（目前主要汽车空调用制冷剂）系统及制冷剂回收技术，整体的高度密封性可以减小正常运行以及修理维护时制冷剂的泄漏损失，从而减少了对环境的污染。

2）电动空调的压缩机靠电机驱动，因此可以通过精确的控制以及在常见热负荷工况下的高效率运行来降低空调系统的能耗，从而提高整车的经济性。

3）采用电驱动方式，具有噪声较低，可靠性高，使用寿命长，故障率低等优点。

4）对于一体式电动压缩机，取消了发动机与压缩机之间的传动带，没有了张紧件的质量，相对于传统结构减小了整车质量。

5）可以在上车之前预先遥控启动电动空调，对车厢内的空气进行预先调节，相比传统空调可增加乘客的舒适性。

目前国内的电动汽车空调产品处于研发和试验装车阶段，关键零部件技术已达到国际先进水平。相比于其他电动化附件，电动空调系统涉及的部件数更多，系统集成的内容和难度也更大，相应的产品销售价格也偏高。

5.2.2 电动汽车空调的技术特点

车用空调靠压缩机提供动力，使制冷介质在空调系统中进行循环，在循环过程中依靠压力变化进而改变介质的气、液状态，形成介质温度的变化。依靠风机将介质与环境进行热量交换，从而得到人们需要的环境温度。在传统内燃机汽车中，空调压缩机、鼓风机等需要发动机提供驱动力，靠传动带直接为压缩机提供传动，靠发电机或车载动力电池为鼓风机等电器元件提供能源。电动汽车空调系统，与此相比，具有如下特点：

1）可在车用空调中，实现完全由空调自身独立制冷制热功能。

2）压缩机直接由电驱动，对于电动客车而言，动力机构不再布置在发动机舱内，整个系统集成设计全部放在车顶。

3）采用制冷能力更强的 R407C 制冷剂（传统燃油汽车普遍采用 R134a 制冷剂），减小了产品尺寸，减少了能源消耗。

4）电动空调系统采用变频调速的电动一体化压缩机，取代了传统的机械传动方式的压缩机；由于取消了冷却水系统，冬天将采用电加热器进行供暖。

5.2.3 电动汽车空调的关键部件及控制技术

（1）全封闭柔性涡旋压缩机

在空调系统中使用全封闭柔性涡旋压缩机，效率高、体积小、质量轻、噪声低、结构简单、运行平稳是其主要特点。另外它有内置 AC380V-3P、50Hz（60Hz）电机，可以直接由电驱动，没有开放式活塞压缩机的缺点。在车上的安装方式、运行的可靠性和性能，是设计和测试的关键。

（2）高效率的制冷剂

采用制冷能力更强的 R407C 制冷剂。R407C 的导热系数高，黏度系数小，在同等条件下，其换热系数高。管道的阻力损失也小，这对提高系统能效比、减小系统，减少车辆自重，节约成本有着不可低估的作用。相比于传统的 R134a 制冷剂，其破坏臭氧层潜能（ODP）、全球温室效应潜能（GWP）较小。

（3）高效传热和散热机构

传统管片式两器传热管为 ϕ9.52mm，相比之下，电动汽车空调使用的 ϕ7mm 传热管具有重量轻、传热效率高、制冷剂使用少的优点。

管片式冷凝器一般采用铜管铝片式，但存在换热效率不足的缺陷，全铜翅片的应用将在有限的空间内使芯体的制冷能力发挥到极致。

（4）全焊接、高集成

由于是电动压缩机，安装不再受发动机位置的限制，因此将两器、压缩机、系统管路、电器控制单元集成为一体。这种结构使得安装与维修变得非常简单。整个系统采用全焊接形式，实现制冷剂的零泄漏。技术难点在于：压缩机、冷凝风扇体积较大，壳体内有两套单独系统，零部件较多，因此整个零部件的布置和产品造型是很大的难点。

（5）变频器技术

随着电动压缩机技术的成熟，一种基于电动压缩机控制的变频器孕育而生。此变频器专用于车载空调交流异步电机的启动和运行，采用脉宽调制方式，变频变压，主电路专门针对电车电网设计，能在频繁的浪涌电压、电流下可靠工作。主开关器件使用 IGBT，体积小、效率高，能实现交流电机的柔性快速启动和变速运行。

（6）智能化模糊控制

随着人们对客车空调系统功能要求的提高，一种基于智能化、人性化的控制器逐步运用于电车空调系统。它不仅能够完成传统空调的功能，而且能够根据车内负荷大小自动调节压缩机的转速，从而使空调达到最佳节能效果。

（7）独特的控制系统

由于传统的空调系统使用的是车载发电机产生的 24V 或 12V 直流电，不存在"危险"。而电车空调系统是将车辆提供的 600V 直流转换成负载所用的三相交流电，安全问题就成为重中之中。为此，在系统中需添加多种保护设计。主要包括：

1）电流保护设计。

2）电压保护设计。

3）采用 IGBT、IPM 智能模块。

4）具备软启动特性，使机组可以正常启动。

5）防液激保护设计。

6）系统压力保护设计。

7）压缩机单机运行保护设计。

5.2.4　工作原理

热电制冷技术是在 20 世纪 50 年代发展起来的，其理论基础是珀尔帖效应和赛贝克效应。我国在 20 世纪 60 年代开始对热电技术进行研究。热泵是利用一部分高质能从低位热源中吸取一部分热量，并把这两部分能量一起输送到需要较高温度的环境或介质的设备。PTC 电加热器使用具有正温度系数（PTC）的热敏材料作为加热元件，其电阻和发热功率可以根据自身的温度变化自发调节，从而达到控制受控对象温度变化的目的。

1. 制冷系统

半导体制冷又称为热电制冷，是固态制冷技术，不用制冷剂，没有运行件。其热电堆起着压缩式制冷压缩机的作用，冷端及其热交换器则相当于压缩式制冷蒸发器，而热端及其热交换器相当于冷凝器。通电时自由电子和空穴在外电场的作用下，离开热电堆的冷端向热端移动，相当于制冷剂在压缩机中的压缩过程。在热电堆的冷端，通过热交换器的吸热，同时产生电子 - 空穴对，相当于制冷剂在蒸发器内的吸热和蒸发。在热电堆的热端，发生电子 - 空穴对的复合，同时通过热交换器散热，相当于制冷剂在冷凝器中的发热和凝结。

热电空气调节其有以下特点：热电元件工作需要直流电源；改变电流方向即可产生制冷、制热的逆效果；热电制冷片热惯性非常小，制冷时间很短，在热端散热良好冷端空载的情况下，通电不到 1min，制冷片就能达到最大温差；调节组件工作电流的大小即可调节制冷速度和温度，温度控制精度可达 0.001℃，并且容易实现能量的连续调节；在正确设计和应用条件下，其制冷效率可达 90% 以上，而制热效率远大于 1；体积小、重量轻、结构紧凑，有利于减小电动汽车的整备质量；可靠性高、寿命长并且维护方便；没有转动部件，因此无振动、无摩擦、无噪声且耐冲击。

2. 暖风系统

燃油汽车空调系统的暖风热源主要是发动机余热，然而电动汽车的暖风系统与之不同。电动汽车空调系统暖风常见的方案如下：

（1）热泵

由 V 带驱动的直流无刷电机的电动汽车热泵式空调系统工作原理如图 5-7 所示。空调系统的制冷/制热模式由四通换向阀转换，实线箭头表示制冷工况，虚线箭头表示制热工况。从原理上讲，该系统与普通的热泵空调并无区别，但是用于电动汽车上，其专门开发了双工作腔滑片压缩机、直流无刷电机和逆变器控制系统。在热泵工况下，系统从融霜模式转为制热模式时，

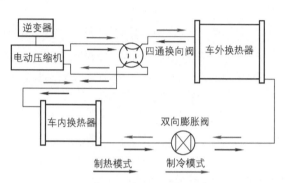

图 5-7　电动汽车热泵式空调系统工作原理

风道内换热器上的冷凝水将迅速蒸发，在风窗玻璃上结霜，影响驾驶的安全性。

（2）PTC 电加热器

PTC 电加热器是采用 PTC 热敏电阻元件为发热源的一种加热器。PTC 热敏电阻通常是用半导体材料制成的，它的电阻随温度变化而急剧变化，当外界温度降低时，PTC 电阻值随之减小，发热量反而会相应地增加。按材质不同，PTC 电加热器可以分为陶瓷 PTC 热敏电阻和有机高分子 PTC 热敏电阻。用于空调器辅助电加热器的材料是陶瓷 PTC 热敏电阻。PTC 热敏电阻元件因具有随环境温度高低的变化，其电阻值随之增加或减小的变化特性，所以 PTC 加热器具有节能、恒温、安全、寿命长等特点。

空调器辅助电加热器可以分为：粘接式陶瓷 PTC 加热器和金属 PTC 管状加热器。粘接式陶瓷 PTC 加热器是将多个陶瓷 PTC 芯片及铝波纹散热片用耐高温树脂胶粘接在一起的加热器，散热性好、电气性能稳定。其中粘接式陶瓷 PTC 加热器又分为加热器表面带电型和加热器表面不带电型，如图 5-8 所示。

金属 PTC 管状加热器采用进口镍铁合金丝为发热材料，发热管外镶嵌铝散热片，散热效果非常好，加热器配用温度控制器和热熔断

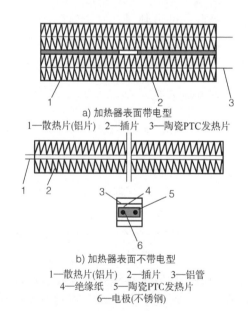

图 5-8　粘接式陶瓷 PTC 加热器

器，使产品使用更安全可靠，加热器具有 PTC 材料的良好特性，一些空调器均采用此类加热器作为辅助加热，如图 5-9 所示。

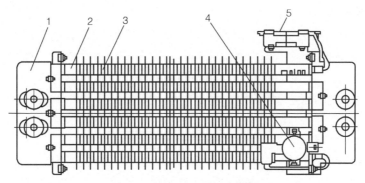

图 5-9　金属 PTC 管状加热器

1—法兰（不锈钢）　2—电热管　3—散热片　4—温度控制组件　5—熔断器组件

（3）余热 + 辅助 PTC

利用大功率器件（功率变换、驱动电机、电机控制器等）工作时产生的热量，对车内环境进行热交换。当热量不足时，启用辅助 PTC 加热器。

5.3　功率变换器

功率变换器可分为直流 / 直流（DC/DC）变换和直流 / 交流（DC/AC）变换两类。电动汽车电气系统中的功率变换器主要是 DC/DC 变换器，有降压、升压、双向三种形式，是实现电气系统电能变换和传输的重要电气设备。DC/DC 变换器是指将一个固定的直流电压变换为可变的直流电压，也称为直流斩波器。这种技术被广泛应用于无轨电车、地铁列车、电动汽车的无级变速和控制，同时使上述控制获得加速平稳、快速响应的性能。用直流斩波器代替变阻器可节约 20% ~ 30% 的电能。直流斩波器不仅能起调压的作用（开关电源），同时还能起到有效抑制电网侧谐波电流噪声的作用。DC/DC 变换器是通过调整原直流电的 PWM（占空比）来控制输出的有效电压的大小。DC/DC 转换器又可以分为硬开关和软开关两种。DC/AC 称为反用换流器，也可称逆变器、变流器或反流器，是一个可将直流电变换成交流电的电路。这种技术被广泛应用于不间断电源、电动车辆及轨道交通系统、变频器等。电动汽车中交流驱动电机的 DC/AC 变换器一般集成于电机控制器中。

在各种电动汽车中，功率变换器主要实现下列功能：

1）不同电源之间的特性匹配。例如可利用 DC/DC 变换器实现燃料电池和动力电池之间的特性匹配。

2）驱动辅助系统中的直流电机。在小功率（一般低于 5kW）直流电机驱动的转向、制动等辅助系统中，一般直接采用 DC/DC 变换器供电。

3）给低压辅助蓄电池充电。在电动汽车中，需要高压电源通过降压变换器给辅助电池充电。

一般来说，电动汽车电源系统输出的是直流能量，而电机驱动系统输入的也是直流能量。因而，电源系统和驱动系统的功率变换问题，实际上就是一个直流功率的变换问题，即 DC/DC 的变换问题。

电动汽车功率变换器的功能是把不可调的直流电源变为可调的直流电源。如何有效地设计和控制变换器的各个参数，直接关系到电动汽车的动力性能、能源利用效率及其他控制系统的可靠运行。一般电动汽车动力电源系统的输出特性偏软，难以直接与电机驱动器匹配。在电源系统加负载的起始阶段，输出电压下降较快，但随着负载的增加，电流增大，电压下降的斜率会出现一个特定的曲线，这种特性使电源系统的输出功率波动进而导致车辆整体效能的下降。

在电池系统与汽车驱动之间加入 DC/DC 变换器，使电池系统和 DC/DC 变换器共同组成电源系统对驱动系统供电，从而增强驱动系统的稳定性。因此，DC/DC 变换器的合理设计对电动汽车电源系统也具有重要的意义。

一般电动汽车功率变换器要求须具有如下特点：

1）变换功率大。由于电动汽车电机系统在起动、爬坡、加速时要求的功率较大，为保证车辆的动力性能，功率变换器一般功率较大，采用大电流电力电子器件进行双路或多路设计。

2）输出响应快捷。电动汽车在行驶过程对驱动系统的动力响应提出了很高的要求，其实也是对功率变换器提出了很高的要求。功率变换器的输出响应必须跟上车辆路况等因素对驱动电机输出功率变化的要求，否则会影响整车性能。

3）工作稳定，抗电磁干扰。电动汽车行驶的安全性，要求功率变换器具有很强的稳定性，特别是在电动汽车相对恶劣的电磁环境下，抗电磁干扰性能尤其重要。

4）控制方便、准确。从整体上看，电动汽车的功率变换器不仅仅是一个功率变换的过程，实际上也是一个动力系统能量输出的控制过程。因此要使其功率变换器有好的可控制性，在设计功率变换器的时候，明确其控制策略是很重要的环节。

5）具有能量回馈功能。电动汽车能量回收系统是将电动汽车有限能量高效率使用的一个重要措施。作为沟通动力系统和电源系统的桥梁，功率变换器还必须具有能量回馈功能，以满足能量回收的需要。因此，电动汽车的功率变换器一般为双向设计。

5.3.1 降压功率变换器

（1）直流斩波（Buck）式降压功率变换器

图 5-10 所示为 Buck 式降压变换器的基本电路，其中，V_{in} 是输入电压；L、C 分别为电感与电容，对输出电压和电流进行滤波；VT 为功率开关；VD 为续流二极管。当 VT 导通时，电感电压等于 $V_0 - V_{in}$；当 VT 关断时，电感电压等

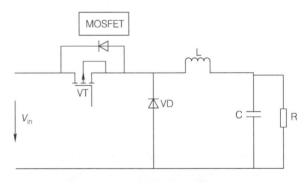

图 5-10　Buck 式降压变换器的基本电路

于 V_0，通过 VT 的交替导通与关断获得给定可调的输出电压，达到降压的目的，其输入电压与输出电压的关系为

$$V_0 = V_{in}D \tag{5-1}$$

式中　D——开关占空比，$0 \leqslant D \leqslant 1$。因此，$V_0 \leqslant V_{in}$。

Buck 电路是非隔离式的，一般用在输入、输出电压相差不大的场合，例如用于车载小功率高压直流电机的调速。

（2）单端正激式降压功率变换器

单端正激式降压功率变换器的电路原理如图 5-11 所示。

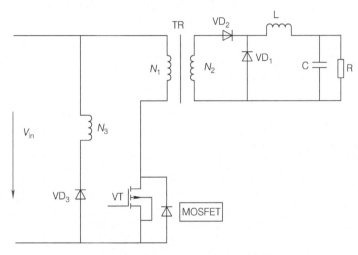

图 5-11　单端正激式降压功率变换器的电路原理

如图 5-11 所示，单端正激式降压变换器是由 Buck 电路衍生而来，在变压器 T_r 的原边，通过开关管 VT 的交替导通与关断，在绕组 N_1 上产生占空比可调的电压脉冲，通过变压器的电磁耦合作用，变压器副边绕组 N_2 的输出经过整流和滤波后输出直流电压 V_0，输入电压与输出电压的关系为

$$V_0 = V_{in}D\frac{N_2}{N_1} \tag{5-2}$$

式中　D——开关占空比，$0 \leqslant D \leqslant 1$。

与 Buck 电路相比，该电路多了一项变压器副、原边的匝数比。通过选择合适的变压器降压匝数比，可以得到输出平稳的电压，同时，由于输入、输出电压的隔离性质，单端正激式功率变换器广泛应用于车载 24V 辅助电池的充电电源。图 5-12 所示为降压功率变换器实物图及示意图。

如图 5-13 所示，功率回路以控制回路的驱动信号为基础，打开、关闭晶闸管输入直流电，供给变压器交流电压。在变压器中变压之后的交流电压经整流二极管整流，整流后的断续直流电压经平滑电路平滑后对辅助电池充电。控制回路除了完成以上功能外，还具有输出限流、输入过电压保护、过热保护和警报功能。

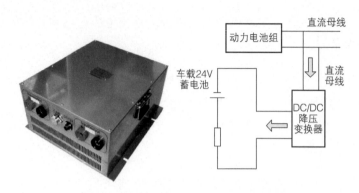

图 5-12 降压功率变换器实物图及示意图

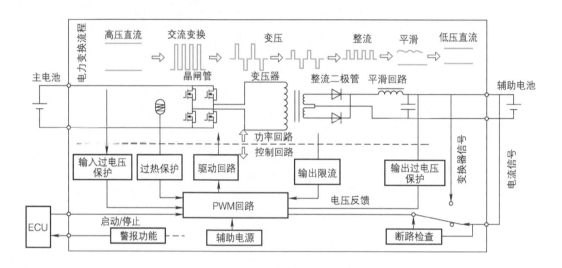

图 5-13 内部结构组成示意图

5.3.2 升压功率变换器

升压功率变换器一般有两种结构：Boost 型和全桥逆变式。

（1）Boost 型升压功率变换器

Boost 型变换器也称为并联开关变换器，其电路原理如图 5-14 所示，由开关管 VT_1、二极管 VD_1、储能电感 L_1 和输出滤波电容 C_1 组成。当 VT_1 导通时，能量从输入端 AO 流入并储存于电感 L_1 中，由于 VT_1 导通期间正向饱和管压降很小，二极管 VD_1 反偏，变换器输出由滤波电容 C_1 提供能量。当 VT_1

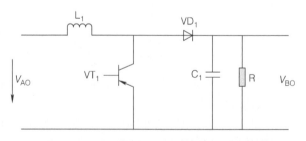

图 5-14 Boost 型升压变换器的电路原理图

截止时，电感 L_1 中电流不能突变，它所产生的感应电势阻止电流减小，感应电势的极性为右正左负，二极管 VD_1 导通，电感中储存的能量经二极管 VD_1 流入电容 C_1，并供给输出端 BO。如果开关管 V_1 周期性地导通和截止，开关周期为 T，其中导通时间为 t_{on}，截止时间为 $T - t_{on}$，则 Boost 型变换器输出 V_0 和输入 V_i 之间的关系为

$$V_0 = V_i \frac{T}{T - t_{on}} \tag{5-3}$$

由式（5-3）可知，当开关周期 T 不变、改变导通时间 t_{on} 时，就能获得所需的上升的电压值。

当开关管 VT_1 导通时，其饱和压降只有 $2 \sim 3V$。在 VT_1 截止期间，二极管 VD_1 的压降为 1V 左右，因此，Boost 型变换器的效率可以高达 90% 以上；而且，其电路结构简单，器件少，作为车载变换器，还具有重量轻、体积小的特点。

（2）全桥逆变式升压功率变换器

全桥逆变式变换器的电路原理图如图 5-15 所示，主要由开关管 $VT_1 \sim VT_4$、中频升压变压器 TR 和输出整流二极管 VD_1、VD_2 组成。

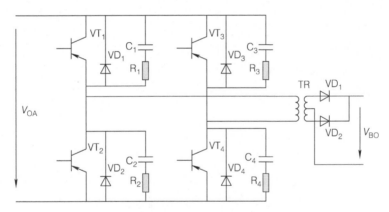

图 5-15 全桥逆变式升压变换器的电路原理图

开关管 $VT_1 \sim VT_4$ 构成全桥逆变电路，需要两组相位相反的驱动脉冲进行控制：当 VT_1 和 VT_4 同时导通、VT_2 和 VT_3 同时截止时，输入电压 V_i 通过 VT_1 和 VT_4 加到中频变压器 TR 的原边线圈上，原边电压 $V_{TR} = V_1$；当 VT_1 和 VT_4 同时截止、VT_2 和 VT_3 同时导通时，输入电压 V_i 通过 VT_2 和 VT_3 反方向地加到中频变压器 TR 的原边线圈上，原边电压 $V_{TR} = -V_1$；当开关管 $VT_1 \sim VT_4$ 同时截止时，$V_{TR} = 0$。这样，通过开关管 $VT_1 \sim VT_4$ 的交替导通和关断，将输入的直流电压转换成交流电压加到变压器上，其副边电压通过 VD_1 和 VD_2 整流、输出直流电压。如果开关管 $VT_1 \sim VT_4$ 开关周期为 $2T$，导通时间为 t_{on}，变压器副、原边变比为 n，则全桥逆变式变换器输出 V_0 和输入 V_i 之间的关系为

$$V_0 = V_i n \frac{t_{on}}{T} \tag{5-4}$$

由式（5-4）可知，当采用升压变压器时，$n > 1$，可获得变换器的升压特性；当开关周期 T 不变、改变导通时间 t_{on} 时，就能调节输出的电压值。

与 Boost 电路相比，全桥逆变式变换器的输入和输出是通过中频变压器隔离的，由于变压器具有一定的频率响应带宽，在变换器输入端和变压器原边电路产生的部分高频干扰信号不能传输到变换器的输出端。因此，作为车载变换器，全桥逆变式结构具有较好的电磁兼容性。

5.3.3 双向功率变换器

在混合动力电动汽车中，动力电池组通过双向功率变换器连接到直流母线上，以实现动力电池和燃料电池组或发电机组的功率混合。当燃料电池组或发电机组对动力电池进行充电时，功率变换器起到降压作用；当动力电池通过总线释放能量时，功率变换器起到升压作用。双向功率变换器采用 Buck-Boost 复合电路结构，其电路原理如图 5-16 所示。在 Boost 工作模式下，电池组端电压为 V_1，总线电压为 V_h，V_1 通过升压电感 L、开关管 VT_2 的升压变换经二极管 VD_1 接到总线电压，和燃料电池或发电机组实行功率混合。在 Buck 工作模式下，总线电压 V_h 通过开关管 VT_1 的斩波降压经电感 L、电容 C_2 的滤波作用输出 V_1 对电池组进行充电，二极管 VD_2 在降压过程中实现输出电流的续流作用。

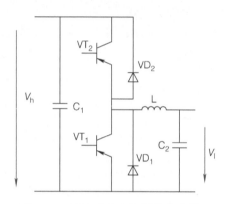

图 5-16　双向功率变换器的电路原理

混合动力电动汽车中通常将电机作为运动执行机构，而将动力电池等储能元件作为输入电源。电动汽车中电机的转速工作范围很宽，且在行驶过程中频繁加减速，其动力电池端电压的变化范围也很大，若使用动力电池直接驱动电机，会造成电机驱动性能的恶化；最后，为了充分回收制动或减速能量，必须采用混合动力系统中双向 DC/DC 变换器。图 5-17 所示为双向功率变换器实物图及示意图。

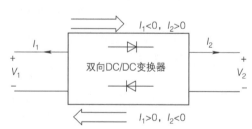

图 5-17　双向功率变换器实物图及示意图

（1）直流不停电电源系统（DC-UPS）

图 5-18 所示是一种 DC-UPS 的结构框图，由 AC/DC 变换器、电池包 BA 和双向 DC/

DC 变换器构成。其工作原理是，当供电正常时，AC/DC 变换器将直流母线电压调整到稳态电压，对直流母线上的负载供电，同时经双向 DC/DC 变换器给电池包 BA 充电。若 BA 已充足电，则双向变换器不进行功率变换。当供电电源掉电或出现故障时，双向直流变换器将电池包电压转变成直流母线负载所需电压，给负载供电，使负载不断电。

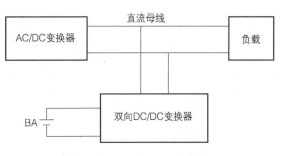

图 5-18　DC-UPS 电源系统

双向 DC/DC 变换器的功能是：供电正常时作为电池包的充电器，保持电池充足电状态；在供电故障后将电池包电压转变为直流母线电压，给负载供电。通常，电池包充电的功率较小，放电时功率较大，因此对双向 DC/DC 变换器的功率等级应以放电功率为准。使用双向 DC/DC 变换器的好处是，可以将电池的充放电的工作分离出来，运用双向 DC/DC 变换器单独处理动力电池的充放电操作，更容易优化充放电过程，对于延长动力电池的寿命和提高充电效率都有好处。

（2）燃料电池电源系统

在燃料电池系统中含有一个压缩机电机，正常运转情况下，该压缩机可由燃料电池输出电压供电，但在电动汽车启动时，燃料电池电压尚未建立起来，需要辅助电源来供电，提供压缩机电机的驱动能量，给燃料电池创造启动条件。辅助电源有两个作用：①在燃料电池启动前，提供直流母线的电压；②当汽车制动时，希望制动能量能够回馈并得到合理的应用。采用蓄电池作为辅助供电电源，通过双向 DC/DC 变换器可以满足这两个方面的要求：快速启动燃料电池、将制动能量回馈给蓄电池。

图 5-19 所示为燃料电池电源系统结构框图，双向 DC/DC 变换器是此电源管理系统中的重要组成部分之一。为了和目前的汽车负载保持兼容，电池包电压一般为 12V，直流母线电压为 288V。蓄电池供电时，双向 DC/DC 变换器工作在放电模式，输入电池电压波动，输出稳定电压 288V，放电功率 1.5kW；蓄电池储能时，双向 DC/DC 变换器工作在充电模式，将电能存储于蓄电池中。

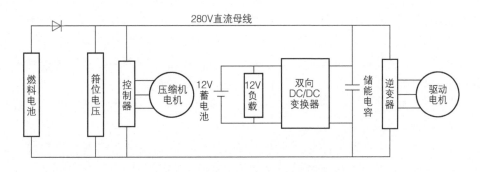

图 5-19　燃料电池电源系统结构框图

5.4　电动汽车高压安全

电动汽车动力系统的一个重要特点就是具有高电压、大电流的动力回路。为了适应电机驱动工作的特性要求并提高效率，高压电气系统的工作电压可以达到300V以上，而且电力传输线路的阻抗很小。高压电气系统的正常工作电流可能达到数十甚至数百安培，瞬时短路放电电流更是成倍增加。高电压和大电流会危及车上乘客的人身安全，同时还会影响低压电器部件和车辆控制器的正常工作。因此，在设计和规划高压电气系统时，不仅应充分满足整车动力驱动要求，还必须确保车辆运行安全、驾乘人员安全和车辆运行环境安全。根据电动汽车的实际结构和电路特性，设计安全合理的保护措施，是确保驾乘人员和车辆设备安全运行的关键。为了保证高压电安全，必须针对高压电防护进行特别的系统规划与设计。国际标准化组织和美国、欧洲、日本等国家和地区都先后发布了若干电动汽车的技术标准，它们对电动汽车的高压电安全及控制制定了较为严格的标准和要求，并规定了高压系统必须具备高压电自动切断装置。其中涉及与电动汽车安全有关的电气特性有绝缘特性、漏电流、充电器的过电流特性和爬电距离及电气间隙等。

电动汽车的运行情况非常复杂，在运行过程中难免会出现部件间的相互碰撞、摩擦、挤压，这有可能使原本绝缘良好的导线绝缘层出现破损；接线端子与周围金属出现搭接。高压电缆绝缘介质老化或受潮湿环境影响等因素，都会导致高电压电路和车辆底盘之间的绝缘性能下降，电源正负极引线将通过绝缘层和底盘构成漏电流回路。当高电压电路和底盘之间发生多点绝缘性能下降时，还会导致漏电回路的热积累效应，可能造成车辆的电气火灾。因此，高压电气系统相对车辆底盘的电气绝缘性能的实时检测，也是电动汽车电气安全技术的核心内容。电动汽车电气安全监测系统需要实时监测整车电气状态信息，如总电压、总电流、正负母线对地电压值、正负母线绝缘电阻值、辅助电压、继电器连接状况等，并通过CAN总线输出测得各部分的状态及数值、输出系统的报警状态和通断指令，从而确保电动汽车的安全运行。

5.4.1　高压系统布置要求

根据纯电动汽车的实际结构以及高压回路特性可知，纯电动汽车高压系统需要在保证整车动力传动的同时，实时监测高压电状态，要求高压系统能在发生故障时，通过高压接触器及时切断高压回路，保证整车系统和乘客的安全，同时要求在驻车充电或者驻车维修时，能切断所有可能的高压危险因素。系统零部件和电气系统的布置要求易于实现高压电安全监控功能，安全性好，可靠度高，还需要考虑高压部件的隔离以及动力电池的电磁干扰问题，下面具体列出了七项纯电动汽车高压系统布置要求。

1）供电的所有动力电池做到分组串联，且每组电压 < 96V，并配熔断器，可在发生意外短路时断开电池组之间的连接。

2）将一个含有多个动力电池包、两个高压直流接触器以及熔断器各自集成在绝缘封闭壳体内，这样就可以将高电压的带电部件与外部环境隔绝，同时相互之间的电磁干扰也得到了较好的屏蔽。

3）设计的高压电安全监控系统也安装在一个绝缘封闭壳体内，而且布置位置上需要尽量靠近电池包以便在发生高压故障时可及时切断高压回路。

4）高压电安全监控系统包含有高压回路预充电电路，目的是防止高压系统容性负载产生的瞬态冲击，在系统断电后，保证预充电继电器能够完全断开。

5）高压电安全监控系统通过控制高压接触器通断，可以确保电动汽车高压回路的安全性，且在系统断电后，两个高压接触器能够完全断开。

6）在高压回路中布置高压环路互锁电路，以确保电池组外的所有高压电路的连续性。

7）设置手动切断高压回路装置，用于维修或者紧急情况下手动切断高压回路。

5.4.2 安全要求及检测参数

（1）高压安全要求

根据电动汽车和人体安全标准，在最大交流工作电压小于 660V，最大直流工作电压小于 1000V，以及整车质量小于 3500kg 的条件下，电动汽车的高压安全要求如下。

1）人体的安全电压低于 35V，触电电流和持续时间乘积的最大值小于 30mA·s。

2）绝缘电阻除以电池的额定电压至少应该大于 100Ω/V，最好是能够确保大于 500Ω/V。

3）对于高于 60V 的高压系统的上电过程至少需要 100ms，在上电过程中应该采用预充电过程来避免高压冲击。

4）在任何情况下继电器断开时间为 20ms，当高压系统断开后 1s，汽车的任何导电的部分和可触及的部分对地电压的峰值应当分别小于 42.4V（交流）、60V（直流），储存的能量应该小于 20J。

（2）检测参数

电动汽车高压系统检测参数及要求：对于电动汽车的高压电系统和自动断路器的工作状态及功能的监测，需要检测的参数可以分成以下几类。

1）高压电气参数：高压系统电压、电流，高压总线剩余电量。

2）高压电路参数：动力电池绝缘电阻、高压总线等效电容。

3）非电测量参数：环境温度、湿度。

4）数字量测控参数：主要是开关量的输入和输出。

5.4.3 高压安全防护措施

（1）漏电保护器

电动汽车采用漏电保护器是必要的，一旦有正或负母线与车身相连，保护器就发出警告，这就避免了电机壳体漏电成为高压正极，在车上的人触摸负极造成电击伤。这样的设计也可避免空调系统高压、DC/DC 变换器高压的泄漏。

（2）高压互锁

逆变器封密在高压盒中，非工作人员不能拆开，但会有工作人员疏忽和非工作人员的强行拆开情况。为防止人员受到高压电击伤，在逆变器盒盖上设计有高压互锁开关，只要逆变器盒体被打开，控制器收到信号就断开系统的主继电器，可以避免意外电击出现。

（3）绝缘电阻检测

较高的供电电压对整车的电气安全提出了更高的要求，尤其是对高压系统的绝缘性能提出了更为苛刻的要求。绝缘电阻是表征电动汽车电气安全好坏的重要参数，相关电动汽车安全标准均作了明确规定，目的是消除高压电对车辆和驾乘人员的潜在威胁，保证纯电动汽车电气系统的安全。

5.4.4 高压绝缘监测

1. 电气绝缘监测的一般方法

对于封闭回路的高压直流电气系统，其绝缘性能通常用电气系统中电源对地漏电流的大小来表征，现在普遍使用两种漏电流检测方法：辅助电源法和电流传感法。

（1）辅助电源法

在我国某些电力机车采用的漏电检测器中，使用一个直流110V的检测用辅助蓄电池，蓄电池正极与待测高压直流电源的负极相连，蓄电池的负极与车辆机壳实现一点连接。在待测系统绝缘性能良好的情况下，蓄电源没有电流回路，漏电流为零；在电源线缆绝缘层老化或者环境潮湿等情况下，蓄电池通过电源线缆绝缘层形成闭合回路、产生漏电流，检测器根据漏电流的大小进行警告，并断开待测系统电源。这种检测方法不仅需要直流110V电源，增加了系统结构复杂度，而且难以区分绝缘故障源是来自电源正极引线电缆还是负极引线电缆。

（2）电流传感法

采用霍尔式电流传感器是对高压直流系统进行漏电流检测的另一种方法。将待测系统中电源的正极和负极一起同方向穿过电流传感器，当没有漏电流时，从电源正极流出的电流等于返回到电源负极的电流，因此穿过电流传感器的总电流为零，电流传感器的输出电压为零；当发生漏电现象时，电流传感器输出电流不为零。根据电压的正负可以进一步判断产生漏电流的来源是电源正极引线电缆还是电源负极引线电缆。但是，应用此方法的前提是待测电源必须处于工作状态。

在目前的电动汽车产品研发中，采用母线电压在"直流正极母线 - 底盘"和"直流负极母线 - 底盘"之间分压来表征直流母线相对于车辆底盘的绝缘程度。但是，这种电压分压法只能表征直流正、负母线对底盘的相对绝缘程度，无法判断直流正、负母线对底盘绝缘性能同步降低的情况。

2. 电动汽车电气绝缘性能的描述

电动汽车的电气设备直接安装在车辆底盘上，每个电气设备都独立的电流回路，与底盘没有直接的电气连接。整个高压系统是与底盘绝缘、封闭的电气系统。

绝缘体是相对导体而言的，在直流电源系统中，定量描述一种介质绝缘性能和导电性能的物理量是电阻。导体的电阻小，绝缘体的电阻大，绝缘体电阻的大小表征了介质的绝缘性能。电阻越大，绝缘性能越好。在电动汽车的高压电气系统中，分别利用电源的正极引线电缆和负极引线电缆对底盘的绝缘电阻，来反映电气系统的绝缘性能。

3. 绝缘电阻监测原理

为了监测上述绝缘电阻，直接将车载高压电源作为监测电源。电源正极、负极和车辆底盘之间建立了桥式阻抗网络，如图 5-20 所示。其中，A 点与电源正极相连，B 点与电源负极相连，O 点与车辆底盘相连。U_0 为高压电源的输出电压，R_1、R_2 分别为高压电源正极、负极引线对底盘的绝缘电阻，R 为限流电阻，取 $R = 51\text{k}\Omega$。VT_1、VT_2 为电子控制的开关，通过控制电子开关的导通与关断，改变了 AB 两点之间的等效电阻和电源的输出电流 I，根据 U_0、I 和等效电阻计算出 R_1 和 R_2。

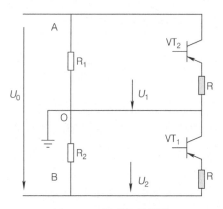

图 5-20 桥式阻抗网络

相对于电压 U_0 而言，开关管的导通电压很小，可以忽略不计。电动汽车在运行过程中，电压 U_0 不是恒定不变的，其读数需要和电流同时采集。当 VT_1 导通、VT_2 关断时，桥式阻抗网络等效形式为 R_1 与 R 并联后与 R_2 串联，这时，电源电压为 U_{01}，电流为 I_1：

$$U_{01} = I_1\left(R_2 + \frac{R_1 + R}{R_1 R}\right) \tag{5-5}$$

当 VT_2 导通、VT_1 关断时，桥式阻抗网络等效形式为 R_2 与 R 并联后与 R_1 串联，这时，电源电压为 U_{02}，电流为 I_2：

$$U_{02} = I_2\left(R_1 + \frac{R_2 + R}{R_2 R}\right) \tag{5-6}$$

当高压电源正极、负极引线对底盘的绝缘性能良好，满足 R_1、R_2 都大于 $10\text{k}\Omega$ 时，可以作近似处理：

$$\frac{R_1 + R}{R_1 R} \approx R \tag{5-7}$$

$$\frac{R_2 + R}{R_2 R} \approx R \tag{5-8}$$

综合上述四个表达式，得到

$$R_1 = \frac{U_{01}}{I_1} - R \tag{5-9}$$

$$R_2 = \frac{U_{02}}{I_2} - R \tag{5-10}$$

如果 VT_1 和 VT_2 同时关断时，电流 I 大于 2mA，说明绝缘电阻 R_1、R_2 之和小于 150kΩ，电源的正极、负极引线电缆对底盘的绝缘性能不好，检测系统不再单独监测 R_1、R_2，立即发出报警信号。

5.5 电气系统的电磁兼容性

在电源变换器完成能量的变换与传输的同时，功率开关周期性的导通与关断将产生宽频的电磁发射，对车辆控制系统产生干扰，形成复杂的电动汽车电磁环境。实际上，电磁兼容性包括了两个重要内容：能够抵御环境中的电磁干扰、不对环境造成不能承受的电磁骚扰。

电磁兼容（EMC）实验室可进行抗电磁干扰强度测试、电磁骚扰强度测试，满足国家最新标准要求的静电放电抗干扰度、射频电磁场辐射抗扰度、电快速瞬变脉冲群抗扰度、工频磁场抗扰度、浪涌抗扰度、射频场感应的传导骚扰抗扰度等。如图 5-21 所示为电磁兼容实验室组织结构。

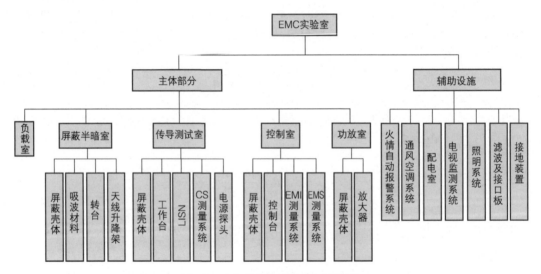

图 5-21　电磁兼容实验室组织结构

电波暗室又称为电波无反射室，电波暗室内部如图 5-22 所示。通常所说的电波暗室在结构上大都由屏蔽室和吸波材料两部分组成。电波暗室在工程应用上有两种结构形式：一种是在屏蔽室的四壁、天花板和地板等六面全装有吸波材料，模拟自由空间传播环境，称为全电波暗室，主要用作天线测量、仿真试验、天线罩测量，性能用静区尺寸、反射电平、固有雷达截面、交叉极化度等参数表示；另一种是在电磁屏蔽室的内壁、天花板上加装电波吸收材料，地板采用金属地板的导电面，这样可以与 0ATS 等效，称为半电波暗室，主要用于电磁兼容测量，包括电磁辐射干扰测量和电磁辐射敏感度测量，主要性能指标用归一化场地衰减（NSA）和测试面场均匀性来衡量。全电波暗室与半电波暗室如图 5-23 所示。

图 5-22 电波暗室内部

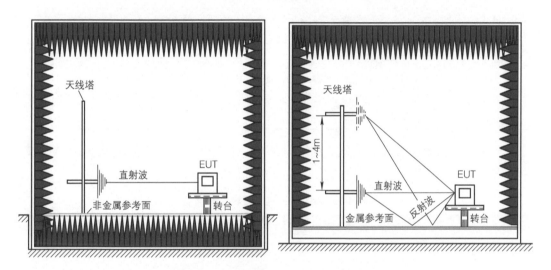

图 5-23 全电波暗室与半电波暗室示意图

5.5.1 电磁兼容性主要术语

电磁兼容性是研究在有限空间、时间、频谱资源条件下，各种电气设备可以共存并不会引起性能下降的学科。按照 GB/T 29259—2012《道路车辆 电磁兼容术语》对车辆电磁兼容性所下的定义："车辆、电气电子系统 / 部件在车辆电磁环境中能正常工作且不影响其他车辆、系统 / 部件正常工作的能力。"国外大量经验表明，在产品研制中，越早注意解决电磁兼容性，越可以节约人力物力。

电磁发射指从源向外发射电磁能量的现象。发射不仅指电磁能量向外界空间进行的电磁发射，也包括以电流的形式在电导体中进行电磁能量的传导。

电磁骚扰通常也称为电磁噪声，是一种不明显的不传送信息的时变电磁现象，它可能与有用信号叠加或组合。

世界各国和相关国际性组织制定了众多的标准和法规来限制汽车的电磁兼容问题。几乎所有汽车生产商都极为重视汽车的电磁兼容性问题的研究，包括通用、宝马等在内的众多汽车生产商都制定了比某些国家和地区更为严格的电磁兼容限制。有关车辆电磁兼容性的主要国外标准见表5-1。

表 5-1　国际主要汽车电磁兼容性标准

标准号	标准名称
IEC/CISPR 12	车辆、船和内燃机驱动装置无线电骚扰特性限制值和测量方法
IEC/CISPR 21	脉冲噪声对移动无线电通信的干扰评定其性能降级的方法和提高性能的措施
IEC/CISPR 25	用于保护车、船舶和设备用接收机的无线电骚扰特性的测量方法及限值
IEC61000	辐射电磁场抗扰性试验
ISO 7637-1/2/3	道路车辆 - 由传导和耦合产生的电气干扰窄带辐射电磁能量产生的电磁干扰
ISO/TR10305	道路车辆 - 校准 20kHz 到 1000MHz 功率密度测试仪的标准电磁场的产生
ISO10605	道路车辆 - 静电放电产生的电骚扰试验方法
ISO 11451.1 ~ 4	道路车辆 - 窄带电磁能的电干扰（整车试验）-1 ~ 4 部分
ISO 11452.1 ~ 7	道路车辆 - 窄带电磁能的电干扰（部件试验）-1 ~ 7 部分
SAE J551	车辆和装置的电磁特性测量方法和特性水平 60Hz ~ 18GHz
SAE J1113	车用电子部件电磁兼容的测量规程及限值 60Hz ~ 18GHz
ECE R10	车辆电磁兼容性认证规定
2004/104/EC	新的欧洲汽车电磁兼容指令

近年来，我国逐渐吸收了国外部分研究成果，结合汽车工业现状，颁布了一些汽车电磁兼容标准。目前发布的有关车辆电磁兼容性的标准见表5-2。

表 5-2　国内汽车电磁兼容性的标准

标准号	标准名称
GB 14023—2022	车辆、船和内燃机无线电骚扰特性用于保护车外接收机的限制和测量方法
GB/T 18655—2018	车辆、船和内燃机无线电骚扰特性用于保护车载接收机的限值和测量方法
GB/T 15152—2006	脉冲噪声干扰引起移动通信性能降级的评定方法
GB/T 17619—1998	机动车电子电器组件的电磁辐射抗扰限值和测量方法
GB/T 18387—2017	电动车辆的电磁场发射强度的限值和测量方法
GB/T 19951—2019	道路车辆 电气 / 电子部件对静电放电抗扰性的试验方法

5.5.2　电动汽车电磁环境分析

电动汽车的电磁环境是指汽车在运行过程中，车上电子电气设备承受来自车内、车外各种各样的电磁干扰，以及汽车、电子设备向外界辐射的电磁干扰。车上的电子电气设备在这样的环境下应能维持正常工作，不发生性能下降甚至破坏等情况。由于汽车可以行驶到各种地方，因此其电磁环境差异也很大。汽车电磁干扰源大致可以分为 3 类，即车载干扰源、自然干扰源和人为干扰源。

（1）车载干扰源

车载干扰源主要是指车上各种电子电气系统产生的电磁干扰。汽车电路中出现的各种瞬变电压或者电路开断瞬间触点之间产生的电火花和电弧等，都可能影响车上敏感设备的正常工作。车载干扰源主要有驱动系统、动力电池、功率变换器、继电器、电动辅助系统、开关、通信设备以及微处理器等电子设备。电压和电流的快速暂态会产生辐射和噪声，距离这些设备较近的电子设备有可能产生故障，特别是电机驱动模块的快速整流、电机启动、高压辐射更会引起较高场强的传导及辐射骚扰。

车载干扰源的电磁传播模式很复杂，它有传导干扰和辐射干扰两种形式。传导耦合要求在源与接受器之间有完整的电路连接，通常有三种耦合通路：公共电源、公共回路和导线间的近场耦合，前两种都属于传导耦合。

一般情况下，在电动汽车系统的辐射干扰中，共模高频干扰占据着主导地位，而其他频段干扰较小。驱动系统开关元件动作引起的噪声通过共模和差模回路进行传播，动力电池和变换器相连的直流母线或电缆以及连接交流电机和变换器的交流电缆中流过较大的瞬变电流，电流流动时可通过长导线向外发送辐射或通过串扰对相邻导线进行干扰。由于电动汽车空间及结构的原因，电动汽车高压导线和低压控制线（通信线等）不可避免会出现耦合和串扰。

（2）自然干扰源

自然干扰源是指由自然现象引起的电磁干扰。比较典型的自然界电磁现象产生的电磁噪声有大气噪声、太阳噪声、宇宙噪声以及静电放电等。大多数情况下，这种电磁噪声非常复杂，并且对汽车的干扰影响可以忽略。但是，闪电和静电放电可能会产生很大的瞬变场强。闪电是一个非常复杂的过程，其电流超过 10kA，上升时间不到 1μs。汽车上的直接电击很少，但是闪电引起的场强很大，在 200m 处是 100kV/m，在 175km 处是 4V/m。乘客和座椅之间的摩擦以及汽车车身在行驶过程中与空气的摩擦都会积累形成静电，高压静电在放电时会影响电子设备的工作，甚至造成永久性破坏。

（3）人为干扰源

人为干扰源是指由汽车外部人工装置产生的电磁干扰，这主要有其他车辆的辐射干扰，车外的雷达、无线电台发射机、移动通信设备等发射的电磁波干扰，以及高压输电线的电晕放电等。

5.5.3　电磁兼容性设计方法

电动汽车电气系统电磁兼容性设计采用分层与综合设计法。可根据所采取的措施在实现电磁兼容时的重要性，分层依次进行设计。第一层为有源器件的选型和印制板设计；第二层为接地设计；第三层为屏蔽设计；第四层为滤波设计和瞬态骚扰抑制。并且在每一层进行接地、屏蔽和滤波的综合设计和软件抗骚扰。

（1）有源器件的选型和印制板设计

为了增强抗扰度并抑制骚扰，应从电磁敏感度、电磁骚扰发射、芯片封装和电源电压等四个方面优选有源器件。由于噪声电流和瞬态负载电流是传导骚扰和辐射骚扰的初始源，为实现电源的完整性，应优选多层板，尽可能减小引线电感；减小门电路驱动线对地分布电容和驱动门输入电容；选用 SMD；安装本地去耦电容和整体去耦电容。

PCB 设计具体方法主要包括：

1）优选多层板。

2）布局布线原则，元件布局按不同电源电压、数字与模拟、速度快慢、电流大小等分组分区，连接器尽量放在 PCB 同一侧，高速器件靠近高速插接器，信号线应相互远离，高速线尽量短。

3）层间安排原则，电源平面靠近接地平面，并在接地平面之下；信号布线层安排与整块金属平面相邻；把数字电路和模拟电路分开；将数字电路和模拟电路安排在不同层内；在中间层的印制线条形成带状线，表面层形成微带线；时钟电路和高频电路要单独安排、远离敏感电路。

4）遵循2H和2W设计原则，各种走线应短、宽、直、均匀，不发生突变，转弯处用45°角。

（2）接地设计

分析系统内各类部件的骚扰特性、敏感特性、各电路的工作电平、信号种类和电源电压；将地线分类、划组；画出系统布局；画出系统地线网。在 1MHz 以下低频电路部分采用单点接地，10MHz 以上高频部分采用多点接地；电源地线都接到电源总地线上，信号地都接到信号总地线上，两根总地线最后汇总到一个公共入地点搭车体连接；信号源接地时，屏蔽层在信号侧接地；多个信号屏蔽双绞线与多芯对绞总屏电缆连接时，各屏蔽层应相互连接好，360°搭接；采用信号隔离变压器、平衡变压器、光电耦合器和差动放大器实现对地环路的隔离；PCB 表面覆铜一定要良好接地；多层板中间层的空旷区不要覆铜等。

（3）屏蔽设计

1）采用高导电率材料加屏蔽体接地进行静电屏蔽和电场屏蔽；采用高导磁率材料进行低频磁场屏蔽；采用高导电率材料进行高频磁场屏蔽；采用高导电率材料加接地进行远场电磁屏蔽。

2）永久性接缝采用焊接方式；非永久性接缝采用导电衬垫。

3）通风采用蜂窝状通风板。

4）单根导线或电缆穿过屏蔽体时，采用馈通滤波器；一组导线或电缆穿过屏蔽体时，采用滤波器连接器；在 I/O 端口加装滤波器；屏蔽电缆与屏蔽体连接时应成哑铃状，屏蔽层与屏蔽体360°搭接。

（4）滤波设计和瞬态骚扰抑制

1）反射式低通滤波器按源阻抗和负载阻抗选择网络结构，并核算其插入损耗和频率特性；反射式低通滤波器安装时使输入线尽可能短，输出线与输入线隔离，并良好接地。

2）吸收式低通滤波器采用铁氧体元件，用于电源线、数据线和 PCB 板上，安装在骚扰附近；采用长而细的铁氧体元件抑制效果好。

5.5.4 抑制电磁干扰的技术措施

通常抑制电磁干扰的主要措施有屏蔽、滤波和接地。

（1）屏蔽

屏蔽是在两个区域之间建立电磁屏障，保护系统中的电路不受电磁环境损坏的最直接方法。可采取两种屏蔽方式：①主动屏蔽，使辐射电磁能限制在特定区域之内；②被动屏蔽，防止辐射电磁能进入特定区域。屏蔽的形式多种多样，可以是隔板、盒式封闭体，也可以是电缆或连接器式的屏蔽。屏蔽的效能用屏蔽有效度表示，它不仅与屏蔽材料有关，而且与材料的厚度、应用频率、辐射源到屏蔽层的距离以及屏蔽层不连续的形状和数量有关。

屏蔽的设计原则是：高频电场屏蔽应用铜、铝和镁等良导电材料，以得到最大的反射效率；低频磁场屏蔽应用磁性材料，如铁和镍铁高导磁合金，以得到最大的吸收效率；足够厚度的屏蔽层可屏蔽任何频率的电场，且有很高的屏蔽效能；多层屏蔽（包括机壳与电缆）能在宽频带上提供高屏蔽有效度，但需考虑成本和其他性能要求（如电缆可挠度）；用来密封缝隙的各种结合面必须清洁，不能有不导电的涂层；为了保持外壳的屏蔽效能，对必不可少的穿线孔应加导电衬层、弹簧垫圈、波导衰减器和栅网等。

（2）滤波

屏蔽主要是为了解决辐射干扰，而滤波则主要是解决通过传导途径造成的干扰。实现滤波功能的部件称为滤波器。滤波器主要抑制通过电路通路直接进入的干扰，它是应用最普遍的抗干扰方法。根据信号与干扰信号之间的频率差别，可以采用不同性能的滤波器，抑制干扰信号，提高信噪比。

（3）接地

接地就是在两点之间建立导电通路，其中的一点通常是系统的电气元件，而另一点则是参考点。一个接地系统的有效性取决于在多大程度上减小接地系统的电位差和减小地电流。

（4）其他注意事项

在进行电动汽车的电磁兼容性设计时还应注意以下两点：

1）合理规划线束：线束布置上使小功率敏感电路紧靠信号源，大功率干扰电路紧靠负载，尽可能分开小功率电路和大功率电路，减小线束间的感应干扰和辐射干扰。不同用途或不同电平的导线如输入与输出线、弱电与强电要远离，尽量不要平行；接地线长度要尽量短，截面要尽量大。关键元件、电路和走线都要加屏蔽，屏蔽要合理接地。对较长的线束，为减小传导和辐射干扰，应在线束上增加滤波，比较方便的是套接合适的铁氧体磁环。

2）元器件选择和电路设计：元器件选择和电路设计是抗电磁干扰和电磁兼容性设计的重点之一。通过选择元件及抗扰筛选，以得到高抗干扰门限值的元件，采用屏蔽的双绞线做连线，缩短元件和电路的连线。这项措施可使系统的抗干扰性增加 3 ~ 10dB，使设计的电路具有高信号电平和低阻抗特性，可大大降低对干扰的灵敏度。另外，还要考虑到数字电路比线性、模拟电路抗扰性强，低速数字电路比高速数字电路有更低的电磁灵敏度。在确定元件和电路时，除要注意其电磁干扰灵敏度外，还应注意一些会产生电磁干扰的元件和电路，也会对系统造成不应有的影响，使信号发生畸变，或产生干扰电压、干扰电流，或使系统造成工作失误。

5.5.5 电磁场辐射强度检测实例

（1）试验条件

在某所电磁兼容实验室，对某电动客车进行检验，试验条件见表 5-3。检测和判定方法依据 GB/T 18387—2017《电动车辆的电磁场辐射强度的限值和测量方法》。

表 5-3 试验条件

频率范围 /MHz	最小扫描时间		仪器带宽
	峰值检测器		
0.009 ~ 0.15	100ms/kHz		200Hz
0.15 ~ 30	100ms/MHz		9kHz

（2）电磁场辐射强度检验结果

如图 5-24 所示是棒天线位于车辆后部的测试结果，通过分析可知，$v = 16$km/h 时频率低于 180Hz，辐射强度低于国标限定值；$v = 64$km/h 时频率低于 150Hz，辐射强度低于国标限定值；图 5-25 所示是环天线与车辆后部平行的测试结果，通过分析可知，$v = 16$km/h 时频率低于 20Hz，辐射强度低于国标限定值；$v = 64$km/h 时频率低于 20Hz，辐射强度低于国标限定值。

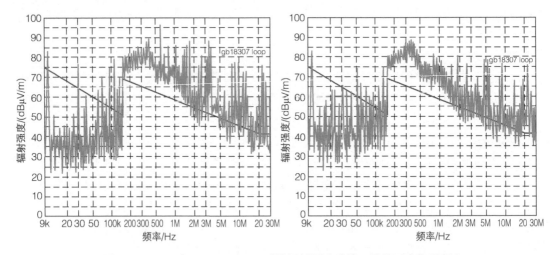

图 5-24　$v = 16$km/h、64km/h 时的辐射强度（棒天线位于车辆后部）

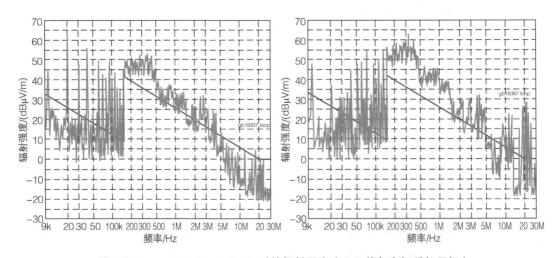

图 5-25　$v = 16$km/h、64km/h 时的辐射强度（环天线与车辆后部平行）

第6章　电动汽车总线系统

电动汽车是一个高度集成的电气化系统，包括驱动电机控制系统、电池管理系统、车载充电系统、电子辅助系统、低压电气系统等各子系统，为了实现上述系统的数据共享，提高整车控制的准确性和快速性，建立高效的车载总线系统是必然的选择。本章将重点介绍电动汽车车载总线的类型、结构和应用方式。

6.1　概述

6.1.1　车载总线系统简介

随着对车辆控制的要求不断提高，汽车实现电子化控制是大势所趋。电控系统在极大改善汽车性能的同时，也增加了信号采集和数据交换的复杂程度。从行驶、制动、转向系统控制到安全保障系统以及仪表报警系统，从电池管理系统到为提高舒适性而做的各种努力，使汽车电控成为一个复杂的庞大系统。这些系统除了各自的电源线外，还需要互相通信，不难想象，若沿用常规的点 - 点间的布线方法进行布线，那么整车的布线将会如一团乱麻，其布线网络如图 6-1 所示。汽车布线一般是先将线制成线束，然后再把线束装在纵梁下等看不到的地方，这样，如果线束中出现问题，不仅查找相当麻烦，而且维修也很困难，多数情况下只能把线束全部更换。但是，由于每种车型的长度、宽度以及电气安装的位置都不同，所以线束的大小也不一样，每种车型都要单独设计，从而增加了设计和试制的难度。

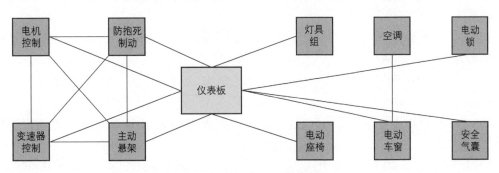

图 6-1　常规方法布线网络

车载总线技术的出现有效地解决了上述问题，图 6-2 为采用 CAN 总线的布线方式，通过总线网络，实现传感器的数据共享，消除了冗余的传感器，大大简化了布线网络，降低了维修的难度。

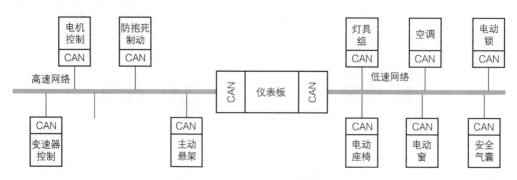

图 6-2　CAN 总线布线网络图

采用车载总线的优点有：

1）减少了线束的数量和体积，因而也就降低了线束的造价和重量，提高了电子系统的可靠性，使之维修容易、安装简便。

2）由于采用了通信传感器（如动力系统和传动系统共用车速传感器），通过总线进行数据通信，可以达到消除冗余传感器并实现数据共享的目的。

3）改善了汽车系统设计和配置的灵活性，即通过总线的软、硬件变化可以实现整车功能的变化和扩展，真正实现汽车各个装置的模块化。

4）使用总线将汽车各个电子装置连接起来，让汽车真正成为系统控制的整体对象，有力地改进和完善汽车动力性、排放性、操纵性、经济性和安全性。

6.1.2　车载总线技术的发展

早在 1968 年，艾塞库斯就提出了利用单线多路传输信号的构想。从 1980 年起，汽车内开始使用车载总线。

1983 年，丰田公司在世纪牌汽车上最早采用了应用光缆的车门控制系统，实现了多个节点的连接通信。

1986—1989 年，在车身系统上装用了以铜线为传输媒介的总线，并在日产和通用汽车的控制系统中得到应用。

1983 年，德国 BOSCH 公司开始开发汽车总线系统，Wolfhard Lawrenz 教授将这种新总线命名为 Controller Area Network，简称 CAN。

1986 年，在底特律汽车工程协会上，由 BOSCH 公司研发的 CAN 总线系统通信方案获得认可。

1987 年，Intel 公司开发出第一枚应用于 CAN 的芯片 82526。PHILIPS 公司很快也开发出了 82C200。

1993 年 11 月，国际标准化组织公布了 CAN 协议的国际标准 ISO11898 以及 ISO11519。

1992 年，奔驰公司作为第一个采用 CAN 总线技术的公司，将 CAN 总线系统装配在客车上。在美国，通过采用 SAE J1850 普及了数据共享系统，也通过了 CAN 的标准，明确地表示将转向 CAN 协议。

随着汽车技术的发展，欧洲又以与 CAN 协议不同的思路提出了控制系统的新协议 TTP（时间触发），并在 X-by-Wire 系统上开始应用。

为了实现音响系统的数字化，建立了将音频数据域信号系统综合在一起的 AV 网络，因为这种网络需要将大容量的数据连续地输出，因此，在这种网络上将采用光缆。未来将汽车引入智能交通系统时，由于要与车外交换数据，所以，在信息系统中将会采用更大容量的网络，例如 D2B 协议、MOST 以及 IEEE1394。

车载网络的应用不仅涉及汽车上各电子装置的硬件连接，网络相关软件也必然成为每个电控单元软件中的一部分。汽车上软件系统很快就会成为一个相对独立的部分，它与汽车上电子系统的关系会逐渐发展成像现在计算机软件与硬件系统的关系一样。那时，汽车上的应用系统将可以直接调用嵌入式操作系统中的网络功能服务程序和其他一些通用服务功能软件，这些软件的设计也将会变得像发动机设计、底盘设计以及车身设计等一样重要。

6.1.3　车载总线系统的拓扑结构

拓扑结构是指网络节点的几何结构，即各个节点相互连接的方式，一般分为总线型、环型和星型三种拓扑结构。

（1）总线型网络拓扑结构

图 6-3 所示为某电动汽车总线型网络拓扑结构，即将网络中的所有设备通过相应的硬件接口直接连接到公共总线上，节点之间按广播方式通信，一个节点发出的信息，总线上的其他节点均可"收听"到。其特点是结构简单，布线容易，可靠性较高，易于扩充，节点的故障不会殃及系统，是局域网常采用的拓扑结构。

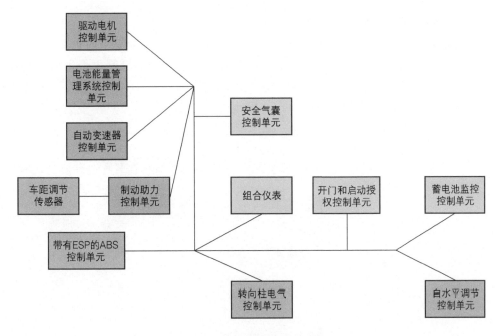

图 6-3　总线型网络拓扑结构

但是，采用总线型网络时所有的数据都需经过总线传送，总线成为整个网络的瓶颈，故障诊断较为困难。另外，由于信道共享，连接的节点不宜过多，总线自身的故障可能导致系统的崩溃。

（2）环形网络拓扑结构

图 6-4 所示为某轿车 MOST 总线环形网络拓扑结构。所谓环形网络拓扑结构，是指各节点通过通信线路组成闭合回路，环中数据只能单向传输，信息在每台设备上的延时时间是固定的。这种网络方式结构简单，适合使用光纤进行远距离传输，传输延迟确定，特别适合实时控制的局域网系统。但是，该网络中的每个节点均成为网络可靠性的瓶颈，任意节点出现故障都会造成网络瘫痪，另外故障诊断也较困难。

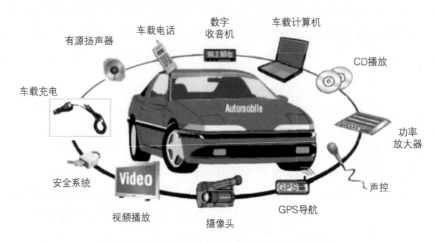

图 6-4　某轿车 MOST 总线环形网络拓扑结构

（3）星形网络拓扑结构

星形网络是一种以中心处理器为中心、把若干外围节点连接起来的辐射式互联结构，如图 6-5 所示。这种结构适用于局域网，特别是近年来连接的局域网大都采用这种连接方式。该网络形式的特点是容易实现、便于管理，通常以集线器作为中央节点，便于维护和管理。但是，中心节点的可靠性直接决定全网络的可靠性，中心节点出现故障会导致网络的瘫痪。

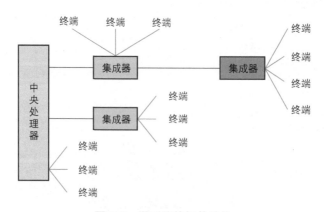

图 6-5　星形网络拓扑结构

6.1.4 车载总线协议标准

国际上众多知名汽车公司早在 20 世纪 80 年代就积极致力于车用总线与网络技术的研究与应用。经过几十年的发展，目前在汽车控制的领域已存在多种总线网络标准，其侧重功能有所不同。为了方便研究和设计应用，国际自动机工程师学会（SAE）按照总线数据传输速率和应用场合把汽车网络划分为 A、B、C 三类，见表 6-1。

表 6-1　汽车数据传输网络的划分

类别	对象	传输速度 /（kb/s）	应用范围
A	面向传感器 / 执行器的低速网络	<10	灯光照明、电动门窗、座椅调节等系统
B	面向独立模块间数据共享的中速网络	10~125	车辆电子信息中心、安全气囊、故障诊断、仪表显示等系统
C	面向高速、实时闭环控制的高速网络	约 1000	牵引控制、先进动力总成控制、悬架控制、ABS 控制等系统

在如今的汽车中，作为一种典型应用，车体和舒适性控制模块都连接到 CAN 总线上，并借助于 LIN 总线进行外围设备控制。而汽车高速控制系统通常会使用高速 CAN 总线连接在一起。远程信息处理和多媒体连接需要高速互联，视频传输又需要同步数据流格式，这些都可由 D2B 或 MOST 协议来实现。无线通信则通过蓝牙技术加以实现。而在未来的 5 ~ 10 年里，TTP 和 Flex Ray 将使汽车发展成百分之百的电控系统，完全不需要后备机械系统的支持。

但是，至今仍没有一个通信网络可以完全满足未来汽车的所有成本和性能要求。因此，汽车制造商仍将继续采用多种协议（包括 LIN、CAN 和 MOST 等），以实现未来汽车上的联网。

6.1.5 总线节点的典型设备

CAN 总线由许多节点组成，通过这些节点连接相应设备的控制器和不同类型的车载终端，例如整车控制器、驱动电机控制器、电池管理系统控制器、数据传输终端等。本节重点介绍整车控制器和数据传输终端。

（1）整车控制器

整车控制器通过采集加速踏板信号、制动踏板信号以及其他部件信号，根据预先设置的算法做出判断，控制各部件控制器的动作，驱动汽车的正常行驶。图 6-6 所示为某电动汽车的整车控制系统。该整车控制系统采集驾驶员驾驶信息，通过 CAN 总线获得驱动电机和动力电池的相关信息，进行分析和计算，通过 CAN 总线给出驱动电机控制和电池管理指令，实现整车驱动控制、能量优化控制和制动能量回收控制。此外，该整车控制系统还具有综合指令仪表接口功能，可显示整车状态信息，具有完善的故障诊断和处理功能。该控制器各部分功能如下：

1）微控制器作为整车控制器的控制中心，负责数据的运算和处理。

2）模拟量调理模块用于模拟输入量的滤波和调理，其一端与多个传感器相连，另一端与微控制器相连。

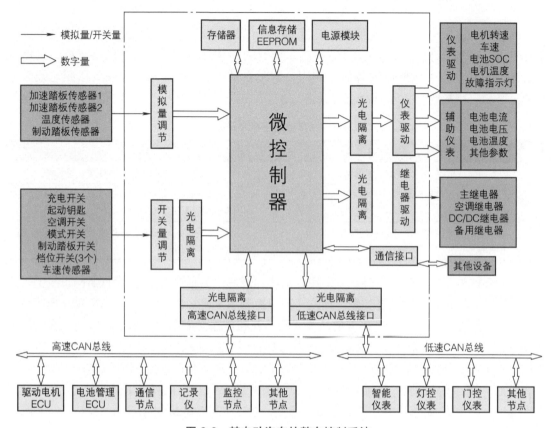

图 6-6　某电动汽车的整车控制系统

3）开关量调理模块用于开关输入量的电平转换和整型，其一端与多个开关量传感器相连，另一端通过光电隔离器与微控制器相连。

4）仪表驱动模块用于驱动组合仪表和辅助仪表，其一端通过光电隔离器与微控制器相连，另一端与多个仪表相连。

5）继电器驱动模块用于驱动多个继电器，其一端通过光电隔离器与微控制器相连，另一端与多个继电器相连。

6）高速 CAN 总线接口模块用于提供高速 CAN 总线接口，其一端通过光电隔离器与微控制器相连，另一端与系统高速 CAN 总线相连。

7）信息存储模块用于记录整车电控系统的相关信息及故障信息，与微控制器相连。

8）通信接口模块作为与其他设备相连的接口与微控制器相连。

（2）车载数据终端

为实现电动汽车运行状态的远程监控，电动汽车一般都装有车载数据终端，如图 6-7 所示。该车载终端由卫星定位技术单元和无线通信网络（GSM/GPRS/3G/4G）单元组成，能够准确、实时地为用户定位，是车辆实现自动求助、道路救援、车辆跟踪防盗、智能导航、车友互联、驾驶习惯分析、保养管理、企业车辆管理、互动娱乐、增值信息服务等众多功能必不可少的部件。

图 6-7　电动汽车远程监控系统

车载数据终端将实时采集的汽车状态信息通过无线传输网络传递给远程监控平台的服务器，服务器对数据进行分析，判断电动汽车的运行状态，并将相应数据存储在数据库中，以便对电动汽车服务跟踪。

6.2　CAN 总线系统

CAN 是 Controller Area Network（控制器局域网络）的缩写，含义是电控单元通过网络进行数据交换。CAN 总线数据传输可比作公交汽车，如图 6-8 所示，每个控制单元均可随时主动向 CAN 总线发出指令，每个控制单元也均可随时接受 CAN 总线传输过来的信息。在汽车领域，几乎所有欧洲新型汽车都采用了 CAN 总线技术。

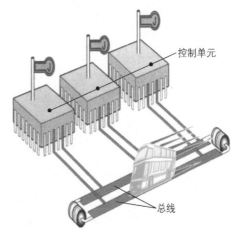

图 6-8　CAN 总线数据传输示意图

CAN 总线系统由多个电子控制单元（ECU）同时控制多个工作装置或系统，各 ECU 的共用信息通过总线互相传递。CAN 的传输速率和总线长度相关，最高可以到 1Mbit/s，一般车内使用的速率是 100kbit/s 到 500kbit/s。由于 CAN 总线具有很高的实时性、可靠性和灵活性等特点，因此，CAN 在电动汽车中得到了广泛应用。

CAN 总线的主要特点如下：

1）CAN 总线上任一节点都可以在任何时刻主动向总线请求发送报文。另外，节点还可以通过远程请求方式，要求某些节点发送相关报文。

2）采用非破坏性的总线仲裁技术，当多个节点同时向总线发送报文时，按照显位（逻辑值为 0）覆盖隐位（逻辑值为 1）的原则决定报文优先级，优先级低的节点自动退出发送，而优先级最高的节点可不受影响继续发送。

3）通过报文滤波即可实现点对点、一点对多点甚至全局广播的通信，不必专门"调度"。当报文发送到总线上后，总线上所有节点通过报文滤波，均可选择接收或拒绝。

4）采用短帧结构，减小传输时间，从而降低传输过程中受干扰的概率。差分方式的数据传输，具有较强的抗干扰能力。另外，循环冗余校验及其他检错措施，降低了总线中的漏检率。

5）节点在错误严重的情况下具有自动关闭的功能，减小错误节点对总线上其他节点的影响。

6）节点数取决于总线驱动电路，最多可达110个，报文标识符可达2032种（CAN2.0A），而扩展标准（CAN2.0B）的报文标识符几乎不受限制。

6.2.1　CAN总线系统的组成

CAN总线系统包括控制单元、控制器、收发器、终端电阻，如图6-9所示。

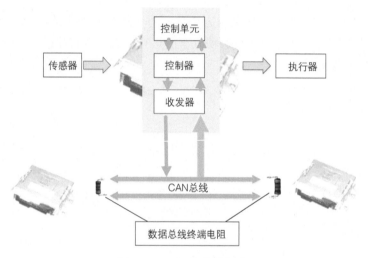

图6-9　CAN总线的组成

（1）控制单元

控制单元是CAN总线主要的计算器，将控制器传递来的信息进行运算，将运算数据传输给控制器。同时，控制单元还具有故障记忆功能。

（2）控制器

控制器是CAN总线通信的控制单元，主要作用是接收来自传感器的信号，形成要发送的指令；或将总线通过接收器传递信号进行转换传递给控制单元（CPU），再将控制单元传来的信号形成发送指令通过发送器传递至总线；或直接驱动执行单元。图6-10所示为总线控制单元内部结构原理图。控制单元接收到的传感器值（如车速）会被定期查询并按顺序存入存储器，这个过程在原理上就相当于一个带有旋转式输入选开关的选择器。CPU对存储器内的传感器数据进行运算处理，然后存入输出存储器，执行控制功能。

由于控制单元通过CAN控制器实现了网络传输，因此，CAN总线既是电控单元的输入信息来源，也是控制单元的信息输出对象。

微控制器按事先规定好的程序来处理输入值，处理后的结果存入相应的输出存储器内，然后送达到各个执行元件。为了能够处理数据传输总线信息，各控制单元内还有一个数据传输总线存储区，用于容纳接收到的和要发送的信息。

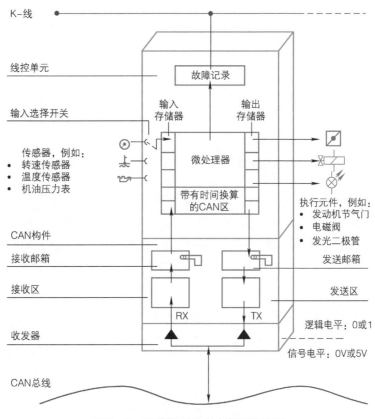

图 6-10　总线控制单元内部结构原理

数据传输总线构件通过接收邮箱（接受信息存储器）或发送邮箱（发送信息存储器）与控制单元相连，该构件一般集成在控制单元的微控制器芯片内。

（3）收发器

CAN 收发器由 CAN 发送器和接收器组成，其作用是将 CAN 控制器提供的数据转换成 CAN 总线信号发送出去。同时，它也接收总线数据，并将数据传送到 CAN 控制器。其中发送器把数据传输总线构件连续的比特流（逻辑电平）转换成电压值（线路传输电平），这个电压值适合铜导线上的数据传输。接收器则把电压信号转换成接收的比特流，这种比特流适合 CPU 处理。

收发器通过 TX 线（发送导线）或 RX 线（接收导线）与数据传输总线构件相连，如图 6-11 所示，RX 线通过一个放大器直接与数据传输总线相连，始终监控总线信号。

发送器的特点是 TX 线与总线耦合，如图 6-12 所示，这个耦合过程是通过一个断路式集流电路来实现的。因此，总线导线上就会出现"0"和"1"两种状态。

状态 1：截止状态，晶体管截止（开关未闭合）。

无源：总线电平 =1，电阻高。

状态 0：接通状态，晶体管导通（开关闭合）。

有源：总线电平 =0，电阻低。

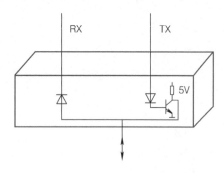

图 6-11　收发器与 TX 线和 RX 线耦合

图 6-12　总线开关状态示意图

如图 6-13 所示，假设有三个收发器收发耦合在同一条总线导线上，开关未闭合表示 1（无源）；开关闭合表示 0（有源）。则收发器 C 有源，收发器 A 和 B 无源。工作过程如下：

1）如果某一开关已闭合，电阻就有电流通过，于是总线导线上的电压就为 0V。

2）如果所有开关均未闭合，那么就没有电流流过，电阻上就没有压降，于是总线导线上的电压就为 5V。

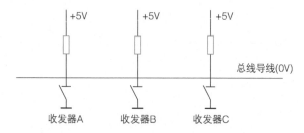

图 6-13　在一条总线上耦合的三个收发器

按照图 6-13 的连接方式，三个控制器连接在 CAN 总线上的工作状态见表 6-2。

表 6-2　控制器和 CAN 总线状态对应表

控制器 A	控制器 B	控制器 C	总线状态
1	1	1	1（5V）
1	1	0	0（0V）
1	0	1	0（0V）
1	0	0	0（0V）
0	1	1	0（0V）
0	1	0	0（0V）
0	0	1	0（0V）
0	0	0	0（0V）

（4）终端电阻

整个 CAN 总线系统共有两个终端电阻，分别安装在系统的两个控制单元内，其作用是阻止 CAN 总线信号产生变化电压的反射。若终端电阻出现故障，则是因为线路的反射影像，导致控制单元的信号无效。

6.2.2 数据传输形式和数据传输原理

（1）数据传输形式

目前，在汽车上应用的总线数据传输可以采用单线形式，也可以采用双线形式。原则上数据传输总线用一条导线就可以满足功能要求了，使用第二条导线传输信号只不过是与第一条导线上传输信号形成镜像关系，这样就可以有效地抑制外部干扰。电控单元之间的所有信息都是通过两根数据线 CAN-Low（低位 CAN）和 CAN-High（高位 CAN）来传输的。电控单元之间进行大量的信息交换，CAN 总线也能完全胜任，如果需要增加额外信息，只需修改软件即可。

（2）数据传输原理

CAN 总线中的数据传递就像一个电话会议。一个电话用户（电控单元）将数据"讲入"总线中，其他用户通过总线"接听"这个数据，对这个数据感兴趣的用户就会利用数据，而其他用户则会选择忽略。

（3）CAN 总线传递数据的格式

CAN 总线传递的数据由多位构成。在数据中，位数的多少由数据域的大小决定。CAN 总线在极短时间内在各控制单元间传递数据，如图 6-14 所示，可将其分为开始域、状态域、检查域、数据域、安全域、确认域和结束域 7 个部分，该数据构成形式在两条数据传输线上是一样的。

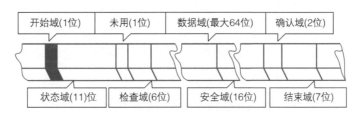

图 6-14　CAN 总线传递数据的格式

1）开始域：标志着数据列的开始，由 1 位构成。带有大约 5V 电压（由系统决定）的 1 位被送入高位 CAN 线；带有大约 0V 电压的 1 位被送入低位 CAN 线。

2）状态域：判断数据中的优先权，由 11 位构成。如果两个控制单元都要发送各自的数据，那么具有较高优先权的控制单元先发送。

3）检查域：用于显示在数据域中所包含的信息项目数，由 6 位构成。在本部分，允许任何接收器检查是否已经接收到所传递过来的所有信息。

4）数据域：传给其他电控单元的信息，最大由 64 位构成。

5）安全域：检测传递数据中的错误，由 16 位构成。

6）确认域：确认域由 2 位构成。在此，CAN 接收器通知 CAN 发送器，确认 CAN 接收器已经收到传输数据。若检查到错误，CAN 接收器立即通知 CAN 发送器，CAN 发送器将再重新发送一遍数据。

7）结束域：结束域由 7 位构成，标志数据列的结束。此部分是显示错误并重复发送数据的最后一次机会。

（4）传递的信息

用于交换的数据称为信息，每个控制单元均可发送和接收信息。信息是以二进制值系列（0 和 1）来表示，其中包含着要传递的物理量，例如，发动机转速为 1800r/min 可表示为 00010101，如图 6-15 所示。

图 6-15　二进制数据流

在发送过程，二进制值先被转换成连续的比特流，该比特流通过 TX 线（发送线）到收发器（放大器），收发器将比特流转化成相应的电压值，最后这些电压值按时间顺序依次被传送到数据传输总线的导线上。

在接收过程中，这些电压值经收发器又转化成比特流，再经 TX 线（接收线）传至控制单元，控制单元将这些二进制连续值转换成信息。例如，00010101 这个值又被转换成 1800r/min。

每个控制单元均可接收信息，人们也把该原理称为广播，就像一个广播电台发送某一节目一样，每个连接的用户均可接收，但收与不收由用户决定。这种广播方式可以使得连接的所有控制单元总是处于相同的信息状态，如图 6-16 和图 6-17 所示。

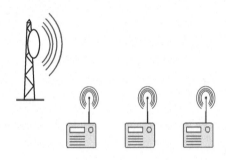

图 6-16　数据传递和广播原理一样

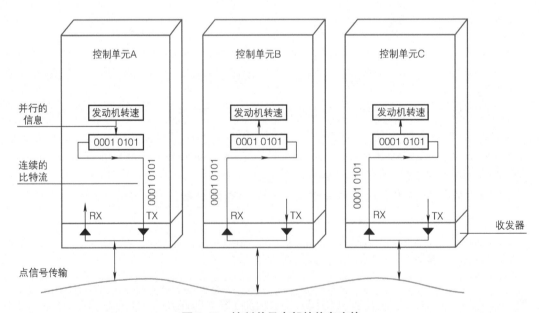

图 6-17　控制单元内部的信息交换

6.2.3 CAN 总线应用实例

（1）电动客车整车总线系统

目前国内很多大中城市都有纯电动公交客车运营，多采用基于多路 CAN 总线的电动客车通信协议。图 6-18 所示为某电动客车的整车 CAN 总线系统，该系统通过 CAN 总线实现了整车信息共享及数字化控制。系统为网络拓扑结构，采用了三路 CAN 总线将整车各个电控系统连接起来，形成一个有机的整体。其中，CAN1 高速网段将整车动力系统部件连接起来，保证整车的行驶性能，网段以整车控制器为网关可以接入其他 CAN 网络；由于电动汽车上需要监测的电池的数量和数据比较多，单独为电池设计了一条高速网段 CAN2，将电池的详细信息传送给智能仪表系统和整车控制器，以保证整个系统的稳定性和可靠性；CAN3 为低速网络段，将 BCM 各个模块以及智能仪表等节点连接起来，将车身低压电器、电动汽车控制开关、电动空气悬架系统等接入网络，实现了线束的大幅减少（约 70%）、控制诊断功能智能化（如制动灯替代功能、低压电源的管理等）以及系统功能的扩展。

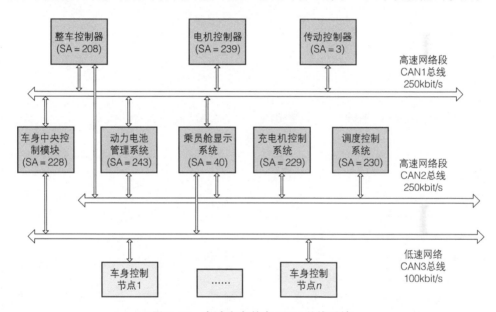

图 6-18 电动客车整车 CAN 总线系统

（2）CAN 总线在能量管理系统中的应用

图 6-19 所示为基于 CAN 总线的能量管理系统，其主要是采集车体运行状况数据和电池的电压、电流和温度数据。将采集的信息通过 CAN/USB 转化口传输到 PC 主机上，在主机上完成信息的存储和处理等工作。为保证控制的实时性，运动控制器需采集电池组总电压和电流，以及驱动和控制踏板的输入信号电压，并通过 CAN 总线与能量管理系统信息共享。能量管理系统负责采集电池温度，并监控单体电池的电压。

另外，能量管理系统要实时监测动力电池在充放电过程中各组电池的电压、电流和温度，避免过充电和过放电现象的发生，同时对各组电池进行定期自动检测和诊断，通过CAN 总线与运动控制器通信，最大限度地提高动力电池的寿命。

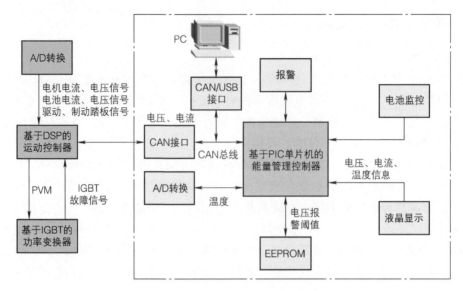

图 6-19 基于 CAN 总线的能量管理系统

6.3 其他总线系统

在采用 X-by-Wire 技术的新一代电动汽车中，CAN 总线已经不能满足需求，尤其是涉及安全的分布式控制系统对通信确定性和可靠性的要求。在这样的背景下，出现了一些数据传输速率高、可靠性高、通信时间离散度小并且延迟固定的车用总线协议，这些协议都支持时间触发通信方式，FlexRay、LIN 和 TTCAN 是其中的主要代表。

6.3.1 FlexRay 总线

为了满足未来的车内通信需要，各大汽车及半导体公司联合成立了 FlexRay 协会，制定了 FlexRay 通信协议以实现高性能的总线通信。

FlexRay 总线上的节点由微控制器、通信控制器、总线监控、总线驱动器（发送 / 接收驱动器）和电源系统五个部分组成。通信功能主要由通信控制器、总线监控及驱动器以及这些部分与主机的接口完成。

为了保证高的数据传输量和可靠性，FlexRay 在设计上有如下特点：

1）支持静态事件和动态事件驱动的两种通信机制。

2）高的数据传输速率和总线使用效率。

3）灵活的容错能力，支持单通道和双通道操作。

4）可靠的错误检测功能，包括时域的总线监测机制和数字 CRC 校验。

5）满足汽车环境要求和质量要求的控制器和物理层。

6）可采用多种总线拓扑结构，包括总线结构、星形结构以及多星形结构。

FlexRay 是继 CAN 和 LIN 之后的最新研发成果，非常适用于线控系统（X-by-Wire）。FlexRay 两个信道上的数据速率最大可达到 10MB/s，总数据速率可达到 20MB/s，应用在车载总线，FlexRay 的总线带宽是 CAN 的 20 倍之多。FlexRay 还能够提供很多 CAN 总线所不具有的可靠性特点，尤其是 FlexRay 具备的冗余通信能力可实现通过硬件完全复制总线配置，并进行进度监测。另外，FlexRay 可以进行同步（实时）和异步的数据传输，来满足车辆中各种系统的需求。

6.3.2 LIN 总线

在车内还有许多 ECU 的控制并不需要 CAN 这样高速率和高安全性的通信，本地互联网络（Local Interconnect Network，LIN）就是为适应这类应用而设计的低成本解决方案。

LIN 是一种基于串行通信的协议，用于实现汽车中的分布式电子系统控制。LIN 总线将价格低廉的 LIN 收发器挂在普通串行口，再配以 LIN 驱动软件就可以构成 LIN 节点。LIN 总线为单主节点 / 多从节点模式，从节点不需要价格较高的石英或瓷片振荡器，物理总线为低成本的单线。典型的 LIN 应用有车门、仪表板、后视镜、照明以及其他智能传感器等。LIN 总线是一种辅助的总线，在不需要 CAN 总线的带宽和多功能的场合，使用 LIN 总线可大大节省成本。

LIN 的主要特性如下：

1）低成本，基于通用 UART 接口，几乎所有单片机都具备 LIN 必需的硬件。

2）极少的信号线即可实现国际标准 ISO9141 规定。

3）传输速率最高可达 20KB/s。

4）单主控器 / 多从设备模式，无需仲裁机制。

5）从节点不需晶振或陶瓷振荡器就能实现自同步，节省了从设备的硬件成本。

6）保证信号传输的延迟时间。

7）不需要改变 LIN 从节点的硬件和软件就可以在网络上增加节点。

8）通常一个 LIN 总线上节点数目小于 12 个，共有 64 个标志符。

可以根据车内设备分布情况组成一个个独立的 LIN 分总线，作为 CAN 的次级总线用于电动汽车中，然后通过与 CAN 总线的接口接入电动汽车总线，其接口成本较 CAN 低，能够作为电动汽车现有的总线传输协议的补充。

6.3.3 TTCAN 总线

在分布式实时控制系统中主要存在着时间触发与事件触发两种通信调度机制，前者适合于传输实时周期性消息，而后者主要适合于传输非周期性消息。CAN 总线本质上是属于事件触发机制，一般通过降低总线资源利用率来减少总线竞争与总线错误对消息实时性造成的影响。而 TTCAN 是一种基于 CAN 总线，并充分利用时间触发与事件触发两种机制优点的新型协议，其调度的消息具有确定的传输行为。TTCAN 中消息的发送和接收都是基于时间过程来完成的。TTCAN 存在一个时间意义上的主节点，它基于自己的时间控制器发送包含有全局时间的参考帧，总线中的其他节点都要求与此全局时间同步。每两个参考帧之间的时间段称为一个基本循环，它包含有多个时间窗口。时间窗口可以分为独占时间窗、仲裁时间窗和空闲时间窗三类。其中，独占时间窗里只允许某个特定的消息发送；仲裁时间窗允许多个消息帧在这段时间内传送，它们对总线的访问仍然基于优先级仲裁完成；空闲时间窗用于以后系统的扩展。整个总线需要传输的消息帧和发送时间都预先定义，构成一个系统矩阵。消息的发送和接收都将按照这个矩阵有序地进行。这种方法使得消息的响应时间大大缩短，有效地满足系统实时性的要求。

在TTCAN协议中，有两种实现方式，即级别1（Level 1）与级别2（Level 2）。在TTCAN级别1中，总线的时钟基准为周期时间，该时间基准在每个基本周期起始时刻重新启动，并以本地时间为基准。而在TTCAN级别2中，引入全局时间基准用于整个总线的时钟调节，所有节点利用该时间值对本地的时间基准进行连续的调节，但是其需要附加硬件的支持，增加了实现的复杂性。

TTCAN协议具有带宽利用率高、通信延迟以及消息传输可管理与可预测等特点，对于解决分布式实时控制系统中消息延迟与容错问题具有重要的意义。

第7章 仪器与仪表

汽车的仪器与仪表是人和汽车的交互界面，为驾驶员提供所需的汽车运行参数和报警指示等信息。本章将结合电动汽车的特点，重点介绍几种典型电动汽车的仪器与仪表。

7.1 概述

汽车的仪器与仪表是汽车主要状态和工作参数显示的窗口，便于驾驶员了解汽车技术状态并及时采取措施，防止发生事故和故障。电动汽车的仪器与仪表除通用的显示信息外，还包括电池与电机工作状态等信息和报警指示灯的显示。常用的电动汽车的仪器与仪表特征信息见表7-1，与传统汽车通用的信息见表7-2。

汽车仪表系统

表7-1 常用的电动汽车的仪器与仪表特征信息

图标	名称	图标含义
	高压闸断开指示灯	高压闸断开时，高压闸断开指示灯点亮；起动时，高压闸断开指示灯自检点亮
	绝缘报警指示灯	当出现动力系统绝缘故障时，绝缘报警指示灯点亮；起动时，绝缘报警指示灯自检点亮
	驱动电机工作指示灯	当驱动电机工作时，驱动电机工作指示灯点亮；起动时，驱动电机工作指示灯自检点亮
	电机过热指示灯	驱动电机过热时，电机过热指示灯点亮；起动时，电机过热指示灯自检点亮
	充电插头插入指示灯	充电插头插入工作时，充电插头插入指示灯点亮；起动时，充电插头插入指示灯自检点亮
	动力电池故障指示灯	当动力电池出现故障时，动力电池故障指示灯点亮；起动时，动力电池故障指示灯自检点亮

（续）

图标	名称	图标含义
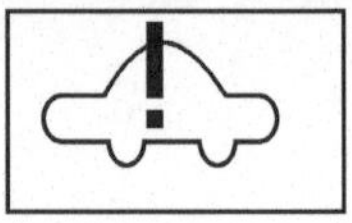 	系统故障指示灯	整车系统出现故障时，系统故障指示灯点亮；起动时，系统故障指示灯自检点亮
	充电指示灯	充电时，充电指示灯点亮；起动时，充电指示灯自检点亮
 READY	系统准备完毕指示灯	系统准备完毕时，系统准备完毕指示灯点亮；起动时，系统准备完毕指示灯自检点亮
 SOC	动力电池容量低报警灯	SOC 低于 25% 时，动力电池容量低报警灯点亮；起动时，动力电池容量低报警灯自检点亮。当车辆行驶时，如果该指示灯点亮，则应到最近的充电站充电，请不要继续行驶

表 7-2　与传统汽车通用的信息

图标	名称	图标含义
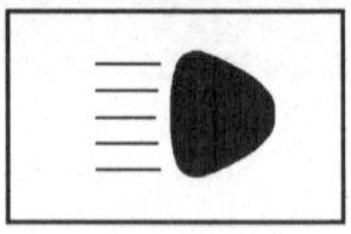	远光指示灯	远光指示灯点亮，表明前照灯在远光位置正常工作
	转向信号指示灯	危险报警开关打开，则左右转向信号指示灯均闪烁；左或右转向信号指示灯开关打开，相应左侧或右侧转向信号指示灯点亮
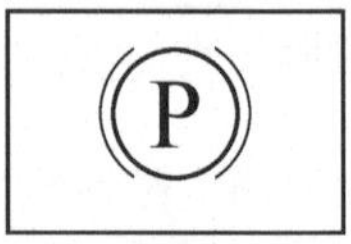 (P)	驻车制动指示灯	当驻车制动手柄拉起时，驻车制动指示灯点亮；起动时，驻车制动指示灯自检点亮
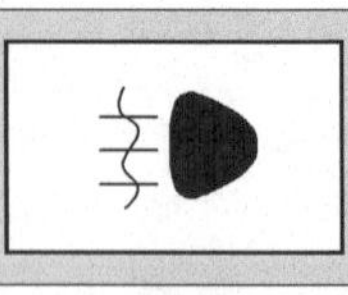	前雾灯指示灯	当前雾灯开关接通时，前雾灯指示灯及前雾灯亮
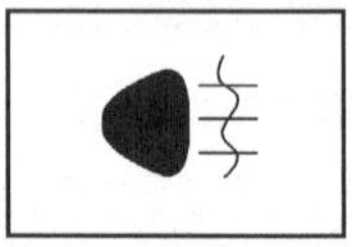	后雾灯指示灯	当后雾灯开关接通时，后雾灯指示灯及后雾灯点亮
 (!)	制动故障指示灯	当出现制动故障时，制动故障指示灯点亮；起动时，制动故障指示灯自检点亮

（续）

图标	名称	图标含义
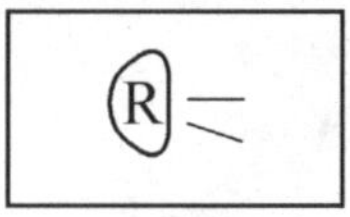 (R) ←	倒车指示灯	当换档机构位于倒档位置时，该指示灯点亮，同时倒车灯点亮，倒车蜂鸣器鸣响，以引起周围车辆及行人的注意
 ☼	真空度报警指示灯	制动真空阻力过低时，真空度报警指示灯点亮，同时蜂鸣器报警
 👤	安全带指示灯	在驾驶员安全带未系时点亮；在配置前排乘客座椅的车辆上，若该位置坐人，且安全带未系时报警；起动时，安全带指示灯自检点亮
 🚗	车门未关报警灯	车门未关时，车门未关报警灯点亮
 ((ABS))	ABS 故障指示灯	ABS 有故障时，ABS 故障指示灯常亮；起动时，ABS 故障指示灯自检点亮
 EPS	EPS 故障指示灯	电动助力转向出现故障时，EPS 故障指示灯点亮
 CAN	CAN 故障指示灯	接收 CAN 总线信号故障时，CAN 指示灯点亮；起动时，CAN 指示灯自检点亮

下面以纯电动乘用车、纯电动客车和电动环卫车三种典型车型为例，介绍电动汽车的仪器与仪表。

7.2 纯电动乘用车仪器与仪表

7.2.1 北汽 EV200 纯电动乘用车仪器与仪表

北汽 EV200 组合仪表采用 64 位双核 CPU 的 Tricore 控制系统，如图 7-1 所示。

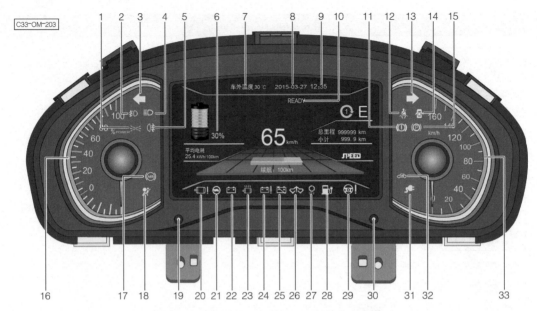

图 7-1 北汽 EV200 纯电动乘用车组合仪表

1—示廓灯 2—前雾灯 3—左转向 4—远光灯 5—后雾灯 6—剩余电量指示 7—车外温度指示 8—日期显示 9—时间显示 10—READY 指示灯 11—制动系统故障指示灯 12—安全带未系指示灯 13—右转向指示灯 14—开门指示灯 15—驻车制动指示灯 16—驱动电机功率表 17—ABS 故障指示灯 18—安全气囊指示灯 19—按钮 A 20—电机系统故障指示灯 21—跛行指示灯 22—蓄电池故障 23—电机及控制器过热指示灯 24—动力电池故障指示灯 25—动力电池断开指示灯 26—系统故障灯 27—制动能量回收关闭 28—充电提醒指示灯 29—EPS 故障指示灯 30—按钮 B 31—充电线连接指示灯 32—防盗指示灯 33—车速表

（1）驱动电机功率表

驱动电机功率表位于组合仪表盘 16 号位置处（图 7-2）。表盘中 0~100% 指示当前驱动电机输出的实际功率与可输出最大功率的比。功率数值越大，表明当前车辆动力越强，功率表的绿色量程部分表示制动能量回收强度，即指针越靠近表盘底端，表示制动能量回收强度越强。如果发生动力电池或驱动电机故障导致的信号丢失或动力切断，则指针会自动返回最下端的默认值。

（2）车速表

车速表位于组合仪表盘 33 号位置处（图 7-3）。车速表的指针所指向的位置指示了汽车当前的速度，可指示的范围为 0 ~ 160km/h。如果发生动力电池或驱动电机故障导致的信号丢失或动力切断，则指针会自动返回最下端的默认值。

（3）按钮 A/B

仪表盘下端有两个按钮，从左至右分别为按钮 A、按钮 B，位于组合仪表盘 19 号和 30 号位置处（图 7-4），通过按钮 A/B 可以切换行车电脑的不同行车界面（表 7-3）。其中数字电压值指示车辆动力电池的电压值；数字电流值指示当前动力电池充放电电流值，正值表示动力电池正在放电，负值表示动力电池正在充电；车速值与机械表盘车速指示值相同，表示当前车辆行驶速度；数字转速值指示当前驱动电机转速；瞬时电耗指车辆行驶时的瞬时电耗强度，从中间至两侧电耗依次增强。

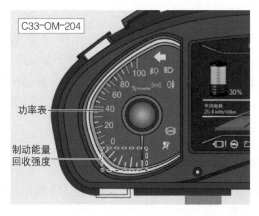

图 7-2 驱动电机功率表

图 7-3 车速表

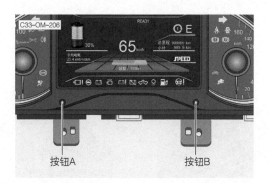

图 7-4 按钮 A/B

表 7-3 仪表显示模式

按钮	当前显示模式	按住时间	开关放开后显示模式
A	平均电耗	t < 2s	保养里程
	保养里程	t < 2s	平均电耗
		t > 10s	保养里程复位至 10000km
B	车速	t < 2s	数字电压值
	数字电压值	t < 2s	数字电流值
	数字电流值	t < 2s	数字转速值
	数字转速值	t < 2s	瞬时电耗
	瞬时电耗	t < 2s	车速
	任意模式	t > 3s	小计清零
	充电模式	t < 2s	车辆充电信息

（4）保养里程

通过按钮 A 可以切换行车电脑显示保养里程信息，仪表初次默认保养里程为 10000km，后续每 10000km 保养一次（图 7-5）。当距离车辆保养的里程数小于 150km 时，每次车辆打到"ON"档时，行车电脑显示屏会显示文字提示"请保养车辆"，显示持续 5s，随后自动消失。仪表处于保养里程界面时，通过长按按钮 A 10s 可以复位保养里程至 10000km。

提示：当仪表提示"请保养车辆"时，请尽快前往 4S 店进行车辆保养。

（5）续驶里程

指示车辆当前电量可行驶的距离，仪表显示精度最小为 1km（图 7-6）。当续驶里程显示为"——"，且能量条消失，可能是以下原因造成：

1）动力电池剩余电量过低，此时应缓慢行驶，并尽快对车辆进行充电。

2）车辆刚打到"ON"档时，车辆控制器开始计算续驶里程，仪表会延时几秒后显示当前续驶里程。

提示：续驶里程会受驾驶方式、天气、温度、行车环境等数据影响。

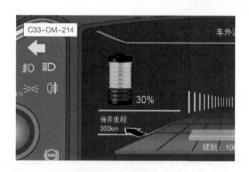

图 7-5　保养里程

图 7-6　续驶里程

（6）总里程、小计里程

总里程是该车辆从出厂后开始的一切行驶里程的累积（图 7-7）。不能通过按钮进行清零设置。总里程的数字有效位为 6 位，精度为 1km。显示范围为 0~999999km，当达到最大值时，会停留在 999999km。

小计里程的数字有效位为 4 位，精度为 0.1km。显示范围为 0~999.9km。到达最大值时，会自动清零并重新开始计算小计里程。车辆停止时，小计里程停止计算。按下按钮 B（见按钮 A/B 介绍）的时间大于 3s 将使小计里程清零。

（7）档位显示

车辆档位显示位于行车电脑液晶屏上，分别为 R、N、D、E 四个档位（图 7-8）。当显示在图示 N 或 E 档位置，档位左侧会出现相应数字，数字 1、2、3 表示当前能量回收的强度。

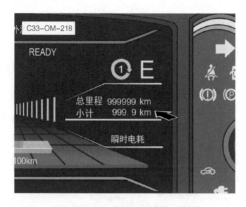

图 7-7　总里程、小计里程

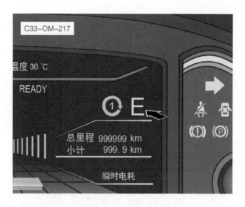

图 7-8　档位显示

（8）倒车雷达

在配置倒车雷达的车辆进行倒车时，行车电脑显示屏自动切换显示倒车雷达界面，可通过车尾的三条线判断障碍物的方位及大致距离（图 7-9）。

（9）充电状态

充电状态界面如图 7-10 所示。序号 2 点亮，表示动力电池正在进行加热，此时序号 5 动力电池外围会出现一层红色光晕。

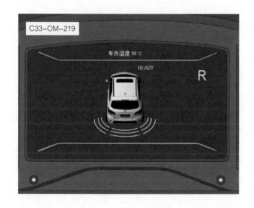

图 7-9　倒车雷达

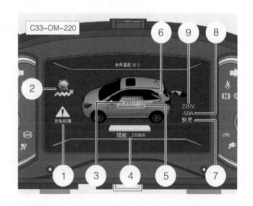

图 7-10　充电状态界面

1—充电故障指示状态　2—动力电池正在加热　3—电量
4—续驶里程　5—动力电池正在加热　6—充电动态电流
7—快慢充状态　8—充电电流　9—动力电池电压

1）车辆进入充电状态后，组合仪表的行车电脑显示屏自动点亮，显示当前充电信息，10s 后屏幕熄灭，若需要再次查看充电信息，则可通过以下方式点亮正处于充电状态的车辆组合仪表：

①通过按下按钮 B 可以再次点亮液晶屏，显示充电信息 10s 后熄灭，反复如此。

②按下遥控钥匙的闭锁键远程操控点亮行车电脑显示屏，10s 后自动熄灭，反复如此。

2）动力电池电量充满后，行车电脑显示屏自动点亮，蜂鸣器鸣叫，提示电量已充满，10s 后屏幕熄灭（图 7-11）。

3）充电过程中车辆出现故障，行车电脑显示屏自动点亮，充电故障指示灯点亮，蜂鸣器鸣叫，提示 10s 后熄灭（图 7-12）。

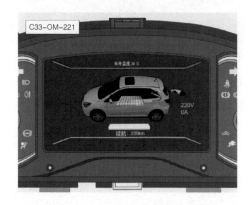

图 7-11　行车电脑显示充电已满

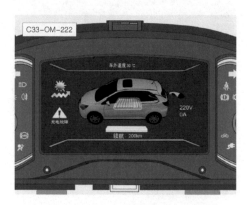

图 7-12　行车电脑显示充电故障

7.2.2　腾势纯电动乘用车仪器与仪表

腾势是比亚迪与奔驰合资共同打造的新能源汽车品牌，其组合仪表如图 7-13 所示。

图 7-13　腾势纯电动乘用车仪器与仪表

（1）电量表

电量表位于仪表盘左侧位置，其指针所指向的位置指示了汽车动力电池的电量值，可指示的范围为 0 ~ 100%。当指针指向表盘中的红色区域时，表示电池电量低，需要尽快对车辆进行充电。

（2）续驶里程

续驶里程位于电量表左下方，续驶里程显示的数值是结合车辆行驶工况和剩余电量计算得到的剩余电量所能支持的行驶距离。

（3）车速表

车速表位于仪表盘中间位置，车速表的指针指向位置指示了汽车当前的速度，可指示的范围为 0 ~ 180km/h。

（4）功率表

功率表位于仪表盘右侧位置，功率表的指针指示整车功率，其中车辆下坡行驶或靠惯性行驶时，功率表指针指示值为负值，表示制动能量回收（绿色区域），功率表右下方显示车辆平均车速及行驶时间。

仪表盘下方区域显示时间、日期、总里程及车外温度等物理量。

7.2.3　特斯拉 Model S 纯电动乘用车仪器与仪表

特斯拉 Model S 采用全液晶仪表盘（图 7-14），取代了多数汽车所使用的机械刻度盘。

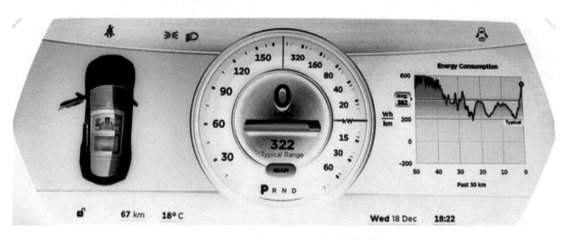

图 7-14　特斯拉 Model S 全液晶仪表盘

仪表盘左侧是状态显示区和导航显示区，中间是车速表，右侧是车载信息显示区。

特斯拉 Model S 的中控台是一个 17 寸高分辨率触摸屏，如图 7-15 所示。触摸屏分为功能选择区、主显示区和空调控制区三个区域。触摸屏、数字化仪表组合和方向盘控制系统无缝集成，可以通过方向盘的多功能按键在这个区域调节几乎所有的车辆功能。通过触摸屏可以调整车辆参数，如调整空调温度、打开全景天窗、调整驾驶高度、加快转向模式等。同时它也有控制娱乐系统、座椅加热、行李舱启闭等功能。

图 7-15　特斯拉 Model S 触摸屏

7.3　插电式混合动力乘用车仪器与仪表

比亚迪秦插电式混合动力乘用车采用12.1in超视觉TFT液晶组合仪表，如图7-16所示。比亚迪秦全液晶仪表盘设有5种不同主题风格供使用者选用，本书选取其中一种进行介绍。

图 7-16　比亚迪秦插电式混合动力乘用车仪表

仪表盘左侧显示转速和油量，其中转速表指针所指向的位置指示了汽车驱动电机当前的转动速度，可指示的范围为 0～8000r/min。当指针指向表盘中的红色区域时，表示当前汽车驱动电机的转速过高；油量表显示的是汽车当前的油箱油量，处于红色区域时表明汽车需要补充汽油。

仪表盘中间显示当前状态信息，包括当前车速、室外温度、总里程、时间及其他汽车状态。

仪表盘右侧显示功率及电量，其中功率表的指针指示整车功率，其中车辆下坡行驶或靠惯性行驶时，功率表指针指示值为负值，表示制动能量回收。电量表显示当前电量百分数，当电量较充足时，电池图标整体显示绿色，当电池电量不足时，显示为红色。

仪表盘下方显示总里程、节能模式、时间等物理量。

7.4　纯电动客车仪器与仪表

下面以 BJ623C7C4D 纯电动客车为例介绍纯电动客车的仪器与仪表。

7.4.1　组合仪表

BJ623C7C4D 纯电动客车组合仪表如图 7-17 所示：右侧单表显示速度、总 / 分里程；

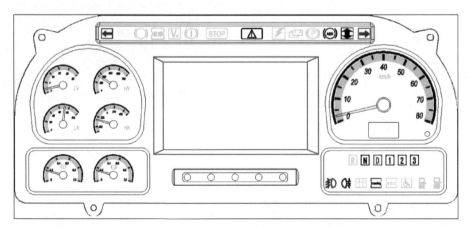

图 7-17　BJ623C7C4D 纯电动客车组合仪表

中间液晶屏显示报警信号界面、电池管理系统界面和电机及变速器界面等信息；左侧为高 /
低电压表、高 / 低电流表和两路气压表；指示灯分布在仪表的上部和右下部。

（1）速度里程表

速度里程表（图 7-18）的显示范围为 0 ~ 100 km/h。下方的液晶屏分两行显示，第一
行显示总里程，显示范围为 0~999999km；第二行显示分里程，显示范围为 0~999.9km，
通过按钮可将分里程表清零。

（2）气压表

气压表（图 7-19）显示范围为 0 ~ 1.0MPa。其中 0 ~ 0.5MPa 为欠压范围，仪表边框显
示红色；0.5 ~ 0.9MPa 为正常范围，仪表边框显示绿色；0.9 ~ 1.0MPa 为过压范围，仪表边
框显示红色。

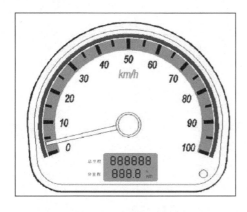

图 7-18　速度里程表

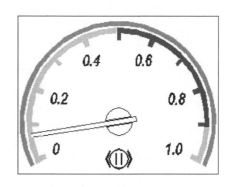

图 7-19　气压表

（3）低压电流表和低压电压表

低压电流表显示范围为 0 ~ 100A（图 7-20a），其中 0 ~ 90A 为正常范围，仪表边框
显示绿色；90 ~ 100A 为过电流范围，仪表边框显示红色。低压电压表显示范围为 0 ~ 35V
（图 7-20b），其中 0 ~ 18V 为欠电压范围，仪表边框显示红色；18 ~ 28V 为正常范围，仪表
边框显示绿色；28 ~ 35V 为过电压范围，仪表边框显示红色。

a) 低压电流表

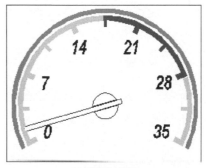

b) 低压电压表

图 7-20　低压电流 / 电压表

（4）高压电流表和高压电压表

高压电流表显示范围为 −500 ~ +500A（图 7-21a），其中 −500 ~ −400A 和 +400 ~ +500A 为过电流范围，仪表边框显示红色；−400 ~ +400A 为正常范围，仪表边框显示绿色。高压电压表显示范围为 0 ~ 750V（图 7-21b），其中 0 ~ 350V 为欠电压范围，仪表边框显示红色；350 ~ 675V 为正常范围，仪表边框显示绿色；675 ~ 750V 为过电压范围，仪表边框显示红色。

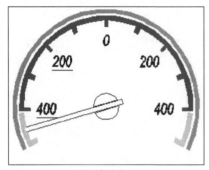 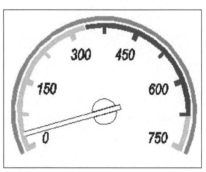

a) 高压电流表 b) 高压电压表

图 7-21 高压电流 / 电压表

7.4.2 液晶显示屏

液晶显示屏可以通过屏幕下方按键切换主界面、文字信息界面、报警信息界面，左侧按键用于电池界面与电机变速器界面的切换。

（1）主界面

液晶屏主界面显示总电压、总电流、SOC、最高电压、最低电压、最高温度、最低温度和当前状态（图 7-22）。其中，"当前状态"显示包括如下几种类型：

1）强制档位模式：汽车正在以强制档行驶。

2）强制停车模式：汽车为保护电池不受损害而主动进入停车保护模式。

3）存在严重故障：此时蜂鸣器会长鸣，应立即停车检查。

4）电池电压过高：此时应停止充电。

5）充电模式：汽车正在充电。

6）强制低速模式：汽车为保护电池不受损害而主动进入低速保护模式，此时汽车只能低速行驶。

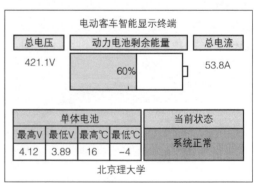

图 7-22 液晶屏主界面

7）电池能量低：SOC 小于 20%。

8）存在一般故障：当有一般故障时，可通过切换界面查看具体的故障。

9）系统正常：电动客车没有故障。

（2）文字信息界面

文字信息界面显示电动汽车低压电压、低压电流、电池温度极差，两路气压值、电池最高电压、加速 / 制动踏板状态和电池箱温度等信息（图 7-23）。

低压电压：	前桥气罐压力：	MC_LIFE：
低压电流：	后桥气罐压力：	BMSC_LIFE：
温度极差：	电池箱最高温度：	PVCU_LIFE：
加速踏板：	制动踏板：	ETC_LIFE：

	第一箱	第二箱	第三箱	第四箱	第五箱	第六箱	第七箱	第八箱	第九箱	第十箱
极柱1										
电池2										
电池3										
电池4										
电池5										
极柱6										

图 7-23　文字信息界面

（3）报警信息界面

报警信息界面如图 7-24 所示，报警条（屏幕上方）显示报警相关图标和数字代码及故障描述。报警区域（屏幕下方）显示报警相关图标及报警内容。当报警量超过 12 条时，将通过自动翻页切换信息。

（4）电池信息界面

电池信息界面分两页显示所有电池当前电压，出现电池不正常时用不同颜色显示（图 7-25）。

图 7-24　报警信息界面

动力电池组一

箱号01	1	0.1	2	2.1	3	3.1	4	3.0	5	4.0	6	3.7	7	3.5
8	3.6	9	3.9	10	4.0	11	3.1	12	3.2		箱号02	13	4.1
14	4.1	15	0.8	16	5.2	17	3.8	18	3.2	19	4.8	20	3.5	21	4.1
22	3.8		箱号03		箱号04	23	3.2	24	3.9	25	3.5			
26	3.3	27	4.0	28	3.6	29	3.7	30	3.0	31	0.8	32	3.6	33	3.9
	箱号05	34	2.9	35	3.0	36	4.1	37	3.2	38	4.8	39	4.0		
40	4.1	41	3.4	42	3.3	43	3.8	44	1.9	45	4.1	46	3.1	47	3.9
48	3.7		箱号06	49	3.0	50	3.9	51	3.1	52	3.9	53	4.1		
54	3.9	55	1.7	56	3.0	57	3.7	58	3.4	59	3.0	60	3.2	61	4.0
62	4.1	63	3.4		箱号07	64	0.8	65	3.6	66	3.9	67	3.0		

动力电池组二

箱号08	68	0.1	69	2.1	70	3.1	71	3.0	72	4.0	73	3.7	74	3.5
75	3.6	76	3.9	77	4.0	78	3.1	79	3.2		箱号09	80	4.1
81	4.1	82	0.8	83	5.2	84	3.8	85	3.2	86	4.8	87	3.5	88	4.1
89	4.1		箱号10	90	3.8	91	3.7	92	3.2	93	3.9	94	3.5		
95	3.2	96	4.0	97	3.6	98	3.7	99	3.0	100	0.8	101	3.6	102	3.9
103	2.9	104	3.0											

图 7-25　电池信息界面

（5）电机及变速器信息界面

电机及变速器信息界面如图 7-26 所示。

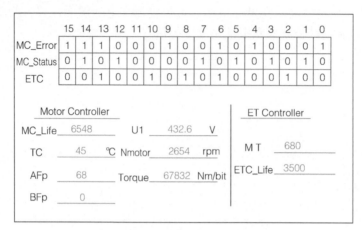

	15	14	13	12	11	10	9	8	7	6	5	4	3	2	1	0
MC_Error	1	1	1	0	0	0	1	0	0	1	0	1	0	0	0	1
MC_Status	0	1	0	1	0	0	0	0	1	0	1	0	1	0	1	0
ETC	0	0	1	0	0	1	0	1	0	1	0	0	0	1	0	0

Motor Controller			ET Controller	
MC_Life 6548	U1	432.6 V		
TC 45 ℃	Nmotor	2654 rpm	M T	680
AFp 68	Torque	67832 Nm/bit	ETC_Life	3500
BFp 0				

图 7-26　电机及变速器信息界面

（6）液晶显示屏的后门和倒车监视器功能

1）监视器自动切换：当后车门打开及倒车时，液晶显示屏自动切换到相应监视器画面；后车门关闭或倒车按键开关切换至空档和前进档时，监视器画面关闭。

2）监视器手动切换：在驾驶员（工作人员）需要看到监视器画面时，按如下程序操作：

①进入倒车视频界面：按下倒车视频按键。

②退出倒车视频界面：按下其他按键。

③进入后门视频界面：按下后门视频按键。

④退出后门视频界面：按下其他按键。

7.5　抬头显示系统

抬头显示系统（HUD）又被叫作平视显示系统，是指以车辆驾驶员为中心、盲操作、多功能仪表盘。它的作用，就是把时速、导航等重要的行车信息，投影到驾驶员前面的风窗玻璃上，让驾驶员尽量做到不低头、不转头就能看到时速、导航等重要的驾驶信息。

（1）HUD 分类

根据 HUD 所用的投影技术和屏幕的差别，可将其分为以下两种：

1）WHUD（Windshield HUD）。WHUD 是直接投影到车辆的前风窗玻璃上（图 7-27），显示效果会根据车型做专业化的匹配及造型设计，营造出更完美的造型设计，常见于原厂自带。

普通的前风窗玻璃都是双层玻璃，在两层玻璃之间有一层 PVC 薄膜夹层，如果直接投射，图像会发生扭曲和重影，因此 WHUD 一定要匹配适合车型尺寸和曲率的高精度非球面反射镜玻璃，同时搭载车规级的投影设备。这种要求导致其成本一直居高不下，这也是WHUD 普及度一般的主要原因。WHUD 一般是在我们购车的时候就已经配置好，或是后期经过专业改装店改装，大部分都是在豪华车或是高配车型上才有配置。

图 7-27　WHUD 展示图

2）CHUD（Combiner HUD）。CHUD 多见于后装市场，一般是放置于中控台上方，通过投影的方式把车辆的行驶信息反射到一块透明树脂玻璃上（图 7-28），这块玻璃一般都是采用自由曲面加工技术、多层光学镀膜工艺等处理的，能够提高其抗图像变形和重影能力，投射视距能达到近 2m。

图 7-28　CHUD 展示图

（2）HUD 投影技术

目前 HUD 的投影技术主要分为 LCD 投影、激光投影、DLP 投影、LCOS 投影等技术。

1）LCD 投影。LCD 投影应用最广泛、技术最成熟稳定，技术上和 LCD 屏原理类似，都是采用 RGB 光源，经过液晶体达到投射的效果，而且 LCD 屏的应用也非常广泛，成本比较低廉；但 LCD 也有自身的劣势，因每个液晶体之间是有距离的，在光线经过液晶体之后亮度会有一定程度的衰减，再加上固有的间距差，也导致其分辨率一直有待提高。由于其成本低、技术成熟，成为目前后装 HUD 产品的首选方案，成本可以控制在几十元到几百元之间。

2）激光投影。该技术采用激光作为光源，因为激光具有良好的单色性、方向性（聚焦效果好），所以它无需匹配 LCD HUD 方案中复杂的光学系统。激光投影具有亮度高、饱和度高、衰减少、对比度好等特点，非常适合投影信息简单、亮度要求高的场景，主要应用于室外大型投影和演出上。目前制约激光投影在车载 HUD 上应用的一大障碍就是激光二极管对温度较为敏感，不能达到车规级要求的 85℃ 环境温度要求，也导致产品的稳定性不佳。

3）DLP 投影。DLP 全称是数字光处理技术（Digital Light Processing），它集成了上百万个超微型晶片（DMD），这些晶片首先对影像信号进行数字处理，然后再转为光投影出来。DLP 投影技术具有分辨率高、亮度高、成像效果好等特点，目前主要是被豪华品牌车型的前装 HUD 所采用。由于 DLP 是全平面投影，为了提升显示效果，就需要针对车型匹配高精度的反射非球面玻璃，无形中增加了成本，而且后期的维修成本也不低，很多高端车基本选用这种方案，特别是宝马的 HUD 在市场获得了很好的反馈，唯一的缺点就是选装成本较高，后期的维修成本也不低。

4）LCOS 投影。LCOS 全称是硅基液晶投影技术（Liquid Crystal on Silicom），我们可以把它理解为一种 LCD 的升级。它采用涂有液晶硅的 CMOS 集成电路芯片作为反射式 LCD 的基片，简单理解就是 LCD 以玻璃为基板，LCOS 则以硅晶圆为基板。LCOS 在光效率上有非常突出的表现，传统的 LCD 光效率可能只有 3% 左右，但 LCOS 则可高达 40%。

第8章 电动汽车的充电基础设施

电动汽车充电基础设施是电动汽车补充能源的关键，是整个电动汽车产业规模化发展的先决条件。本章将概述电动汽车充电基础设施的现状与构成，并对电动汽车传导式充电设备、无线充电设备和电池更换系统三种主要电能补充设备的结构与原理等方面进行介绍，最后还将介绍充电基础设施的具体应用中充换电站、充电桩群等方面的内容。

8.1 概述

8.1.1 充电基础设施现状

电动汽车充电基础设施（简称为充电设施）主要指电动汽车充换电设施，根据 GB/T 29317—2021《电动汽车充换电设施术语》标准定义，充换电设施指为电动汽车提供电能的相关设施的总称，一般包括充电站、电池更换站、电池配送中心、集中或分散布置的交/直流充电桩等。由此可见，充电设施主要指为电动汽车提供电能补给的各类充换电设施。

充电设施是电动汽车产业链的重要组成部分，作为连接车辆、消费者的中间环节，充电设施的商业化、规模化发展是整个电动汽车产业规模化发展的先决条件。充电设施是新能源汽车产业的重要支撑，是一种新型的城市基础设施，也是新能源汽车产业衍生的、具有重大商机的全新产业。同时，充电设施的安全性、便捷性显著影响着消费者对新能源汽车的接受程度。目前，新能源汽车开始进入规模普及期，发展的矛盾焦点已经从造车成本转向基础设施建设，充电基础设施建设的缺口已经引发了充电不规范导致的安全问题、充电不便导致的"里程焦虑"等一系列问题。因此，充电设施建设是事关新能源汽车未来可持续发展的重要环节之一。

随着我国新能源汽车规模化市场的不断发展，我国充电基础设施产业持续高速增长，截至 2022 年 12 月底，全国充电基础设施累计数量为 521.0 万台，同比增加 99.1%。2022年我国充电基础设施增量为 259.3 万台，其中公共充电桩增量同比上涨 91.6%，月均新增公共充电桩约 5.4 万台，随车配建私人充电桩增量持续上升，同比上升 225.5%。这有力支撑了我国电动汽车规模化市场的快速形成和发展。由于这几年充电市场的逐渐成熟，车桩比也由 2015 年的 8.8∶1 下降到 2.5∶1，逐渐趋于合理，预计未来几年车桩比水平还会有进一步提升。充电站方面，充电站保有量已由 2015 年的 1069 座增加到 2022 年的 11.1 万座，每年新增的充电站数量都超过 7000 座，如图 8-1 所示。结合充电桩和充电站数值可以发现，站点内平均桩数量在逐渐提高，这反映出充电运营商更加注重公共充电桩的集中化管理。

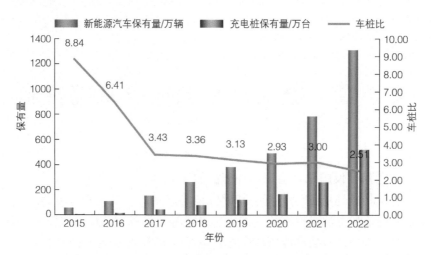

图 8-1 2015—2022 年我国历年充电桩保有量及车桩比

8.1.2 充电基础设施类型

充电基础设施

与燃油汽车依赖于加油站进行燃油补充类似，电动汽车的发展也需要完备的电能补给体系。按照电池充电时是否与车体分离，电能补给方式可以分为整车充电方式和电池更换方式（或地面电池充电方式）两种。相应地，电动汽车充电设施可以分为充电站和换电站两种类型。

（1）充电站

充电站采取整车充电方式为电动汽车提供电能，并能够对充电机、动力电池进行状态监控。由于电池无须从车辆上卸下，充电操作过程简单，不涉及电池存储、更换等过程。但车辆充电时间占用了车辆的运营时间，车辆利用率低，不利于保持电池组的均衡性以及延长电池组的使用时间。

充电站主要由多台充电机和充电桩组成，其中直流充电机（桩）采用电力变换设备为电动汽车的动力电池充电，功率较大，输出电流、电压变化范围较宽，可满足不同类型电动汽车的需求；交流充电机（桩）则直接采用交流充电方式为电动汽车充电。

根据充电装置与车辆接收装置连接方式的不同，充电站又可以分为传导式充电（有线充电）充电站和无线充电充电站（图 8-2）。传导式充电充电站通过连接电缆为电动汽车电

a) 传导式充电

b) 无线充电

图 8-2 充电站常用的电能补给方式

池提供电能,属于导线接触方式;无线充电充电站采用无线电能传输技术为电动汽车电池提供电能,属于非导线接触方式。目前由于传输功率与传输效率等问题,电动汽车无线充电充电站尚处于工程示范阶段。

(2)换电站

除了直接给车载动力电池组充电外,还可以采用电池更换方式。当车辆需要电能补给时,将电池从车辆中卸下,装上已充满电的电池,车辆即可离开继续运营。卸下的电池组通过地面充电系统进行充电。因为电池在充电时与车体分离,所以在充电时段的选择上相对自由,既可以利用电网低谷时段给电池充电,也能在很短的时间内完成电动汽车的电能补给。整个电池更换过程可以在10min内完成,与现有燃油汽车的加油时间大致相当。电池更换方式具有电能补给时间短、电池维护方便、对电网影响小等优点,有利于提高车辆使用效率、提高电池使用寿命,但对车辆及电池更换设备提出了更高的要求。换电站如图8-3所示。

图 8-3 换电站

8.1.3 充电设施功能与构成

在各种不同的电动汽车充电设施中,充换电站的功能最为全面、服务能力最强。为提高电动汽车的使用率和使用方便性,除采用动力电池车载充电以外,还可采取电动汽车动力电池系统与备用电池系统更换的方案使电动汽车获得行驶必须的电能。基于不同的充电技术、换电技术、充电系统结构和不同的服务对象、服务需求,结合其他支撑性技术和系统,就可以构成一个完整的电动汽车充换电站,为电动汽车提供充换电服务。

1. 主要功能与布局

充换电站的结构按功能不同可划分为若干个子系统模块,包括充换电站供电系统、能源调度与管理系统、整车充电系统、更换式充电系统、充电监控系统、电池维护与检测系统、车辆运营管理系统等(图8-4)。

(1)充换电站供电系统

为充换电站的运行提供电源,它不仅提供充电所需电能,而且还要满足照明、控制设备的用电需要,包括变配电所有设备用电和配电监控系统用电等。

(2)充换电站充/换电系统

充/换电系统是整个充换电站的核心部分,根据电能补给方式的不同,配置也不同。

(3)充换电站监控系统

充换电站监控系统是充换电站高效安全运行的保证,实现对整个充换电站的充/换电监控、安防监视、配电监控和视频监控等。其中,最为重要的是充/换电监控系统,可对所有的电池和充电设备进行实时监控和管理,具备电池存储、电池更换、电池重新配组、电池组均衡、电池组实际容量测试、电池故障的应急处理等功能。

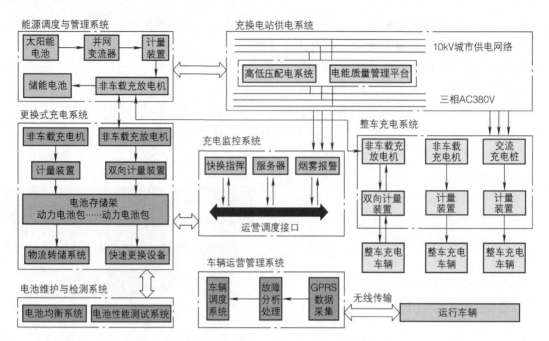

图 8-4　充换电站各子系统之间的关系

（4）场站监控系统

场站监控系统通常采用分层式架构，如图 8-5 所示。网络结构分为三层：第三层为现场智能设备层，负责采集各设备的状态和运行参数，并通过以太网、CAN 或 RS-485 等现场总线与上层监控子系统通信，上传数据和执行操作；第二层为监控子系统层，包括配电

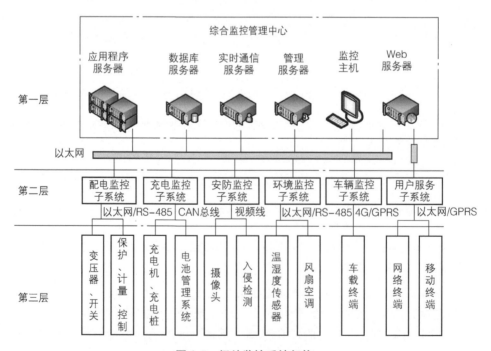

图 8-5　场站监控系统架构

监控、充电监控、安防监控、环境监控、车辆监控和用户服务等子系统，收集底层智能设备的运行数据，整理并上传综合监控管理中心，根据监控策略下达操作指令；第一层为充电站综合监控管理中心，包括应用程序服务器、数据库服务器、实时通信服务器、Web 服务器、监控主机等设备，与各监控子系统通过以太网方式通信，实现数据存储、汇总、统计、分析，根据既定的综合调控策略给监控子系统下达指令，实现整站的自动化和智能化管理。

2. 建设形式

由于电动汽车可以采用整车充电和更换电池的方式来进行电能补充，故充电站的建设形式较加油站有很大的灵活性。按建设和结构形式来划分，充电站可分为：一体式充换电站、子母式电池更换站、停车式整车充电站。

（1）一体式充换电站

一体式充换电站根据作业车间布局的相对位置可分为：地面一体式充换电站、地下一体式充换电站以及立体式充换电站等，如图 8-6~ 图 8-8 所示。该类充换电站以采用电池更换设备提供电池更换服务为主，也可提供少量整车应急充电服务，更换下的动力电池在站内实现电能补充。一体式充换电站具有电动汽车能量补给速度快（一般在 5min 内即可完成电池更换服务）、服务能力高、自动化和专业化程度

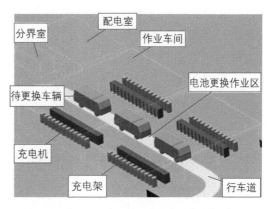

图 8-6　地面一体式充换电站示意图

高、对电池性能要求较低及有利于延长电池寿命等优点，但也存在建站灵活性较低、备用电池和充电设备建设成本较高、成本回收周期较长及配电容量较大等缺点。

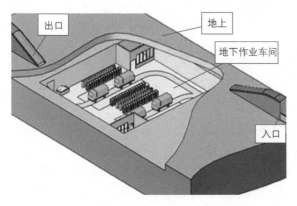

图 8-7　地下一体式充换电站示意图

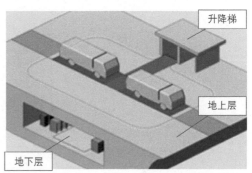

图 8-8　立体式充换电站示意图

（2）子母式电池更换站

子母式电池更换站（图 8-9）是指动力电池的集中充电在母站进行、电池的更换作业

在母站和各子站进行、通过配送体系将母站充满电的电池配送到各子站并将更换下的电池运送回母站集中充电、母站和子站也可提供少量应急充电服务的充电站。

子母式电池更换站由一个母站和若干子站构成，母站主要建立在城市土地资源充裕、交通便利、离大型配电站近的地区，主要进行规模大、专业化程度高的集中充电作业；子站建立在城市交通流量较大、电动汽车充电和电池更换需求旺盛、土地资源紧张的地区，主要提供电池更换服务。

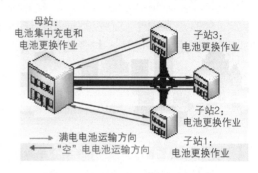

图 8-9　子母式电池更换站示意图

子母站形式的充电站电池大规模集中充电、专业化、自动化程度高，有利于更好地监控电池的性能并做出专业化的处理，充分发挥电池的潜能，延长电池寿命，提高电池的充电安全性，也增强了辐射服务范围，缓解了充电站用地紧张的问题。但其也存在需要建立专用的配送服务体系，增加了系统复杂性，电池的利用率有一定的降低，母站作为高能储存场所，配电容量巨大，需要更加严格的措施来保证母站的安全性的缺点。

（3）停车式整车充电站

停车式整车充电站（图 8-10）是指为电动汽车提供整车常规充电和应急快速充电的充电站，其本质就是一个配有一定数量充电机的停车场。

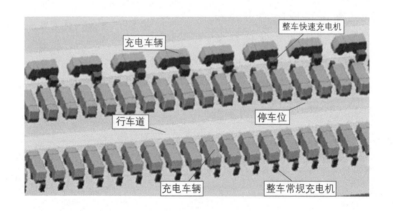

图 8-10　停车式整车充电站示意图

这种充电站依托现有的飞机场、火车站、酒店、医院、学校、购物商场、超市、会议中心、旅游胜地和社区等停车场，在停车位附近设置常规充电机或快速充电机，利用车辆的停车间隙时间或者夜晚，为车辆提供小电流常规充电、大电流短时快速充电服务。

停车式整车充电站对已有停车场影响小，可以利用的场地很多，因此具有灵活性大、配电容量小、对城市现有布局影响小、服务范围广等优点。

8.2 电动汽车传导式充电设备

8.2.1 结构及原理

传导式充电即充电设备通过线缆直接从供电电源取电对车载动力电池进行电能补充的充电方式。由于汽车动力电池一般只能接受额定的充电电压或充电电流，输入电能一般均需要通过电能变换装置在受控的方式下将交流电能或直流电能变换成动力电池或其他车载储能装置可接受的直流电能。由于绝大多数电能由交流电网提供，传导式充电设备需要通过前端交流/直流（AC/DC）变换器将电网的交流电整流滤波转换为直流电并实现功率因数校正，后端隔离型直流/直流（DC/DC）变换器可以调节直流充电电压以匹配动力电池的实际需求，并实现电池的智能充电。传导式充电机原理框图如图 8-11 所示。因此，传导式充电设备的核心就是供电电源与汽车动力电池之间的功率转换接口。

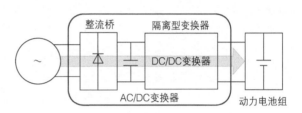

图 8-11 传导式充电机原理框图

传导式充电设备中除了功率变换单元及线缆之外，还需要供电接口、车辆接口、缆上控制保护装置（In-Cable Control and Protection Device，IC-CPD）等部件，传导式充电用连接装置如图 8-12 所示。其中，供电接口和车辆接口合称为充电接口，分别由相应的插头和插座组成；缆上控制保护装置是具备控制功能和安全功能的装置。

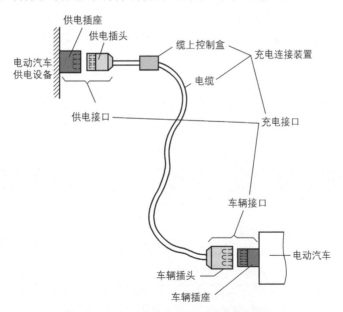

图 8-12 电动汽车传导式充电用连接装置

传导式充电设备结构简单，能量传递效率高且相对造价低廉，是国内外汽车公司在实际应用中都普遍采用的充电设备形式。它的缺点是通用性不强以及充电接口长期使用容易带来机械磨损问题。另外，由于充电时需要用户干预，不仅存在一定的安全隐患，而且电动汽车频繁、耗时的充电需求一旦被用户意外疏忽，就会导致无法迅速恢复足够电动行驶里程，极大地影响了用户的使用。

8.2.2　充电设备分类

随着电动汽车产业的快速发展，为了延长电动汽车的行驶里程，在电池能量有限的条件下，研制具有高效、可靠、使用方便、体积小、重量轻及价格适宜等优点的充电设备，实现各类电动汽车电能及时补给，不仅十分必要，而且有助于电动汽车的推广应用。根据主要功率变换器的安装位置的不同，传导式充电设备可分为车载充电机和非车载充电机两种类型。

（1）车载充电机

车载充电机将整流等电能变换环节固定安装在电动汽车上，车外仅需要一个交流输入供电电源，可采用单相或三相交流供电，通过插头和电缆与交流插座连接，因此也被称为交流充电机（图8-13）。车载充电机常与交流充电桩配套使用。

图8-13　车载充电机实物图

车载充电机的主要特点包括：

1）功率、体积和质量都小于非车载充电机，以满足有限车内空间要求和达到降低动力电机负荷、提高续驶里程的目的。

2）结构简单、成本低、充电方便，只需要普通的交流电源插座即可随时随地为电动汽车补充能量，适合用于家用电动汽车和服务于园区等场所的电动汽车。

3）操作安全性要求较高，需要对输出端与公用电网进行电气隔离。

4）需要满足车规级电子设备要求，保证在恶劣工况诸如极端温度或强干扰下均能正常工作。

根据美国 SAE J1772 标准，传导式车载充电机的分类方式见表 8-1。2 级充电机功率涵盖范围最广，是电动汽车的主要充电方式，同时适用于家庭和公共场所。

表 8-1　SAE J1772 充电机分类

分类标准	类型		
能量流动方向	单向 / 双向		
功率等级	交流 1 级	交流 2 级	直流（开发中）
功率范围	1.44 ~ 1.9kW	3.3 ~ 19.2kW	待定
输入电源	单相 AC 120V	单相 AC 208 ~ 240V	待定
电流范围	15 ~ 20A	16 ~ 80A	待定
安装位置	车载	车载	待定
应用场合	家用 / 公共场所		待定

车载充电机常采用前级 AC/DC 变换器和后级 DC/DC 变换器两级变换结构，前级 AC/DC 变换器起到功率因数校正及电能交直流变换的作用，后级 DC/DC 变换器级连接直流母线，用于输出电能的变换，以满足电池组的不同需求，如图 8-14 所示。

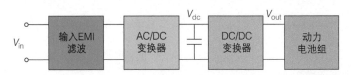

图 8-14　车载充电机两级变换结构

（2）非车载充电机

非车载充电机（图 8-15）安装在电动汽车车体之外，通常固定安装在地面上，输入侧的交流电经过电能变换后转变为直流输出，并给电动汽车的电池组充电，因此也被称为直流充电机。根据 NB/T 33001—2018《电动汽车非车载传导式充电机技术条件》，非车载充电机的基本构成包括：动力电源输入、功率变换单元、输出开关单元、充电电缆和车辆插头，以及控制电源、充电控制单元、人机交互单元，也可包括计量等功能单元。非车载充电机的构成原理图如图 8-16 所示。

非车载充电机主要原理与车载充电机类似，但是为了提供较大功率电流输出，其输入一般采用电压较高的三相交流电，相应的前级 AC/DC 变换器与后级 DC/DC 变换

图 8-15　非车载充电机实物

器均采用三相三线制电路拓扑结构，其结构比较复杂，本书不再深入讨论。非车载充电机由于不受车辆安装空间的限制，可以采用较复杂的结构以满足电动汽车大功率快速充电的要求，显著提高充电速度。但是大功率充电不仅会影响电池寿命，对电网的负荷也比较大。在现阶段，非车载充电机的大规模建设也需要较大的投资。

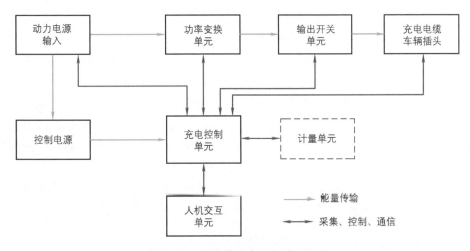

图 8-16　非车载充电机构成原理图

8.2.3　充电接口

充电接口是指用于连接活动电缆和电动汽车的充电部件，由充电插座（图8-17）与充电插头（图8-18）两部分构成。充电插头在充电过程中，与充电插座结构进行耦合，从而实现电能的传输。因为是连接电缆使用，所以充电接口是传导式充电机的必备设备。

图8-17　充电插座

图8-18　充电插头

充电设备通过充电接口与被充电对象连接，也就是说，充电接口是能源补给系统中一个非常关键的部件，要求其可靠性高、使用方便，而且形成标准件。建议插接器的插接次数达到2000次，通信线和充电线的插接口在同一插接器上，并且两者形成闭锁的状态，以保证充电设备及充电设备操作人员的安全。

充电接口应该满足以下几个方面的要求：

1）能够实现较大电流的传输和传导，避免因电流过大引起插座发热和故障。

2）插头和插座能够充分耦合，接触电阻小，避免接触不良引起火花烧蚀或虚接。

3）能够实现必要的通信功能，便于电动汽车CAN通信或者电池管理系统与充电机对接。

4）具备防误插能力：由于电动汽车使用的充电设备或者动力电池的型号和性能不同，因而所需要的电源就不一样，同时，由于各插头的性能不同，插头的电极不能插错，这就要求不同的电源插头要有一定的识别能力。

5）具备合理的外形，便于执行插拔作业。

电动汽车传导充电接口及通信协议作为实现电动汽车传导式充电的基本要素，其技术内容的统一和规范，是保证电动汽车与充电设施互联互通的技术基础。电动汽车在全球推广和使用中，面临着各国充电接口标准不统一的制约，导致各类电动汽车在不同国家和地区间由于兼容性的问题无法实现充电互联互通，造成车辆开发成本的增加和各类充电设施的重复建设（图8-19）。因此在电动汽车的产业化过程中，充电接口的标准化非常重要。

在电动汽车传导式充电系统方面，我国于2015年12月颁布了新修订的电动汽车充电接口及通信协议等5项国家标准，并于2016年1月1日正式实施。此次5项标准修订全面提升了充电的安全性和兼容性。

充电接口的具体结构形式可以分为交流充电接口和直流充电接口。

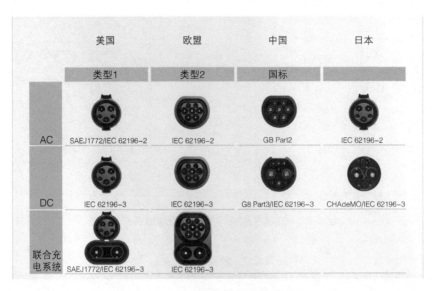

图 8-19　不同国家和地区充电接口标准

（1）交流充电接口

交流充电接口分为单相交流充电接口和三相交流充电接口。

单相交流充电接口主要是用于家庭用户充电设施和一些标准的公共充电设施，这类充电插头比较简单，用于单相交流充电，一般插头有三个端子，分别是交流火线、交流零线和接地线。与传统的电源插座类似，只是形体和额定电流较大。

三相交流充电接口和直流充电接口相对于单相交流充电接口要复杂得多，这类充电接口一般用于较大的充电站，为较大型的电动汽车进行充电服务，而且充电电流相对较大，外形也较大，其功能复杂。由于这类插头较大，设计的形状类似于枪，因此一般被称为充电枪。常见的交流充电枪如图 8-20 所示。

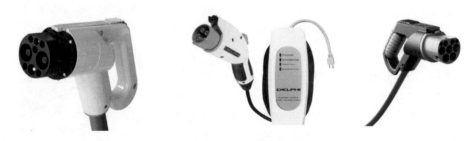

图 8-20　常见的交流充电枪

GB/T 20234.2—2015《电动汽车传导充电用连接装置　第 2 部分：交流充电接口》规定的车辆交流充电接口包含 7 对触头，如图 8-21 示，其功能定义见表 8-2。采用单相供电时，交流电网导体被连接至相 1（L1）和中心线（N）之间，L2 和 L3 可以被留空或不连接。采用三相电源供电时，交流电网导体应被连接至相 1（L1）、相 2（L2）、相 3（L3）和中性线（N）之间。供电插座和车辆插座还应安装电子锁止装置，防止充电过程中的意外断开。当电子锁止未可靠锁止时，供电设备或电动汽车应停止或不启动充电。

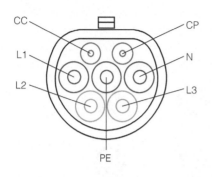

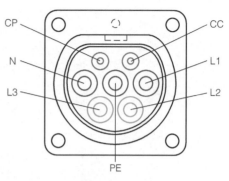

a) 车辆/供电插头　　　　　　　　　　　　b) 车辆/供电插座

图 8-21　交流充电接口插头和插座触头布置图

表 8-2　触头功能定义

触头编号	触头标识	功能定义
1	L1	交流电源（单相）
2	L2	交流电源（三相）
3	L3	交流电源（三相）
4	N	中性线
5	PE	保护接地
6	CC	充电连接确认
7	CP	控制导引

（2）直流充电接口

直流充电接口主要应用于大功率快速充电的场景。GB/T 20234.3—2015《电动汽车传导充电用连接装置　第3部分：直流充电接口》规定的车辆插头和车辆插座分别包含9对触头，使用CAN总线通信协议，同时规定了充电温度监控、机械锁与电子锁联动、过载和短路保护的安全措施，直流额定电压不超过1000V，额定电流不超过250A，理论充电功率可达250kW。截至2022年12月，采用GB/T 20234.3—2015标准的直流充电桩约有76万台。

直流充电时车辆接口应具有锁止功能，用于防止充电过程意外断开，防止车辆接口带载分断。如图8-22所示，车辆插头端应安装机械锁止装置，供电设备应能判断机械锁是否可靠锁止。车辆插头应安装电子锁止装置，电子锁处于锁止位置时，机械锁应无法操作，供电设备应能判断电子锁是否可靠锁止。当机械锁或电子锁未可靠锁止时，供电设备应停止充电或不启动充电。电子锁止装置应具备应急解锁功能，不应带电解锁且不应由人手直接操作解锁。

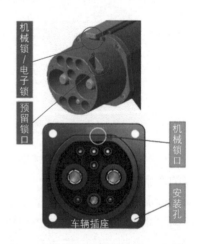

图 8-22　直流充电车辆接口与锁止

车辆插头和车辆插座触头布置如图 8-23 所示，其功能定义见表 8-3。

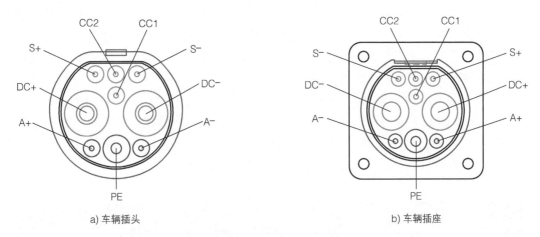

a) 车辆插头   b) 车辆插座

图 8-23 直流充电插头接口

表 8-3 直流充电接口端子功能定义

触头编号	触头标识	功能定义
1	DC+	直流电源正，连接直流电源正与电池正极
2	DC−	直流电源负，连接直流电源负与电源负极
3	PE	保护接地，连接供电设备地线与车辆车身地线
4	S+	充电通信 CAN_H，连接非车载充电机与电动汽车的通信线
5	S−	充电通信 CAN_L，连接非车载充电机与电动汽车的通信线
6	CC1	充电连接确认 1
7	CC2	充电连接确认 2
8	A+	低压辅助电源正，连接非车载充电机为电动汽车提供低压辅助电源
9	A−	低压辅助电源负，连接非车载充电机为电动汽车提供低压辅助电源

8.3 电动汽车无线充电设备

目前，电动汽车的电池存在电能储存容量小、充电时间长、体积大、质量大等问题，这些问题限制了电动汽车的推广进度。由于无线充电摆脱了充电电缆的限制，充电过程中能量发射机构与能量拾取机构可产生相对运动，因此，可以实现电动汽车的静态无线高效充电甚至动态充电。电动汽车无线充电技术发展迅速，并逐步在实际中成熟应用。

8.3.1 无线充电技术

无线充电技术，又称无线电能传输技术（Wireless Power Transfer，WPT），是指一种利用电磁场、电磁波等在物理空间中的分布或传播特性，采取非导线直接接触的方式，实现电能由电源侧传递至负荷侧的技术。

无线电能传输自 19 世纪末尼古拉·特斯拉（Nikola Tesla）首次试验以来，已经有了一个多世纪的发展。1891—1904 年，特斯拉展开了一系列试验，利用两个电磁感应耦合线圈将交流电无线传输，点亮了处在接收端的灯泡（图 8-24）。1893 年，特斯拉在芝加哥的哥伦比亚世界博览会上向公众展示了他的无线传输的荧光照明灯。由于经济和技术条件的限制，无线电能传输技术沉寂了 100 多年。直到 2007 年，美国麻省理工学院的研究小组利用铜制线圈作为电磁共振发射端，铜制线圈摆在 2m 以外作为接收端，发射端送出特定频率的电磁波后，经过电磁场扩散到接收方，电力就实现了无线传导，点亮了一个 60W 的灯泡（图 8-25）。从此，无线电能传输技术又开始蓬勃发展，从小功率的手机和可穿戴产品的无线充电，到电动汽车的无线充电，都逐渐被开发并开始应用。

图 8-24　特斯拉进行电能传输的试验

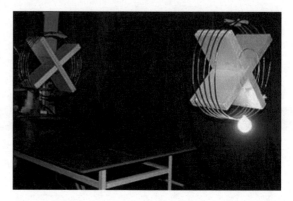

图 8-25　MIT 利用电磁谐振技术点亮灯泡

大体上说，无线充电分为磁场耦合式、微波传输式和电场耦合式，还有一些其他的方式如利用声波、光线、红外、激光等。在电动汽车领域，目前主要应用的是磁场耦合式无线充电技术。

电动汽车使用无线电能传输技术的优势如下：

1）便捷性：无线充电技术只需要将车停在无线充电点即可，非常方便。

2）安全性：无线充电桩埋在地下，可以很好地适应恶劣天气以及避免恶意破坏。

3）可靠性：无线充电将无线充电模块置入汽车，可以避免杂物影响传输效率的问题。

8.3.2　磁场耦合式无线充电

（1）基础原理与系统组成

磁场耦合式无线充电以空间中的交变磁场为媒介进行无线电能传输，一般的变压器也属于这种情况，不同的是，传统的变压器原副边是紧密耦合的，而无线传输的原副边相互分离，属于松散耦合，如图 8-26 和图 8-27 所示。磁场耦合式无线电能传输基于法拉第电磁感应原理，通过对电源侧（发射端）的载流线圈注入交变电流以在其周围产生一个交变磁场，在置于该磁场中的其他导电线圈上将感应出电能，从而实现电能在物理空间上分离的耦合线圈之间的传输。

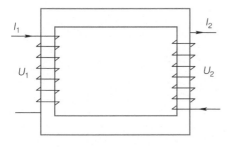

图 8-26　传统变压器结构

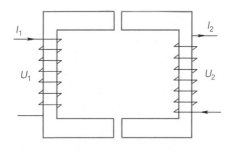

图 8-27　磁场耦合式无线电能传输系统

图 8-28 所示是电动汽车无线车载充电机的典型框图，无线充电系统主要包括高频逆变器、原边补偿网络、发射线圈、接收线圈、副边补偿网络和整流桥 / 后级变换器。通常将发射和接收线圈统称为磁耦合器，耦合程度一般用耦合系数 k 表示。其工作过程为：电网的工频交流电压经过前级 PFC 整流器变换为中间级直流电压；第二级变换器对中间级直流进行逆变，产生高频交流注入由原边补偿网络与原边线圈形成的谐振网络，从而在空间中产生高频磁场；发射线圈上方的接收线圈在交变磁场的影响下，感应出高频交流电压，与副边补偿网络形成谐振，将能量由原边接收到电池直流充电电路中；整流器会将副边输出的高频交流电流转换为直流电流并按照设计好的充电策略对电池进行充电。对于电动汽车无线充电来说，电网、PFC 整流器、高频逆变器、原边补偿网络和发射线圈都属于非车载设备，而副边的接收线圈、副边补偿网络、整流桥 / 后级变换器都属于车载设备。

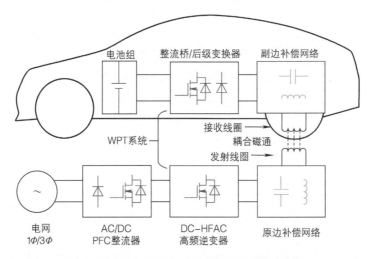

图 8-28　电动汽车无线车载充电机的典型框图

从工作过程可以看出，电动汽车无线充电设备的工作过程与传导式车载充电机基本一致。图 8-29 所示为传导式车载充电机与无线充电式原理的对比框图，可见传导式与无线充电式的区别仅在于原边高频逆变器和副边高频整流器之间的磁场耦合装置，即所采用的是紧密耦合的高频变压器还是松耦合的无线传输线圈及各自组成的谐振网络。也就是说，虚线框所示的高效率、高功率密度的 DC/DC 谐振变换器，是传导式和无线充电机研究的关键性和共性问题。

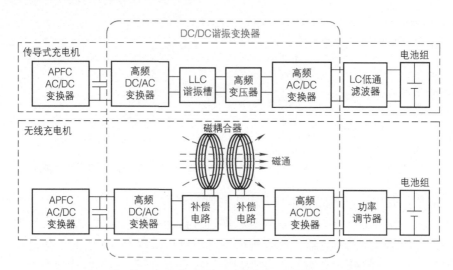

图 8-29　传导式车载充电机与无线充电式原理的对比框图

现阶段，电动汽车的充电要实现"无线化"需要解决的主要问题有：如何将传输功率提升至与传导式充电机相等的水平；在传输功率相等的情况下，如何将传输效率提升至与传导式充电机相近的水平；如何提高无线充电机对停车水平位置偏差的冗余度，以摆脱或者降低用户对辅助自动停车系统的依赖。解决这些问题的关键在于对磁耦合器的设计和补偿电路的拓扑创新。

（2）磁耦合器

磁耦合器是负责建立磁场、将电能传送过气隙的设备。磁耦合器的结构有许多种，近年来，为了实现即停即充的便利性，无线充电机的磁耦合器普遍设计为平板式，发射端放置于地面或埋于路面下方，能量接收端则贴合汽车底盘放置。

平板式单边型磁耦合器中，较早进入大众视野的当属圆形板，如图 8-30a 所示，可以看出单边型磁耦合器通常有三层，从上到下分别为线圈、铁氧体层、屏蔽层。通入高频交

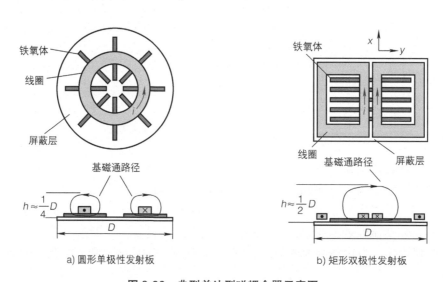

a) 圆形单极性发射板　　　　　　　b) 矩形双极性发射板

图 8-30　典型单边型磁耦合器示意图

流励磁电流的圆形发射线圈产生高频交变磁场，当置于其上方不远处的圆形接收线圈的圆心轴与发射线圈的圆心轴重合时，两者实现最大限度的磁耦合。铁氧体主要用于增强线圈间的耦合以及对磁通的走向进行引导。屏蔽层通常是薄铝板，主要用于进一步将高频交变磁场限制在两个磁耦合器覆盖的区域内，以减少磁通向外界导体的泄漏。

奥克兰大学的研究团队进一步提出了一种如图 8-30b 所示的双极性耦合器。该结构的发射线圈由两个相同尺寸的矩形绕组并列放置组合而成，因此称其为 DD 发射板。双极性 DD 板与同等尺寸的单极性圆形板相比，其耦合能力得到了增强，而且易于进行漏磁屏蔽处理。两种磁耦合器特性的比较见表 8-4。

表 8-4 两种磁耦合器特性比较

名称	结构图	优势	不足
圆形板		① 在传输功率相同的情况下，所用线材最少 ② 结构简单，最易设计、加工	① 磁场集中于线圈正上方，抗偏移能力差 ② 需要较多的铁氧体磁芯 ③ 发射机构体积较大
DD 板		① 在单方向上具有最好的抗偏移能力 ② 原副边线圈所需铁氧体数量少 ③ 参数设计比较简单	① 另一方向抗偏移能力差 ② 所用线材较长 ③ 单边需要并排平铺两个矩形绕组，因此副边机构体积较大

（3）补偿网络

汽车用千瓦级磁耦合器的典型耦合系数在 0.2 左右，为了在互感低、漏感高的松耦合系统中高效地传输电能，谐振补偿作为提升磁耦合系统传输性能的一种有效手段不可或缺。

从高频逆变电源的角度来看，原边线圈表现为感性负载，降低了系统的功率因数。因此，通过容性补偿，可以有效降低逆变器的视在功率的等级要求以及回路中的无功功率，同时使电容和电感工作于谐振状态，还能有效提高运行效率。同理，在副边进行容性补偿，可以使副边感应电源的输出功率能力最大化。因此，双边容性补偿在无线能量传输系统中广为应用。

根据电容与双边线圈的连接方式不同，存在四种基本的补偿拓扑：串联 - 串联（SS）、串联 - 并联（SP）、并联 - 串联（PS）、并联 - 并联（PP），如图 8-31 所示。

8.3.3 相关标准

（1）国际标准

标准的制定对于电动汽车无线充电技术的实际应用和商业化具有至关重要的作用。目前，国外主要有三个组织在制定电动汽车无线充电标准，分别为美国汽车工程师协会（SAE）、国际电工委员会（IEC）、国际标准化组织（ISO）。

美国汽车工程师协会目前已经制定了多部电动汽车无线充电相关的标准，涵盖了电动汽车无线充电系统的最低性能指标要求、通信协议和信号传递方式等方面的内容。其中，

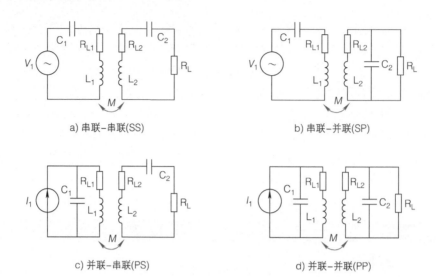

a) 串联–串联(SS)   b) 串联–并联(SP)

c) 并联–串联(PS)   d) 并联–并联(PP)

图 8-31　无线能量传输四种基本补偿拓扑

SAE 发布的关于纯电动汽车和混合动力汽车无线充电的标准 SAE TIR J2954 是被广泛参照的电动汽车无线充电标准之一，该标准于 2015 年 5 月 31 日发布，并于 2019 年 4 月 23 日进行了二次修订。SAE J2954 无线充电标准规格见表 8-5，SAE 对轻型（3.7 ～ 22kW）无线充电系统的功率等级划分、额定效率、偏移效率、传输距离、偏移容忍度、电网侧功率因数、谐波含量和工作频率等各项指标做出了详细规定。而针对功率在 22 ～ 200kW 等级的重型无线充电系统的标准，SAE 将在 J2954/2 中进行单独制定。

表 8-5　SAE J2954 无线充电标准规格

参数	功率等级			
	WPT1	WPT2	WPT3	WPT4
最大输入功率 /kW	3.7	7.7	11	22
额定效率（%）	> 85	> 85	> 85	—
偏移效率（%）	> 80	> 80	> 80	—
传输距离 /cm	低：10~15；中：14~21；高：17~25			
偏移容忍度	x 轴 ±75cm；y 轴 ±10cm；旋转角度 6°			
功率因数	> 0.95			
谐波含量 THD（%）	< 5			
工作频率 /kHz	85（81.38~90）			

总体而言，国际上对于电动汽车无线充电基础标准的制定已较为完整，基本满足行业发展需求，但由于对电动汽车无线充电技术的研究侧重点不同，不同标准之间的兼容性较差。

（2）国内标准

2020 年 4 月，国家标准化管理委员会公告发布 GB/T 38775.1—2020《电动汽车无线充电系统　第 1 部分：通用要求》、GB/T 38775.2—2020《电动汽车无线充电系统　第 2 部分：车载充电机与充电设备之间的通信协议》、GB/T 38775.3—2020《电动汽车无线充电系统 第 3 部分：特殊要求》、GB/T 38775.4—2020《电动汽车无线充电系统 第 4 部分：电磁环境限值与测试方法》共 4 项国家标准。

本次发布的 4 项国家标准是电动汽车无线充电标准体系中重要的基础通用标准。通用要求和特殊要求规定了电动汽车无线充电系统产品设计以及产品测试时需要遵循的功率传输、系统功能相关的要求，给出了明确的性能指标、安全指标、功能指标的基线化要求，明确了相关要求的测试方法，形成了对产品设计和测试的指导性和规范性动作；通信协议规范了无线充电的具体流程、参数和数据定义等，给出了系统功率传输部分的最小通信协议架构；电磁环境限值和测试方法给出了电磁环境曝露限值，提供了部件和装车的无线充电系统的电磁环境测试和评估方法。

本次发布的 4 项标准主要针对磁耦合方式的无线充电系统，存在以下 8 种分类方式：

1）按磁极，分为一对一、多对多、多对一共 3 类。

2）按谐振补偿拓扑，分为串串、串并、并串、并并、复合补偿共 5 类。

3）按系统输入功率等级，分为 WPT1（$P \leqslant 3.7\text{kW}$）、WPT2（$3.7\text{kW} < P \leqslant 7.7\text{kW}$）、WPT3（$7.7\text{kW} < P \leqslant 11.1\text{kW}$）、WPT4（$11.1\text{kW} < P \leqslant 22\text{kW}$）共 4 类。

4）按副边设备离地间隙，分为 Z1（$100\text{mm} \leqslant Z \leqslant 150\text{mm}$）、Z2（$140\text{mm} \leqslant Z \leqslant 210\text{mm}$）、Z3（$170\text{mm} \leqslant Z \leqslant 250\text{mm}$）、Z4（$Z > 250\text{mm}$）共 4 类。

5）按机械气隙，分为 S（$80\text{mm} \pm 30\text{mm}$）、M（$130\text{mm} \pm 30\text{mm}$）、L（$190\text{mm} \pm 40\text{mm}$）共 3 类。

6）按使用环境，分为室内使用和室外使用共 2 类。

7）按原边设备的安装方式，分为地埋安装和地上安装共 2 类。

8）按应用场景，分为 A 类（应具备互操作性）应用于公共场所和 B 类（可具备互操作性）应用于私人场所共 2 类。

以上 8 种分类方式将决定一个无线充电系统的技术形态以及应遵循的要求，如：一对一磁极的复合补偿网络拓扑的 WPT1 Z2 系统，机械气隙为 M，在室外使用的地上安装的 A 类设备。

8.3.4 应用实例

电动汽车无线充电的方式可以分为电动汽车静态无线充电和电动汽车动态无线充电，这两种充电方式的工作原理和系统参数设计方法均相同，其不同之处仅在磁路机构的设计上。

（1）静态无线充电系统

1）北汽 EV200 样车改造。北汽（EV200）无线充电系统样车于 2016 年 3 月改造完成，使用 7.7kW 无线充电系统，额定充电电压为 DC 380V，充电电流为 20A，传输距离达到（20 ± 5）cm，平均传输效率达到 90% 以上，与有线充电桩基本持平，如图 8-32 所示。

2）宝马 2018 款 530e 混动版。宝马为 2018 款 530e 混动版车型加入无线充电系统，包括充电基板以及车底的磁场充电线圈两部分。该充电系统可以提供 3.2kW 的无线充电功率，从而实现在 3.5h 内，将 530e 混动车型配置的 9.4kW·h 的电池组充满电（有线充电时长为 3h，充电的速率差距不大），如图 8-33 所示。

图 8-32　北汽 EV200 无线充电示意图

图 8-33　宝马 530e 无线充电装置

（2）动态无线充电系统

1）江苏同里新能源小镇智慧公路。江苏同里新能源小镇智慧公路项目位于江苏省苏州市（图 8-34）。该智慧公路项目在国际上首次实现了路面光伏发电、动态无线充电以及无人驾驶三项技术的融合应用，不仅解决了新能源发电与就地消纳的能源结构问题，还提高了电动汽车能量补给的灵活性与便利性。该公路总长约 500m，宽 3.5m，路面中间的绿色区域是动态无线充电线圈埋设区，两侧黑色区域为光伏发电区。路面线圈与车底线圈通过磁耦合谐振式无线充电技术实现电能的传输，实现了电动汽车边走边充的动态无线充电，极大地提升了续驶能力，解决了电动汽车里程"焦虑"问题，创造了电能产生即使用的新模式。

2）韩国科学技术研究院 OLEV 项目。韩国科学技术研究院从 2009 年起进行 OLEV（On-Line Electric Vehicle）项目的研究，试图在道路上对电动汽车实现"边跑边充"，并于 2012 年首次公开了全球首个无线充电电动汽车 KAIST，可以通过道路下埋设的供电线路对正在行驶或停止状态下的汽车进行电力供给，如图 8-35 所示。

图 8-34　江苏同里新能源小镇智慧公路

图 8-35　KAIST 无线充电电动汽车

经过前后三代试验样机的研究与开发，目前已经研发完成并投入运营的第四代产品——校园巴士，能够以 85% 的效率在 170mm 的距离上传输 100kW 功率。与此同时，其针对低成本大范围推广的第五代及第六代样机也在探索之中。图 8-36 为 KAIST 研发的 OLEV 系统原理。

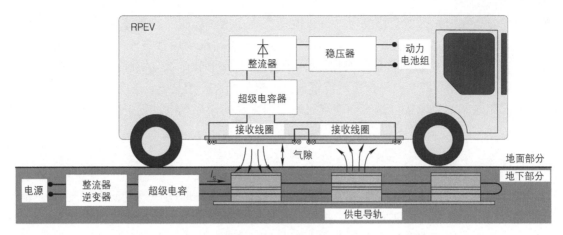

图 8-36　OLEV 系统原理

8.4　常用充电设施建设和应用形式

8.4.1　家庭充电设施

在家对电动汽车进行充电时，普遍采用车载充电机。由于只需将车载充电器的插头插到停车场或其附近的电源插座上即可进行充电，因此对于需要为电动汽车充电的用户而言，在家充电是最可取的方式，一个晚上即可将动力电池充满，汽车便可行驶超过 100km 的里程。由于充电速度较慢，而且只需几千瓦的功率，充电时间通常为 5 ~ 8h。总体来说，由于在家充电通常是在晚上或用电低谷期，有利于电能的有效利用，因此，电力部门也愿意采取打折等措施以吸引电动汽车用户在用电低谷期充电。

家用充电设施的基本要求是有一个配有电源的车库或停车场地。其有两种不同的方式：

1）对于拥有私人车库的家庭来说，只需安装一个专用的充电接口。

2）对带有停车场的公寓或多层住宅来说，可安装带保护回路的室外电源插座，保证室外充电回路能够独立运行。而且应保证不经允许，居民不得靠近电源插座。

家用充电设施的计费方案相当简单，电动汽车可以视为一种用电设备，因此现有的计价表和收费方法可以直接采用。很明显，由于不需要什么额外的装置和其他贵重的仪表，家用充电方式的初始成本比较低。

8.4.2　公共充电设施

公共充电设施基本上就是一些公共充电站／充电桩。公共充电站／充电桩应分布广泛，以保证电动汽车用户能够随时为电动汽车充电。

1. 常规充电站

常规充电站是为带车载充电器的电动汽车设计的，采用常规充电电流充电。这类充电站一般分布在居民区或工作场所附近，电动汽车在这些场所一般要停放 5～8h。这类充电站的设计规模一般比较大，以便能够同时为很多电动汽车用常规充电电流充电（0.1～0.5C）。相应的充电电极通常是模块化设计，包括控制端和输电端。实际应用时，电动汽车驾驶员只需将车停放在充电站指定的位置，接上电线即可开始充电。

常规充电站的充电接口是有标准规定并专门设计的，在充电过程中插头应具有锁止保护功能。

2. 快速充电站

快速充电也可称为迅速充电或应急充电，其目的是在短时间内给电动汽车充电，充电时间应该与燃油车的加油时间接近。很明显，快速充电站是为电动汽车提供快速充电设施的场所。当然，快速充电的使用要受动力电池充电特性的影响，普通动力电池不能进行快速充电，因为在短时间内接受大量的电量会导致动力电池过热。快速充电时使电池容量快速达到 80% 所需要的时间为 20min。如果沿途有足够多的快速充电站，那么电动汽车总的行驶里程就会大大增加。

快速充电的关键是能够在短时间内给电动汽车补给高能量，所以对充电机的要求比较高，一般应输出大于 50kW 甚至更高的功率，相应的额定充电电压和电流分别为 200～750V 和 65～250A，以保证电动汽车在充电 20min 内达到行驶 50km 的能量需求。由于功率和电流的额定值都很高，因此应该把这种充电设施建在检测站或服务中心。为了避免动力电池出现过充电和过热，在充电站的快速充电组件和电动汽车上的电池监测回路之间应有信息交流，这样可以实时监测动力电池的状态，同时可以在线调整充电电流的大小。

8.4.3　动力电池更换站

除了即时给动力电池充电外，还可以采用更换电池组的方式，即在动力电池电量耗尽时，用充满电的电池组更换已经耗尽的电池组。将电池箱从汽车上换下的机械装置，目前主要有纯手动、半自动和全自动三种模式，如图 8-37 所示。

a) 纯手动　　　　　　　　　　b) 半自动　　　　　　　　　　c) 全自动

图 8-37　电池更换模式

更换动力电池的工作过程如图 8-38 所示，电动汽车用户把车停在一个特定的区域，然后用更换电池组的机器将耗尽的动力电池取下，换上已充满电的电池组。这种机器可以选叉式升降装卸车，工作时机器从原地伸出悬臂，而且应有足够的前后伸展空间，以便适应电动汽车所在的位置。更换电池时，它把叉子伸入电池组底部的槽内，然后把电池组移到正确的位置上。对于更换下来的未充电动力电池，可以在服务站充电，也可以集中收集起来以后再充电。由于电池更换过程包括机械更换和动力电池充电，因此有时也称它为机械"加油"或机械充电。电池更换站同时具备常规充电站和快速充电站的优点，也就是说可以用低谷电给动力电池充电，同时又能在很短的时间内完成"加油"过程。通过使用机械设备，整个电池更换过程花费的时间与现有燃油车的加油时间大致相当。

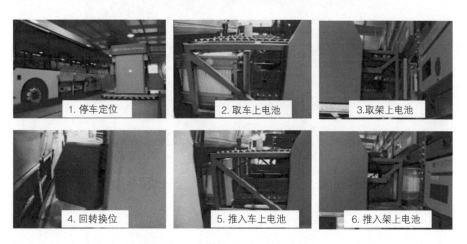

图 8-38　更换动力电池的工作过程

8.5　充电设施典型实例

8.5.1　充换电站

某充换电站以更换电池方式为主，以电池配送为补充，主要为 8t 及 16t 的电动环卫车提供电池更换服务，每天最多可满足 216 辆电动汽车的换电需求（图 8-39）。其全面加快了电动汽车充电设施的建设，发挥了电网资源优化配置能力，满足了社会对电动汽车能源供给配套设施的需求。

图 8-39　某充电站外景

该充电站内设换电车间、车辆通道、换电区、充电区以及附属用房（图8-40）。车辆通道南北向布置于车间中部，通道两侧为换电区。换电区内安装环形穿梭车为电动汽车提供换电服务。充电区内配置充电机屏40面、共安装15kW充电机240台，配置封闭式动力电池架40组、每组电池架可同时为6箱动力电池充电。

图 8-40　某充电站内部工作场景

该充电站主要采用0.5C恒流恒压充电方式为架上待充电的动力电池充电，正常充电时间2h。充电温度需保持在20~45℃，动力电池架内安装自动温控系统，温度较低时，采用电加热方式进行升温；温度较高时，快速自动卷帘门常开，并利用电池箱风机散热，使充电温度始终保持在合理范围内。

8.5.2　充电桩群

该充电桩群（图8-41）为纯露天设置，服务于该地区的电动乘用车，共有充电车位32个，其中交流充电车位28个，直流充电车位4个，可满足32辆电动乘用车的充电需求。

图 8-41　充电桩群实物图

该充电站采用交流慢充为主、直流快充为辅的充电模式：在充电站内安装14kW一桩双充型交流整车充电桩，数量为14个，每个充电桩可同时为2辆电动乘用车提供交流充电服务，正常充电时间为6~8h；安装37.5kW一体化整车直流充电机2个，可同时为4辆电动乘用车进行快速充电服务，充电时间为2~3h。

第9章　新能源汽车大数据平台及应用

伴随着新能源汽车车载信息系统的逐渐完善，车辆信息化程度日益提高，在车辆日常行驶过程中将会积累大量数据。结合大数据技术，利用海量多源异构数据进行安全预警与监管、车辆技术分析，是推动我国新能源汽车行业发展的关键。本章将主要概述汽车大数据的基本概念与特点，介绍当前在汽车工业领域研究发展十分迅猛的车联网技术，并着重阐述应用于新能源汽车领域的车辆大数据分析与应用的技术理论与具体实例。

9.1　汽车大数据概述

智能网联汽车
技术路线

9.1.1　新能源汽车大数据

1. 新能源汽车大数据的需求背景

（1）新能源汽车安全监管的国家政策要求

国务院对新能源汽车安全问题高度重视。国务院相关领导人在新能源汽车产业发展座谈会上对新能源汽车的安全指出：要强化远程运行的监控体系，以建立体系、统一要求、落实责任为重点，加快覆盖国家、地区、企业运行的数据监控平台。

与此同时，国家对于新能源车辆的管理出台了多项管理规定及技术规范：

2016 年，工业和信息化部制定并发布了《新能源汽车生产企业及产品准入管理规定》，要求"新能源汽车生产企业应当建立新能源汽车产品运行安全状态监测平台，按照与新能源汽车产品用户的协议，对已销售的全部新能源汽车产品的运行安全状态进行监测。企业监测平台应当与地方和国家的新能源汽车推广应用监测平台对接"。

2018 年，工业和信息化部制定了《新能源汽车动力电池回收利用溯源管理暂行规定》，电池生产企业应与汽车生产企业协同，按照国家统一编码标准要求对所生产动力电池进行编码，汽车生产企业应记录新能源汽车及其动力电池编码对应信息。电池生产企业、汽车生产企业应及时通过溯源信息系统上传动力电池编码及新能源汽车相关信息。

2020 年，由国家市场监督管理总局、国家标准化管理委员会批准发布了工业和信息化部组织制定的 GB 18384—2020《电动汽车安全要求》、GB 38032—2020《电动客车安全要求》和 GB 38031—2020《电动汽车用动力电池安全要求》三项强制性国家标准。

（2）汽车产业转型升级的需求

当前，以新一代信息技术与制造业融合发展成为主要特征的新一轮科技革命和产业变革正在全球范围内孕育和持续兴起。在此背景下，2015年国务院正式印发了《中国制造2025》，确定了在新形势下，大力推动制造业由大变强，在技术含量高的重大装备等先进制造领域勇于争先的主要方向。新能源汽车行业作为制造业与高新技业的交叉产业，与车辆大数据的融合应用是顺应汽车产业发展的必然结果。这种高度融合必将加速"中国制造2025"及智能网联汽车在新能源汽车领域的早日实现。

（3）新能源汽车行业应用与管理需求

新能源汽车正处于新兴发展的黄金期，大量的新技术在新能源汽车上得以应用。与传统乘用车不同的是，新能源汽车的电子设备数量及其采集的数据量相比之前有了巨大的提升，普通的行车电脑已不能满足数据的记录需求，且该方法没有即时更新的数据，其时效性较差。另外，由于新能源汽车的行车安全问题依赖于前期的数据分析发现，且其发生事故的救援难度相比普通燃油车要大得多，因此，大部分的车企都对新能源汽车有着较高的数据传输分析及管理需求。为了满足目前急迫的新能源汽车发展需求，借助大数据技术，建立数据实时收发、实时分析监控的汽车大数据平台的方案便应运而生。

2. 新能源汽车大数据的特点

在新能源汽车领域，新能源汽车的信息化程度高，车载传感器数量众多。依靠车联网系统，可以实时采集车辆及相关设备的运行和设备检测数据，积累新能源汽车产业运营数据，形成海量数据池。新能源汽车领域数据来源广泛、种类众多，包括车载智能终端采集的车辆工况及驾驶行为数据、车辆故障诊断信息、车辆维修保养数据、天气路况等第三方数据。数据增长速度快，包含大量实时数据，以及需要将流数据结合到业务流程和决策过程中的要求，导致了数据创建、处理和分析的速度持续加快。对于对时间敏感的流程，某些类型的数据必须实时分析，以对业务产生价值，具备典型的大数据的4V特征。

3. 车辆大数据的应用领域

新能源汽车大数据的应用领域主要分为政府、商业、用户三个层次。针对不同层次领域应用对象，应用要求都有所不同。

政府需要对车辆安全、交通管理、公共安全、产业政策、环境保护方面进行管理。为推动大数据在政府管理中的运用，结合实际与需要，提出以下几点要求：

1）加强和完善大数据基础设施建设及服务功能，扩大大数据专业人才及技术引进力度。广泛应用物联网、云计算、数据实时分析产品、分布式数据处理系统等新一代信息技术，促进信息化与政务发展深度融合。

2）加快搭建统一平台，统筹大数据研发应用。从组织保障、数据采集、数据共享、数据应用等方面入手，建立部门联络、分级管理、信息保密、授权使用、考核激励等一系列机制，加强平台建设及日常管理。

3）继续推进大部制改革，促进统一类型数据在业务部门内整合。完善大数据发展政策，围绕大数据开发及应用形成良好的治理体系。建立政务数据管理条例，对数据的所有权、使用权、知情权等一系列问题给出明确的制度界定，高度重视网络安全，出台网络空间治理相关的法律法规，针对大数据应用过程中涉及的信息安全问题采取切实有效的保护措施。

4）加速数据挖掘及运用，提高大数据在政府决策中的作用。有效挖掘、存储、处理、分析大数据，并创新性地利用大数据辅助决策，提升公共服务质量。

商业领域主要包括公共服务、商业服务、汽车金融、汽车企业四个方面。在公共服务方面，通过挖掘大数据中的潜在信息，可提供更优质的公共服务，例如建立更全面高效的充换电基础设施，提供充分的保养维修服务等。对于商业服务，可以利用数据挖掘技术，定义线索级别并进行购车意向分析，提高销售线索的转化率；利用汽车大数据对用户进行多维度的画像扫描，对客户进行细分。在汽车金融方面，可以让汽车保险定价更合理、让理赔定损更简单等。至于汽车企业，合理运用车辆大数据，可实现设计优化、车间通信、无人驾驶等功能。

用户领域主要包括智能控制、交通服务、车辆信息等方面，可以将这些方面内容集成在 App 终端上。通过 App 终端的下载与应用，给用户提供车辆信息，提供交通服务，使其对车辆进行智能控制，帮助用户更好地驾驶车辆，提升驾驶体验。

9.1.2　车联网基本架构

根据中国物联网校企联盟的定义，车联网是由车辆位置、速度和路线等信息构成的巨大交互网络。通过 GPS、RFID、传感器、摄像头图像处理等装置，车辆可以完成自身环境和状态信息的采集；通过互联网技术，所有车辆可以将自身的各种信息传输汇聚到中央处理器；通过计算机技术，这些车辆的信息可以被分析和处理，从而计算出不同车辆的最佳路线，并及时汇报路况、安排信号灯周期。简而言之，车联网是以车、路以及道路的基本设施为节点组成网络，用以实现车与车、车与人、车与路的信息交换，利用先进的技术实现安全防护、智能驾驶、车辆售后服务、位置服务，最终达到提高交通效率、提升道路通行能力、降低交通事故等目的。

车联网的基本架构如图 9-1 所示。

数据采集层通过感知技术、车载信息终端以及路边系统设备，实现对车辆自身的位置、速度、加速度、行进方向等行驶和运行信息以及车辆外在属性（如道路、人和环境）等信息的提取，通过轻量级的车载设备完成车辆相关信息的收集和处理，同时接收和执行来自上层的智能交通和信息服务等交互控制指令。在该过程中，汽车既是数据的收集和感应器，也是实时信息的发布者。

网络层包括网络接入层和网络交互层。与车辆相关的网络包括车对车（V2V）、车对路（V2R）、车对网（V2I）及车对人（V2H）等。其中网络接入层基于 GPRS、3G、4G 以及未来通信网络（5G）等移动通信网络和宽带无线城域网络制定专用的异构网络，实现运行系统（车辆信息系统、路网信息、信息采集基站系统和运行管控服务中心系统）和运营系统（运营管控平台系统、关键服务子系统）之间的数据传输。

网络交互层通过移动无线网和专用核心网实现汽车信息源与数据中心之间的信息传输，提供用户终端连接和对用户终端的管理，完成对业务的承载，作为承载网络提供到外部网络的接口，从而实现汽车各种服务、管理和服务交互过程的控制。

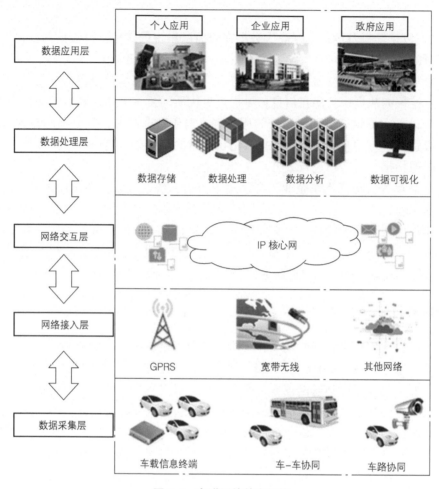

图 9-1 车联网的基本架构

数据处理层对在网车辆和设施产生的海量数据进行存储和分析计算,同时集成其他服务基础数据,为智能交通管控和车载信息服务提供支撑。智能交通管理中心拥有超大的数据库和超强的数据分析能力,用以存储、分析从车载终端设备以及路边设施系统传来的数据,并根据分析结果发送相应指令。

数据应用层通过车载信息服务与运营中心负责面向不同类型用户提供开放多样的车载信息服务,同时提供安全可靠的运营支撑环境,支持具有新型服务形态和商业模式的车联网应用的开展。

9.1.3 新能源汽车大数据平台架构

1. 智能网联汽车的"端 - 网 - 云"架构

智能网联汽车同时具备"智能"与"网联"两个方面的特性,这就决定了一方面它是道路交通系统中一个具备一定自主决策和自我控制能力的载运工具平台,另一方面,它也是车联网络大环境中的一个信息交互节点。智能网联汽车未来自动驾驶和智能交通场景的实现，都需要依赖车 - 车、车 - 路、车 - 云协同的信息交互和协调控制技术。因此，不论是从物理域还是从信息域来看，智能网联汽车从功能到技术实现方面都体现为"端 - 网 - 云"的体系架构（图 9-2）。

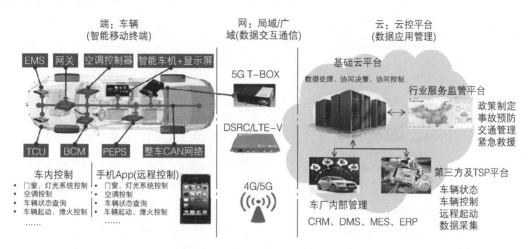

图 9-2 "端 - 网 - 云"体系架构

其中，"端"既包括道路交通环境中行驶的车辆（智能移动终端），也包括处于交通环境中的非车辆，如行人、动物等。"端"是智能网联汽车运行过程中数据获取、计算处理、智能应用的功能载体。

"网"则指智能网联汽车赖以运行的车联网环境，车联网以车、路、道路基础设施为基本节点和信息源，通过无线通信技术实现信息交互，从而实现"车 - 人 - 路 - 城市"的和谐统一。车联网是以车内网、车际网和车载移动互联网（车云网）为基础，按照约定的通信协议和数据交互标准，在车 - 车、车 - 路、车 - 云，以及车辆与互联网之间，进行无线通信和信息交换，以实现智能交通管理控制、车辆智能化控制和智能动态信息服务。

"云"是指智能网联汽车运行的体系架构中用以进行跨领域大数据存储和处理的云服务平台。这是一种基于"云"计算架构的大数据车辆信息与车路互动平台，能够至少同时支持百万级车载智能终端及千万级智能移动终端的大数据并发，实现对海量实车数据的存储、计算、管理、监控、分析、挖掘及应用，是系统互联与智能的核心。

2. 大数据云平台架构与管理体系

（1）新能源汽车数据平台三级结构

目前，新能源汽车的数据平台主要有企业监测平台、地方监测平台以及国家监测平台三类，这三类平台形成了数据平台的三级架构，如图 9-3 所示。新能源汽车的运行数据会实时传输到企业监测平台，企业通过企业监测平台对本企业生产的新能源汽车进行安全管理、预报警和故障处理，同时企业平台要将公共领域的新能源车辆数据实时转发给地方监测平台并进行统计信息和故障处理的上报。地方监测平台通过监测新能源车辆的运行实现新能源车辆的信息统计，通过车辆故障的回溯实现对新能源汽车质量的监管。地方监测平台也要将车辆运行数据实时上传到国家监管平台，并进行统计信息和故障信息的上报。在企业 - 地方 - 国家这一数据上传通路之外，还保留了企业平台直接向国家平台上传的通路，企业监测平台要按照需要将车辆运行数据实时传输到国家平台并进行统计信息和故障处理信息的上报。

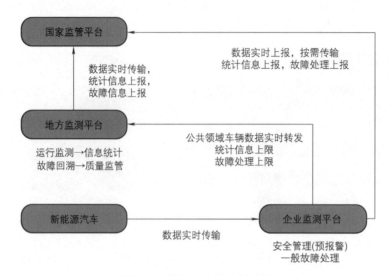

图 9-3　数据平台的三级架构

（2）整体平台架构

下面以北京理工大学新能源汽车监测与管理平台为例，介绍新能源汽车大数据平台的整体平台架构。电动车辆大数据平台采用 Hadoop 体系架构，与阿里、京东等公司的大数据技术同步，同时具有更强的灵活性和可扩展性。

如图 9-4 所示，平台主要分为五个层次，最底层是采集层，负责平台数据的采集，平台的数据来源有车载终端、省级平台、日志流以及第三方平台的数据。

采集层之上是大数据层，大数据层对采集层采集的数据进行分类集群，采集层的数据首先进入大数据层的高速服务总线，然后由大数据层对其进行实时计算并存入缓存集群或通过数据层的统一接口存入 HDFS（Hadoop 分布式文件系统）集群、索引数据集群、关系数据集群。

数据层之上是分析层，可对大数据层传来的数据进行分析计算，分析层的功能强大，具有实时计算、离线计算、图计算、机器学习、情境感知等多个引擎，有进行业务规则建模，标签规则建模，清洗、结构化、统计建模的能力。

分析层之上是服务层，可利用分析层的处理结果提供多项服务。服务层包含多个云平台，包括用户云、监控云、故障云、运维云和专家决策云，可提供容器托管、镜像仓库、服务管理等多项功能。

平台还设有展示层，主要有大屏幕展示、微信服务展示以及通过平台研发的分别适用于安卓和 IOS 系统的 App 展示。

目前，该平台已经掌握了新能源汽车海量数据接入、数据分析、大数据处理、分布式计算、数据可视化展示等核心技术，实现了海量可横向扩展的设备接入能力、海量可横向扩展的大数据存储能力、多种针对新能源特性的数据挖掘与分析能力、多样化新能源汽车生产智慧服务能力。基于数据挖掘,该平台可提供面向不同用户群的差异性、个性化数据分析和技术服务。基于大数据平台的对外开放 API(应用程序接口),该平台可实现与其他平台间的数据互联互通。

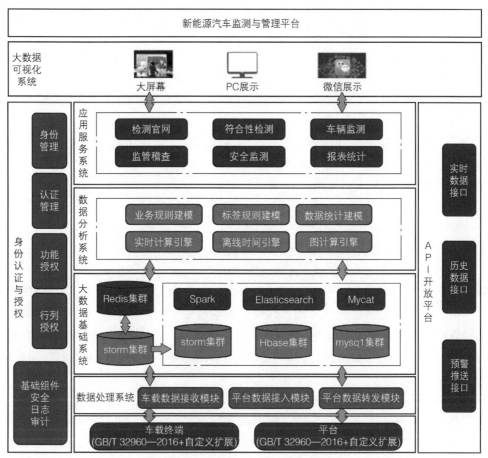

图 9-4 数据采集、存储、挖掘流程图

9.2 新能源汽车大数据采集

9.2.1 数据采集流程

1. 静态信息采集

静态信息指的是没有与服务器进行交互的数据,车辆外部的静态信息主要包括充电桩的使用情况、路网情况、气象情况等,这些静态信息能够对分析车辆的行驶状况、安全管理和故障回溯提供有效的依据。车辆的静态信息包括车辆的相关参数、车辆公告信息、车辆的销售情况以及用户对车辆的评价情况等,这些信息也是进行大数据分析所必备的。

车辆静态信息往往都是相应网站上的公开信息，比如车辆的相关参数，可以通过生产企业的网站上找到对该种车型的介绍，也可以在销售网站上找到该车型的参数。车辆公告信息可以在中国机动车网等相关网站上获取。车辆销售情况和用户反馈可以在车辆销售网站以及相关社交论坛上查询，同时也可利用网络爬虫程序定期从相应的网站上爬取车辆的静态信息、车辆公告信息以及销售反馈信息等，并存入数据平台中。

2.动态信息采集

车辆动态信息采集是指通过布置在车辆上的传感器获取车辆的动态信息，主要通过车载终端利用无线方式上传到数据平台。新能源汽车数据平台车辆动态信息采集步骤如下：

（1）连接建立

车载终端向远程服务与管理平台发送通信连接请求，当通信链路连接建立后，车载终端应自动向远程服务与管理平台发送登入信息身份识别，远程服务与管理平台应对接收到的数据进行校验。

（2）信息传输

当车辆终端登入成功后，应按一定时间周期向远程服务与管理平台上报电动汽车运行、充电、事故报警或断电后 3min 内的实时信息。

车载终端将从车辆 CAN 总线获取的数据整合后，通过 GPRS 无线网络发送到远程服务与管理平台。车载终端向远程服务与管理平台上报信息时，应根据实际情况对驱动电机数、整车数据、燃料电池数据、发动机数据、车辆位置数据、极值数据、报警数据、可充电储能装置电压数据、可充电储能装置温度数据等新能源汽车相关数据进行拼装后上报。

车载终端向服务端平台上报信息的时间周期可以调整，车辆信息上报的时间周期最大不应超过 30s。

（3）连接维持

信息传输过程中，车载终端应向远程服务与管理平台发送周期性心跳信息，远程服务与管理平台应对车载终端反馈成功应答。心跳发送周期可以调整。

（4）信息补发

当数据通信链路异常时，车载终端应将实时上报数据进行本地储存。在数据通信链路恢复正常后，在发送实时上报数据的空闲时间完成补发储存的上报数据。

因为电动汽车不只涉及车辆一个产业，与其相关的还包括气象、路网等相关产业，只有动态信息与静态信息相互结合才能从大数据里挖掘出潜在的、有价值的信息，进而对电动汽车产业的发展提供一定的帮助。

9.2.2　新能源汽车数据采集项

1.纯电动汽车数据采集项

纯电动汽车的数据对提高动力电池、驱动电机、电机控制、车身和底盘设计及能量管理等关键技术研发速度，降低研发成本及验证技术可靠性等方面的作用十分显著。纯电动汽车数据采集项主要涉及电机数据、电池数据、整车数据、车辆道路行驶信息和车辆运行状态信息等。

针对纯电动汽车的驱动特点,驱动电机需要采集的数据项共十一项,具体如下:驱动电机个数,驱动电机总成信息,驱动电机状态,驱动电机序号,驱动电机状态,驱动电机控制器温度,驱动电机转速,驱动电机温度,驱动电机转矩、输入电压及电机控制器直流母线电流。

动力电池的数据采集项包括如下几项:电池电压、电池电流、电池温度探针数、探针温度值、高压 DC/DC 变换器状态、电池最低单体电压、电池最低单体箱号、当前最大允许放电电流、锂电池系统故障等级等。

为了对车辆行驶状态进行监控,整车数据应被详细完备地记录并传输。整车数据采集项包括:车辆横向加速度、纵向加速度、垂直加速度、制动信息、转向信息、胎压信息和车内温度等。通过这些数据为车辆数据分析提供准确可靠的数据依据。

车辆的道路行驶信息对于安全事故追踪、交通路网优化及智慧城市交通设计都有着重要的作用,车辆的位置信息可以由定位芯片采集,精度应达到 5m,以此处理得到的经纬度的精度可以确定为 5~20m 的数量级,同时可以根据 GPS 的数据计算得到车辆行驶方向及行驶速度,以此估算车辆位置及行驶轨迹。

2. 混合动力电动汽车数据采集项

混合动力汽车的动力传动系统由两个或多个能够同时运转的单个动力传动系统联合组成。如果其中一个动力传动系统为纯电动汽车动力传动系统,则该混合动力汽车为混合动力电动汽车。

混合动力电动起汽车与纯电动汽车相比,主要多出了发动机和一套变速机构,所以在采集车辆数据时需要注意发动机的相关参数信息,例如发动机状态、曲轴转速、燃油消耗率、机油温度、冷却液温度、机油压力及进气压力等。

3. 燃料电池电动汽车数据采集项

燃料电池电动汽车的动力系统主要由燃料电池发动机、燃料存储装置(主要用于储氢)、驱动电机、动力电池组等组成,采用燃料电池发电作为主要能量源,通过电机驱动车辆前进。

燃料电池电动汽车相比于纯电动汽车,其电能来源于燃料电池发生化学反应产生的电能,主要多出了燃料电池和储氢瓶,因此,需要采集与之相关的参数信息如燃料电池电压、燃料电池电流、燃料消耗率、燃料电池温度探针总数、氢系统中最高温度、氢系统中最高温度探针代号、氢气最高浓度、氢气最高浓度传感器代号、氢气最高压力、氢气最高压力传感器代号、高压 DC/DC 变换器状态等。

9.2.3 车载终端设备

1. 车载终端设备概念

新能源汽车车载终端是安装在电动汽车上,采集及保存整车及系统部件的关键状态参数,并与车联网后台及其他对象进行通信的装置或系统。目前,行业里的智能车载终端主要有两种产品形态：一种是独立的车载终端；另外一种是将车载终端功能和车机等进行集成设计，成为集成式、一体化车载终端。其融合了 GPS 技术、里程定位技术及汽车黑匣技术，能用于对运输车辆的现代化管理，包括行车安全监控管理、运营管理、服务质量管理、智能集中调度管理、电子站牌控制管理等。

2. 车载终端主要组成部分

（1）蜂窝通信模块

蜂窝通信模块的作用是建立与广域网的通信，与车联网后台进行数据交互。车联网用的通信模块还需要具备传统的电话、短信等通信功能。根据支持的通信制式不同，可分成 5G、4G、3G 和 2G 通信模块。目前主流的是全网通的 4G LTE 通信模块，一般要求为车规级或工规级。

（2）微处理器（MPU）

微处理器用来运行智能车载终端的应用层软件，需要具有较高的性能。一般选用车规级 ARM 芯片运行 Linux 等操作系统。微处理器的主要功能包括：采集车辆及车载终端内部各传感器的数据；将数据进行组包、加密，并通过蜂窝通信模块将数据发给车联网后台；接收车联网后台等途径传输的远程命令，进行解密、拆包并进行数据处理；处理蓝牙、WiFi、车辆总线等途径通信数据等。

（3）微控制器（MCU）

与 MPU 的高性能要求不同，MCU 主要对接车辆网络，满足高可靠性、高实时性要求，主要功能包括：连接 CAN 总线等车辆内部网络，具有不丢帧、低延时的通信能力；采集参数并传输给 MPU，响应车辆控制相关指令；实现统一的诊断服务（UDS）等诊断协议栈等。

（4）全球导航卫星系统（GNSS）定位模块

GNSS 定位模块用来获取车辆定位数据，包括时间、车速、经度、纬度、航向、海拔等数据。目前主流的定位技术为 GPS、北斗、GLONASS 等，国内常见的为 GPS、北斗双模定位模块。在某些低成本、集成度高的车载终端设计方案中，蜂窝通信模组集成了基本的 GNSS 功能。

（5）存储器

存储器主要用于存储车辆运行状态数据，在进行车载终端及车辆控制器的远程升级时，可用于存储升级文件。

要求：在新能源车辆上，车载终端需按照不超过 30s 的时间间隔将采集到的车辆数据保存在存储介质中。当出现相关报警或故障时，需要按照不大于 1s 的时间间隔存储车辆运行状态的实时数据。

3. 车载终端设备应用实例

图 9-5 所示为 NE-EVT200 型的新能源车载终端设备，该终端采用了外置 GPS 或双模定位的方式，能获得精度更高的位置数据，卫星定位速度更快。该设备可以通过近端 SD 卡进行固件升级，也支持 FTP 远程固件升级，大大降低了维护的工作量。同时，它还支持串口参数设计，也可根据车厂提供的 BMS 及车辆仪表协议，通过 dbc 配置方式，快速定制

车型的协议。在通信方面，该设备最多可同时支持 2 个主站后台进行数据传输。

该终端采集数据的具体流程为：通过 GPRS 协议从 CAN 总线中读取数据，例如电池电流、电压、温度、车速、GPS 定位信息等，再遵循国家标准 TCP 协议，以数据流量的方式将数据传送到云端大数据平台。平台根据得到的数字信号数据，参照国标将所需要的信息翻译出来，最终形成可以为数据平台所利用的数据。

图 9-5　NE-EVT200 型新能源车载终端

9.3　数据分析与处理

9.3.1　数据预处理

新能源汽车日常运行环境复杂，数据来源广泛，数据在采集、传递、解码等过程中均有可能产生误差。在实际情况下，我们采集到的数据往往存在缺失某些重要数据、不正确或含有噪声、不一致等问题。因此在大数据系统中需要进行数据预处理以提高数据的质量，从而有助于提高数据挖掘与分析的准确率和效率。大数据预处理技术主要包括数据清洗、数据集成、数据归约与数据变换（图 9-6）。

1. 数据清洗

现实世界的数据一般是不完整的、有噪声的和不一致的。数据清洗的目的是填补缺失的值、光滑噪声并识别离群点。

（1）填补缺失值

常见的缺失值填充方法有删除、填充默认值、均值、众数以及通过模型来预测等方式。

（2）光滑噪声并识别离群点

噪声指的是被测量的变量的随机误差。给定一个数值属性，可以通过以下数据光滑技术来平滑噪声。

1）分箱：分箱方法通过考察数据的"近邻"（即周围的值）来光滑有序数据值。这些有序的值被分布到一些"桶"或箱中。由于分箱方法考察近邻的值，因此它只能进行局部光滑。图 9-7 所示为一些数据光滑的分箱方式。

① 用箱均值光滑：箱中每一个值被箱中的平均值替换。

② 用箱中位数平滑：箱中的每一个值被箱中的中位数替换。

③ 用箱边界平滑：箱中的最大和最小值同样被视为边界。箱中的每一个值被最近的边界值替换。

2）离群点分析：可以通过如聚类等方法来检测离群点。聚类将类似的值聚成群或

"簇"。直观地，落在簇集合之外的值被视为离群点。

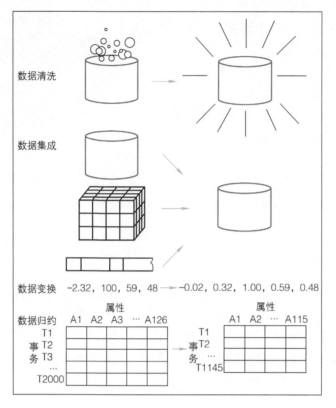

图9-6　数据预处理的形式

2. 数据集成

数据集成技术在逻辑上和物理上把来自不同数据源的数据进行集中，为用户提供一个统一的视图。合理的集成有助于减少结果数据集的冗余和不一致。这有助于提高其后挖掘过程的准确性和速度。

（1）冗余和相关分析

冗余是数据集成的一个重要问题。一个属性（例如，年收入）如果能由另一个或另一组属性"导出"，则这个属性可能是冗余的。属性或维命名的不一致也可能导致结果数据集中的冗余。解决数据冗余问题主要有两种方法：对于标称数据，可使用卡方检验；对于数值属性，可使用相关系数和协方差。它们都可以评估一个属性的值如何随另一个变化。

（2）数据值冲突的检测与处理

数据集成还涉及数据值冲突的检测与处理。例如，对于现实世界的同一实体，来自不

划分为（等频的）箱：
箱1：　4，　8，　15
箱2：　21，21，24
箱3：　25，28，34

用箱均值光滑：
箱1：　9，　9，　9
箱2：　22，22，22
箱3：　29，29，29

用箱边界光滑：
箱1：　4，　4，　15
箱2：　21，21，24
箱3：　25，25，34

图9-7　数据光滑的分箱方式

同数据源的属性值可能不同，表示、比例和编码不同，进而形成数据语义的差异性。例如，重量属性可能在一个系统中以公制单位存放，而在另一个系统中以英制单位存放。对于连锁旅馆，不同城市的房价不仅可能涉及不同的货币，而且可能涉及不同的服务（如免费早餐）和税收。

3. 数据归约

数据归约是指在对分析任务和数据本身内容理解的基础之上，寻找依赖于发现目标特征的有用数据，以缩减数据规模，从而在尽可能保持数据原始特性的前提下，最大限度地精简数据量。也就是说，在约简后的数据集上分析，仍然能够获得与约简前相同或几乎相同的分析结果。常见的数据归约方法包括维归约、数量归约和数据压缩等。

4. 数据变换与数据离散化

数据变换可将原始数据转换成适合数据分析的形式。数据变换策略包括属性构造、聚集、数据规范化、数据离散化和概念分层等。数据离散化和概念分层产生也是数据归约形式。原始数据被少数区间或标签取代。这简化了原数据，使得挖掘更有效，使挖掘的结果模式一般更容易理解。

5. 新能源汽车数据预处理

新能源汽车运行数据预处理分为三个阶段，在原始数据采集时，对车载终端采集到的 SOC 信息、车速信息、电流电压信息等进行数据格式转化、异常数据处理。为保证数据传输的精度，往往需要将采集的数据值扩大 10 倍。国家平台接收数据之前，将通过调用预处理模块数据实时计算模块，对每个数据项值进行有效验证，预处理模块的判断规则是把当前车载终端动态上传的数据项和管理员预配置的有效取值范围进行大小关系比较，对异常数据置空处理，保障数据的有效性和准确性。研究人员在进行数据分析前，将根据实际计算需求，选择缺失值填充或数据清洗的方式进一步处理数据。

9.3.2 数据分析

大数据分析是指用准确适宜的分析方法和工具来分析经过预处理后的大数据，提取具有价值的信息，进而形成有效的结论并通过可视化技术展现出来的过程。通过对数据的分析处理，不仅可以对之前的假设进行验证，还可以发现一些潜在的价值，这对以后的大数据应用有更多的帮助。

大数据分析有许多不同的方法，数据的内容不同，采用的分析方法也不相同。对于不同的挖掘目标，采用合适的大数据分析技术，可以达到更好数据挖掘效果。本节主要对车辆大数据分析常用的几种方法（相关分析、回归分析、聚类方法等）进行介绍。

1. 相关分析

相关分析是研究概率变量之间的相关性的一种统计方法。相关分析研究现象之间是否存在某种依存关系，并对有依存关系的现象，探讨其相关方向以及相关程度。相关关系按照不同的分类关系又可以分为正相关与负相关、单相关与复相关、线性相关与非线性相关等。判断两个现象间有无相关关系，可以通过相关表和相关图进行直观判断。

2. 回归分析

相关分析的主要目的是对变量间存在的数量关系的密切程度进行测度，回归分析是在相关分析的基础上，构建变量间数量关系的具体模型，并对模型进行各种检验的分析方法。回归分析需要确定自变量与因变量，因变量为被影响的变量，自变量为影响变量，因变量只有一个，而自变量可以有多个。对于只有一个自变量的回归分析称为一元回归，有多个自变量的回归分析则称为多元回归；根据变量间相关的形式又可分为线性回归与非线性回归。

（1）一元线性回归模型

一元线性回归是一个自变量与因变量之间线性关系的回归，又称为直线回归，是回归分析中最基本的形式。直线回归与直线相关对应，一元线性回归模型的一般表达形式为

$$y_i = \alpha + \beta x_i + \varepsilon_i \tag{9-1}$$

式中　x_i——自变量；

　　　y_i——因变量；

　　　ε_i——随机误差，是除自变量 x_i 以外所有其他影响因素的总和；

　α 和 β——回归参数，是常数。

（2）多元线性回归分析

在一元线性回归分析中，假定因变量只受一个自变量的影响，然而研究许多现实问题时，研究对象往往受到多个自变量的影响。因此，研究一个因变量与多个自变量之间的数量关系需要用到多元线性回归分析。多元线性回归分析是指因变量表现为两个或两个以上自变量的线性组合关系，多元线性回归分析与一元线性回归分析的基本原理和方法类似。

多元线性回归模型与一元线性回归模型相似，只是自变量由一个增加到多个。设因变量 y 表现为 k 个自变量 x_1，x_2，$\cdots$，x_k 的线性组合，则多元线性回归的基本模型可以表示为

$$y_i = \hat{\beta}_0 + \hat{\beta}_1 x_{1i} + \hat{\beta}_2 x_{2i} + \cdots + \hat{\beta}_k x_{ki} + \varepsilon_i \left(i = 1, 2, \cdots, n\right) \tag{9-2}$$

式中　　　　　　　　　　k——自变量的个数；

　β_j（$j = 0$，1，2，$\cdots$，k）——模型参数；

　　　　　　　　　　　ε_i——随机误差项；

　　　（x_{1i}，x_{2i}，$\cdots$，x_{ki}）——对总体的第 i 次观测。

3. 聚类分析

将物理或抽象对象的集合分成由类似的对象组成的多个类或簇（Cluster）的过程被称为聚类。由聚类所生成的簇是一组数据对象的集合，这些对象与同一个簇中的对象相似度较高，与其他簇中的对象相似度较低。相似度是根据描述对象的属性值来度量的，距离是

经常采用的度量方式。在许多应用中，簇的概念都没有严格的定义。为了理解确定簇构造的困难性，可参考图9-8。该图显示了18个点和将它们划分成簇的3种不同方法。标记的形状指示簇的隶属关系。

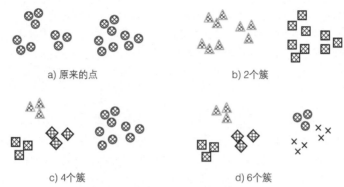

图9-8　相同点集的不同聚类方法

聚类问题的研究已经有很长的历史。迄今为止，为了解决各领域的聚类应用，已经提出的聚类算法有近百种。根据聚类原理，可将聚类算法分为以下几种：划分聚类、层次聚类、基于密度的聚类、基于网格的聚类和基于模型的聚类。

虽然聚类的方法很多，在实践中用的比较多的还是K-means、层次聚类、神经网络聚类、模糊C-均值聚类、高斯聚类这几种常用的方法。

9.3.3　数据可视化

数据可视化是关于数据视觉表现形式的科学技术研究。数据可视化技术利用图形、图像处理、计算机视觉以及用户界面，通过表达、建模以及对立体、表面、属性以及动画的显示，对数据加以可视化解释。本节将介绍几种常用的大数据分析可视化方法，并结合当前平台数据进行展示。

1. 数据可视化工具

（1）Tableau Desktop

Tableau Desktop 是 Tableau 公司开发的商业智能工具软件。Tableau Desktop 不仅可以让用户自己编写代码，还可以自定义控制台配置。控制台具有监测信息以及提供完整分析的能力，而且还具有灵活和拥有较高动态性的特性。

Tableau Desktop 能够将数据运算与优美的图表完美地嫁接在一起。它通过拖放程序把所有的数据展示到数字"画布"上，转眼就能创建好各种图表。而且它还有多种展现形式，操作人员能够自定义图表类型，并以多种图形的方式进行展现，同时针对不同的展示图形有不同的说明。

（2）Python—Matplotlib

Matplotlib 是 Python 最著名的绘图库，它提供了一整套类似 Matlab 的 API，非常适合交互式绘图。它的文档相当完备，并且 Gallery 页面（http：//matplotlib.org/gallery.html）中有上百幅缩略图，打开之后都有源程序。如果需要绘制某种类型的图，则只需在这个页面中浏览／复制／粘贴一下就可以完成。

由于 Matplotlib 是第一个 Python 可视化程序库，所以许多程序库都是建立在它的基础上或者直接调用它。例如，Pandas 和 Seaborn 就是 Matplotlib 的外包，它们可以直接调用 Matplotlib。

（3）R—ggplot2

R 语言提供了一套令人满意的内置函数和库，如 ggplot2、leaflet 和 lattice，用来建立可视化效果以呈现数据。由于 ggplot2 具有使图形精美、函数和参数设置方便记忆以及代码可用性强，可以很方便地定制图形等优点，所以经常被用来对数据进行可视化。

（4）Excel

Office 是人们最常用的办公工具，所以在简单的数据处理时，Excel 显然是最方便人们使用的。Excel 作为一个入门级工具，一直为用户进行数据可视化展示，不仅能通过 Excel 内在集成的图表来对选定的数据源进行可视化展示，也能创建供内部使用的数据图，是快速分析数据的理想工具。

2. 新能源汽车数据可视化

车辆运行数据繁多复杂，很难直接从数据中发现车辆运行规律以及车辆运行状态，而通过数据可视化则可以清楚地显示出这些情况。下面以几种常用的数据可视化形式为例展示新能源汽车的数据可视化过程。

（1）折线图

折线图可以用来显示某一变量跟随时间（或另外的变量）的变化而变化的趋势，能够非常清晰地反映出数据变化情况，以及从中预测出一定的数据未来走势。图 9-9 所示为 2023 年第一季度新能源汽车大数据平台中车辆故障数变化趋势，从中可以分析出每季度故障发生频率趋势。

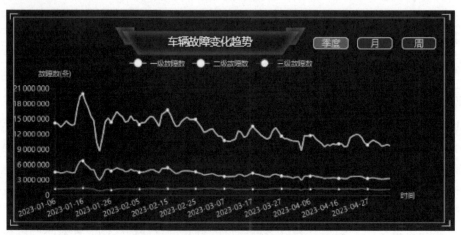

图 9-9 2023 年第一季度车辆故障变化趋势

（2）柱状图

柱状图可以通过其高度的大小，来清晰表达不同指标对应的指标值之间的对比，让浏览者一目了然。制作这类数据可视化视图时，最重要的是要精确计算出需要表达的尺度和比例。柱状图可以进一步发展成三维的情况，增加指标数量，丰富对比。图 9-10 所示为我国新能源汽车产量以及平台车辆接入量的对比关系，从中可以看出新能源汽车产量增长情况。

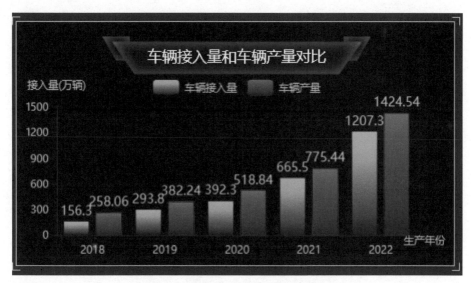

图 9-10　新能源汽车产量与接入量对比

（3）饼图

饼图主要用来表达某一类型数据在整体中所占的比重以及与其他类型相比较情况，可以很明显地突出所要表达的重点。图 9-11 所示为截至 2023 年 5 月接入新能源汽车大数据平台的新能源汽车比例分布情况。

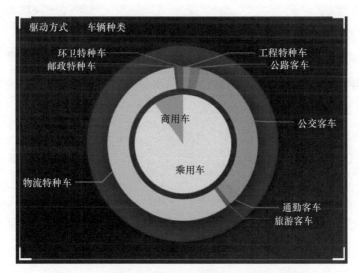

图 9-11　截至 2023 年 5 月车辆接入比例分布情况

（4）热力图

通过热力图可以清楚地看到每一个区域的数据焦点，能够实现实时直观地展现充电需求、车辆分布等与地域信息密切相关的信息要素，图 9-12 所示为北京地区某一时刻的充电需求热力图。

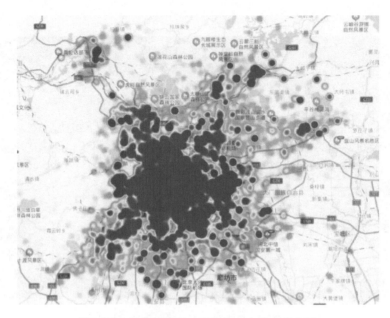

图 9-12 北京地区某一时刻的充电需求热力图

（5）行驶轨迹图

动态的行驶轨迹图可以直观、实时地表现某一地区某一时刻的交通运行状态，图 9-13 所示为北京地区某一时刻的新能源车辆行驶轨迹。

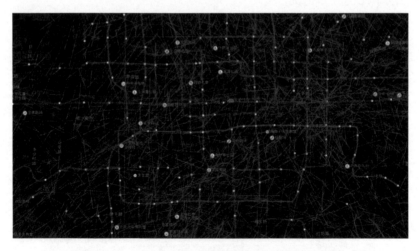

图 9-13 北京地区某一时刻的新能源车辆行驶轨迹

（6）知识图谱

新能源汽车故障诊断方面可以通过构建可视化的知识图谱，建立故障树与数据库之间的联系。图 9-14 与图 9-15 为新能源汽车故障诊断知识图谱的 UI 界面与知识图谱的故障关系查询模块。

EVENT **\<id\>:** 33 **mechanism:** 34 **name:** 充电故障

图 9-14　知识图谱的 UI 界面

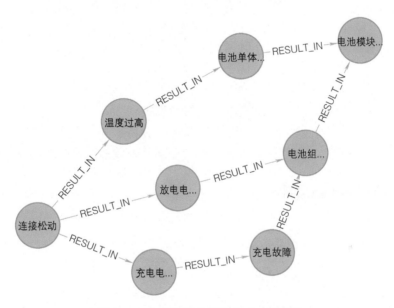

图 9-15　知识图谱的故障关系查询模块

9.4　大数据应用案例

9.4.1　新能源汽车大数据平台功能

在采集了大量的车辆数据信息后，经过整理及分析，可以为驾驶员的安全驾驶、车辆部件性能分析与监控等诸多方面提供帮助，具体分析举例如下：

1）驾驶行为分析。可结合采集到的加速度、方向盘转角、节气门开度等参数分析用户在不同场景、不同环境下的车辆使用情况，包括行驶环境、起步习惯、怠速状况及加速行为等。

2）车辆性能分析。可分析车辆在实际道路环境下的加速、减速、转弯等性能表现，为车辆研发提供重要的依据。

3）电池寿命预测。通过对电池充放电次数监控、电池的衰减度分析，预测电池的剩余使用寿命。

4）电池性能评估。通过充电电压、充电电流、放电电压、放电电流等指标，可得出电池的充电性能曲线、放电性能曲线、容量变化曲线、自放电率曲线等，进而评估电池的性能。

5）客户画像。通过对车主的行驶区域、驾驶习惯、驾驶风格等方面进行分析，将车主分为几类，并对每一类车主的特征进行精确定义，从而为车辆销售、针对性的广告投放提供依据。

6）行程分析。行程是指车主点火起动到熄火停车之间的驾驶区间。行程分析分析期间的用户的安全、经济方面的表现，以安全得分、绿色得分、安全指标（急加速、急减速、急转弯等）、绿色指标（百公里能耗）为主体进行展示。

7）远程诊断。基于实时的行车数据流对车辆发生的故障进行分析，将分析结果提供给车主或者维修店；对于未发生的故障，对其存在的风险进行预判，及时提醒车主。

8）智能提醒。在车辆行驶过程中，通过监控车辆的运行状况、驾驶表现、环境参数等对车主进行智能提醒，以使其更加安全、经济地驾驶。

采集的数据还可进行道路视角分析、天气视角分析、安全驾驶、能耗分析、驾驶排名、驾驶报告、车辆档案、零部件耐久性分析、零部件失效分析、时间视角分析等。

9.4.2 新能源车辆大数据评价

1. 赛维评价规程

中国新能源汽车评价规程（China Electric Vehicle Evaluation Procedure，CEVE）是由中国汽车工程研究院股份有限公司和新能源汽车国家大数据联盟合作推进的具有国际先进、国内领先水平的新能源汽车综合评价体系，评价分为单车测试评价和车群大数据评价两个方面，根据消费者使用习惯和新能源汽车特点，拟定能耗、安全、体验3个评价维度。同时，为了保障测试的真实有效和可量化，测评直击"产品表现和用户体验的差异性"，体系目前全部使用"客观评价"，全面反映新能源汽车总体表现。

"安全"维度主要参考了ISO 6469-3、ISO 26262、GB 18384—2020《电动汽车安全要求》、DB31/T 634—2020《电动乘用车运行安全和维护保障技术规范》、C-AHI中国汽车健康指数、C-IASI中国保险汽车安全指数等一系列标准法规，模拟消费者使用场景，设置使用安全、功能安全和碰撞安全3个二级指标，评估车辆在测试过程中的耐环境性、误操作防护和事故中对乘员的保护能力。

"能耗"维度主要参考了GB 18352.6—2016《轻型汽车污染物排放限值及测量方法（中国第六阶段）》对驾驶循环的要求部分、GB/T 18386.2—2022《电动汽车能量消耗量和续驶里程试验方法　第2部分：重型商用车辆》对能量消耗率和续驶里程测试方法部分、GB/T 32960.3—2016《电动汽车远程服务与管理系统技术规范　第3部分：通讯协议及数据格式》

对新能源汽车大数据监控评价部分，设置了"续驶里程""能量消耗率""充电效能"3 个重要指标。

"体验"包含了通过实车测试的"驾驶体验"和通过大数据分析获取的"耐用体验""质量体验""出行体验"四个重要指标。

2. 靠谱指数

众所周知，对普通消费者而言，现阶段纯电动乘用车无法与传统燃油车同步竞争的重要原因包括里程焦虑、充电焦虑、安全焦虑等方面，其中里程焦虑是消费端评价新能源汽车的一项重要指标，严重打击了终端消费者的购车信心。里程焦虑之所以产生，一方面与现阶段动力电池技术水平、充电基础设施完善程度密切相关，另一方面是工况续驶里程并不能真实反映各种路况条件下的实际续驶里程，即与实际情况耦合性较低。

目前纯电动汽车续驶里程测量标准有 NEDC、EPA、WLTP 三种。但是无论哪种测量标准，只是理论上更接近实际状况，并不能反映真实的续驶里程。基于此，新能源汽车国家大数据联盟借助新能源汽车国家监测与管理平台百万级的新能源车辆实时运行监管大数据，打造车型靠谱指数查询工具，从真实海量车辆实时运行的大数据的角度出发，解决困扰新能源汽车产业发展的里程焦虑问题。

车型靠谱指数是根据国家监管平台以百万级新能源汽车实时运行大数据为基础，针对各指标表现相对较好，结合市场销量以及消费者口碑满意度选择出的典型车型，公布相应车型的实际可行驶总里程、充电起始 SOC、快充时长等指标。

9.4.3 新能源车辆安全状态分析与应用

1. 动力电池系统故障分析

（1）应用背景

动力电池作为新能源汽车中重要的储能装置，近年来频发的动力电池系统危险故障加剧了电动汽车消费者的担忧。对动力电池系统进行故障诊断，明确故障类型，定位故障位置，避免故障发生，对新能源汽车汽车的稳定性提升有十分积极的作用。

（2）处理流程

本案例通过 3σ 多层次筛选算法，建立电压离群点检测模型，研究动力电池电压的变化规律和异常波动，并据此判定故障概率，最后与实车对应，将数据统计故障诊断结论转换成实际车辆故障诊断结论。

3σ 多层次数据筛选的主要作用是运用 3σ 准则，对无故障数据进行集中筛选。图 9-16 为高斯分布中心值附近不同分布区间内的概率密度，从图中可以看出，在 3σ 之外的概率之和只有不到 0.3%，因此在事件发生在 3σ 范围之外的概率非常之小。在多层次筛选算法中，给定一组中心值一致的数据，认为超过 3σ 范围的数据存在故障，在建立高斯分布时，高斯分布的中心位置应该减少这些故障数据的影响。因此在多层次筛选算法中，每一次筛选都会将数据组中超过 3σ 范围的数据剔除掉，并重新计算中心值。

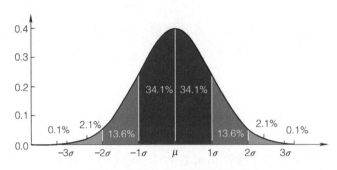

图 9-16　不同 σ 区域概率密度分布

（3）两种类型的故障定义

对大量同种车型车辆进行故障诊断，通过对这些车辆的大数据结果整合分析，在这里定义两种故障：

1）对于小部分车辆，某个不确定位置的电池单体电压经常超 3σ 范围，并且它们的故障频率通常超过90%。定义这种故障为偶然故障，原因为某些偶然的问题（如生产问题、意外情况）导致的该单体故障概率比较大，如图 9-17a 所示。

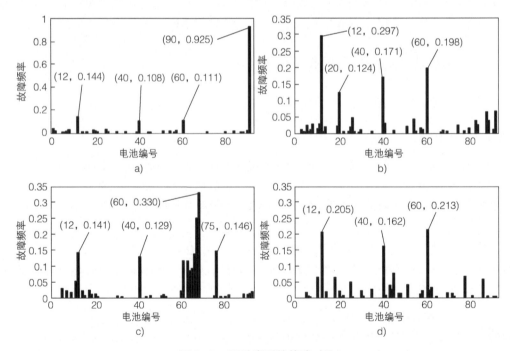

图 9-17　两种类型的故障对比

2）对于大部分车辆，有一个或几个固定的位置的电池单体，它们的故障频率低于35%，如图 9-17b、c、d 所示。这种故障的原因主要是设计缺陷和一些固有的系统问题。

2. 动力电池系统健康状态评估

（1）应用场景

动力电池的电压故障是动力电池主要故障之一，目前比较有效的电压故障预警管理办法非常少，尤其针对实际运行中的车辆，大多数方法仍是基于试验数据开展的研究。因此对电动汽车动力电池系统进行早期故障评估和预警研究是非常必要的。

（2）香农熵和 Z 分数

香农熵的概念是由香农在 1984 年提出来的，主要用来解决信息量化度量问题，目前被广泛应用在信息科学、图像处理等众多领域，其中主要用在对系统的混乱程度的描述。计算公式为

$$H(X) = -\sum_{i=1}^{n} P(X_i) \log P(X_i) \tag{9-3}$$

式中　$H(X)$——样本熵值；

　　　$P(X_i)$——在第 i 区间内的时间发生的概率密度；

　　　n——区间个数。

Z 分数也叫标准分数，在统计和金融领域具有风险预测的功能，是一个分数与平均数的差再除以标准差的过程。用公式表示为

$$Z = (x - \mu) / \sigma \tag{9-4}$$

式中　x——某一具体分数；

　　　μ——平均数；

　　　σ——标准差。

Z 的值代表原始分数和母体平均值之间的距离，是以标准差为单位计算的。在原始分数低于平均值时 Z 为负数，反之则为正数。标准分数可以表示一个给定分数距离平均数多少个标准差，在平均数之上的分数会得到一个正的标准分数，在平均数之下的分数会得到一个负的标准分数。

标准分数是一种可以看出某分数在分布中相对位置的方法。标准分数能够真实反映一个分数距离平均数的相对标准距离。如果我们把每一个分数都转换成标准分数，那么每一个标准分数会以标准差为单位表示一个具体分数到平均数的距离或离差。

为检测异常的电池单体，确定一个合理的实时检测和评估标准，建立基于 Z 分数的异常系数，计算公式如下：

$$A = \frac{|E - E_{\text{ave}}|}{\sigma_E} \tag{9-5}$$

式中　E——某一电池单体香农熵值；

　　E_{ave}——香农熵值平均值；

　　σ_E——香农熵值的标准差。

（3）电压预警处理

本案例是基于国家级新能源汽车监控管理与服务平台的数据展开研究的。

为了验证该方法的可行性、稳定性和可靠性，选择京 B1Y*** 的实车监控数据进行分析，如图 9-18 所示，所有数据都是来自于 NSMC-EV 的实车实时监控数据。京 B1Y*** 于

2016-09-09 的 09：50：16—10：10：16 发生了过电压报警（单体电压大于 3.6V，属于大数据平台二级故障）。分析故障发生前一小时和前一天的数据，并画出其电压曲线以及熵值曲线。图 9-18a、b 分别显示故障发生前 1h 的电压曲线和熵值曲线图 9-18c、d 分别表示故障发生前一天的电压曲线和熵值曲线。可以看出，71 号单体的电压发生了故障并具有异常变化，且熵值曲线变化异常，由此可以推断我们至少可以提前 1h 或者提前一天将发生异常的单体电池检测出来。

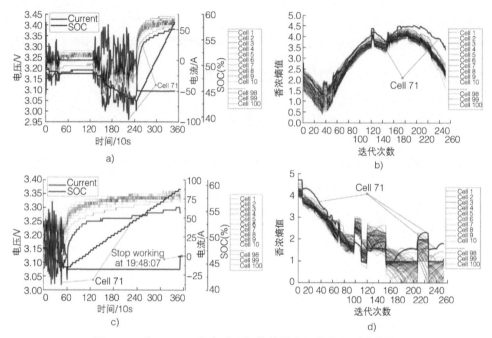

图 9-18　京 B1Y*** 发生过压报警前的电压曲线和香浓熵值

为实现精确的电压故障预测，我们从大数据平台提取了大量的实车监测数据，并对该方法进行了分析验证。通过试错法，根据异常系数 A 的值将电压健康状态实时评估和预警策略分为 3 个级别。

第 1 级：当所有的单体异常系数都符合 $|A| \leq 3.5$ 时，被检测车辆的动力电池电压无异常，是安全状态。

第 2 级：当任何一个单体的异常系数符合 $3.5 < |A| < 4$，被检测车辆的动力电池在二级预警状态，其中有异常电压但是暂时无电压故障风险。在这种情况下，继续观察几个小时，因为可能是车辆运行状态突变引起误报警。当电压异常系数下降到 $|A| \leq 3.5$ 时，二级预警消除。

第 3 级：当任何一个单体的异常系数符合 $|A| \geq 4$，被检测车辆的动力电池发出异常报警。该电池组检测到异常电压，若不及时采取过电压报警或欠电压报警等措施，有可能会发生电压故障或者热失控。

3. 新能源汽车安全预警平台

（1）应用背景

随着我国新能源汽车的保有量逐年增加，动力电池安全问题日益突出，加强车辆安全管理显得越来越重要，推进新能源汽车预报警分析研究势在必行。通过搭建新能源汽车安全预警平台，利用大数据实现对每一辆新能源汽车安全状态的监控，有助于加强企业政府之间的沟通，进而对新能源汽车推广过程中的安全问题起到防微杜渐的作用。

（2）新能源汽车安全全过程监管

新能源汽车安全预警平台主要在"事前安全预警、事中安全报警、事后事故分析"三个方向，对新能源汽车安全全过程监管。及时查找安全隐患，协助企业守护车辆安全。"事前安全预警"主要基于"熵值故障预警、压降一致性模型、波动性模型"等一系列模型，对车辆进行提前预警；"事中安全报警"通过 7×24h 实时统计上报故障信息对新能源汽车的安全问题进行实时监控；"事后事故分析"是利用模型对事故成因提供数据分析结果。

（3）"阈值 - 速率 - 模型"故障诊断体系

新能源汽车安全预警平台建立"阈值 - 速率 - 模型"故障诊断体系，在车辆端以"阈值 - 速率"为核心，实施故障判断与报警；在云端以"阈值 - 速率"为基础，实施复杂"模型"故障联合诊断与风险预警。企业在首页可概览值率阈值报警总数、单车的值率阈值报警数量、车型值率阈值报警数量，以及前一天值率阈值报警数量的排名。

预警模型主要基于时间维度、单体维度、短时瞬变性维度进行考虑。根据各模型分析结果，平台对单车进行综合评分。在企业本地部署安全预警平台，可实时监控车辆评分以及可疑单体，从整体上掌握车辆安全状况。对可疑单体下钻到模型图谱，精准定位电池单体问题所在，并提供技术指导服务和解决方案的落地实施。

9.4.4　新能源车辆行为分析

1. 新能源车辆充电行为分析

电动汽车作为一种特殊的负荷，它的充电行为具有随机性和间歇性。因此我们需要充分了解车辆充电行为的特点并在充电设施、电力调度上做出改善。利用大数据进行车辆充电行为分析，可以更好地得出车辆充电行为的变化特点，并进一步分析原因，在充电桩建设等方面做出改进。

（1）按季节分类不同时间段内充电车辆情况

以半小时为单位进行充电车辆数进行统计，每个季节充电高峰时段规律基本相当。充电时间集中在 20：30—03：00 和 12：30—16：00 两个时间段内，如图 9-19 所示。

春季由于气温比较适宜，驾驶不使用空调设备，驾驶员减少了对续驶里程的忧虑，充电开始 SOC 值在 0～20% 开始充电频率明显高于其他季节。由于冬季气温较冷，电池的损耗增加，驾驶员对车辆续驶里程的忧虑增加，在 SOC 为 50%～100% 开始充电频率明显高于其他季节，如图 9-20 所示。

（2）按季节分类每日充电开始时刻频率

如图 9-21 所示，按照半个小时分段统计显示，充电时长频率峰值出现在夜间 21：00—04：00 时间段内，中午 11：30—15：00 时间段也出现充电时长的小高峰，说明驾驶员会在中午进行短时补电。冬季和秋季在中午的高峰段内的频率略高于春季和夏季，冬季和秋季中午时段充电峰值开始的时间也略微比春季和夏季提前，间接说明冬季电动汽车充电需求更大。

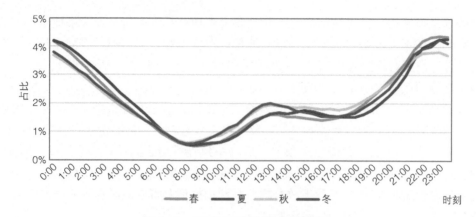

图 9-19　不同时间段充电车辆数情况

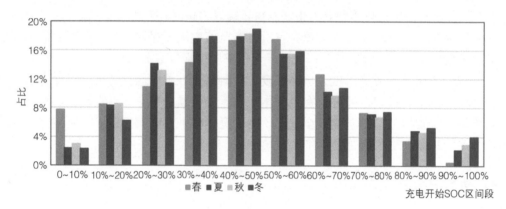

图 9-20　不同区间段充电开始 SOC 频率

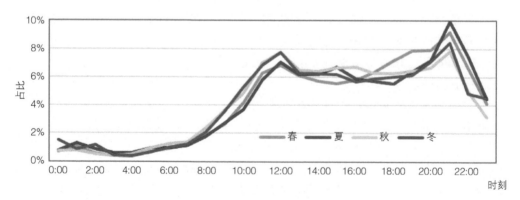

图 9-21　不同时刻充电开始时刻频率

2. 新能源车辆能耗预测

随着电动汽车的日益普及，能耗已成为电动汽车驾驶员、汽车制造商和决策者的一项关键性能指标。单车维度层面上，真实驾驶条件下的准确实时能耗预测对于缓解"里程焦虑"至关重要，并可为优化电池尺寸、节能路线规划和充电基础设施运行提供支持。宏观层面上，对电动汽车所需充电能量的大规模和高精度预测对于确保电动汽车的安全性和为电网负荷计算提供可靠的输入至关重要，基于实车大数据构建的数据驱动模型可以很好地解决这两类问题。

3. 新能源公交车充电调度

新能源公交车作为新能源汽车产业中推广应用最广泛、最有成效的领域之一，既是缓解城市交通压力的重要交通工具，又能实现零排放，减轻环境污染，逐渐转变为城市交通中的主力军。然而，随着公交线网的不断优化，新能源公交车数量也不断增加，公交车充电场站数量却并未与新能源公交车数量的增幅保持一致，城市公交充电难的问题从原来简单的专用电桩数量不足逐步转向更加复杂的专用电桩利用率不足问题。面对这种公交车辆充电需求快速增长引发的专用场站充电效率下降的问题，结合实车大数据，考虑公交车的运营时刻表，选取适合的充电模式，可以满足合理规划充电设施以及制定合适的智能充电调度策略的需求。

4. 新能源车辆驾驶行为分析

基于实车大数据，可以实现从驾驶行为的角度对纯电动汽车的能耗分析进行研究，通过建立驾驶行为识别模型、分析不同外界条件下的能耗影响因素、分析不同驾驶行为对能耗的影响、建立基于机器学习的生态驾驶行为评估模型，最终实现对纯电动汽车的生态驾驶发展提供建议。图 9-22 展示了不同驾驶行为发生次数与对应的能量消耗之间的关系。

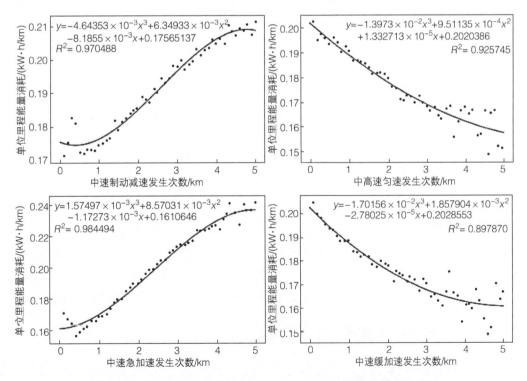

图 9-22 驾驶行为事件单位公里发生次数与单位里程能量消耗关系

9.4.5 新能源车辆动力电池状态估计

锂离子电池因其高能量和功率密度、宽工作温度范围和长循环寿命而被广泛用作新能源汽车的电源。由于电池运行过程中普遍存在的副反应，电池的健康状态（SOH）在其整个使用寿命期间会持续下降。不同的因素对电池容量或内阻有不同的影响。例如，低温会影响锂离子从负极的脱嵌能力，进而影响电池容量。精确测量电池的剩余电量对于确保电池系统的高效和安全运行至关重要。

由于新能源汽车电池的工作条件和一致性不同，电动汽车电池可能会有不同的老化路径，因此汽车制造商无法在使用电池之前建立准确而稳健的电池 SOH 估计模型。而借助大数据，可以通过数据挖掘提取对应的特征参数，建立对应的机器学习模型，实现动力电SOH 的高精度估计。目前，实际容量和内阻通常用作电池 SOH 的指标。

（1）基于内阻的动力电池健康状态估计

内阻的增加是电池 SOH 的一个重要指标，会严重影响电池性能。欧姆电阻可视为整体内阻，在实际运行的电动汽车中，欧姆电阻比电池容量更容易获得。图 9-23 所示为基于递归最小二乘法的动力电池欧姆内阻估计结果。

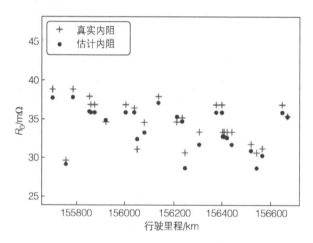

图 9-23　电池欧姆内阻的短期估算结果

（2）基于容量增量（IC）曲线的动力电池健康状态估计

在恒流充电条件下，对充电容量与其电压进行微分，电压曲线上的电压平台可以转化为 IC 曲线上易于识别的峰值。随着电压的增加，IC 曲线的演变很好地对应于锂嵌入和脱嵌过程中的相变。在不同的循环中导出的 IC 曲线的峰值位置、振幅和包络面积可以用来预测电池老化水平。将 IC 曲线峰值作为特征参数结合实车大数据，建立相关模型可以实现对动力电池健康状态的估计，图 9-24 所示为采用神经网络模型实现的 IC 峰值预测结果。

9.4.6 基于大数据的关键零部件安全特征数据库

结合关键零部件试验数据和实车运行大数据，通过对状态参数在时间、空间维度下的趋势性展开研究，可以实现关键零部件长时间维度、全生命周期中表征安全的特征向量提取方法的开发，构建关键零部件安全性能演化特征参数提取模型。结合理论研究基础与专家调研结果，提取关键零部件安全相关特征参数，构建关键零部件安全特征参数数据库，可以为新能源汽车安全特征分析研究提供研究对象，为关键零部件安全运行模式的提取提供支撑，如图 9-25 所示为安全特征数据库中的某款车型特定地域下动力电池温度在四种季节条件下的统计结果，在此基础上划定对应温度项的标准值。

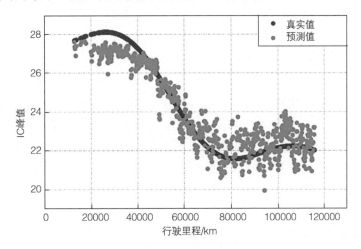

图 9-24　测试车辆的 IC 峰值预测结果

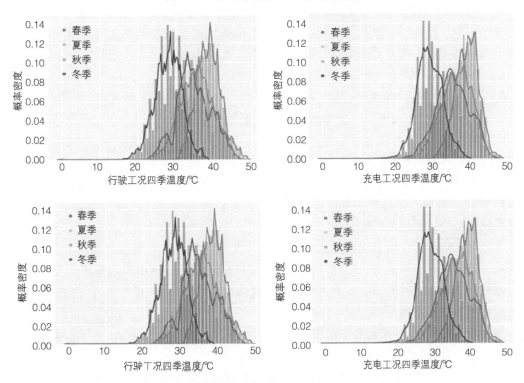

图 9-25　某款车型特定地域下动力电池温度分布

安全特征数据库的构建，能够促进新能源汽车在线故障诊断、风险防控技术的发展，对新能源汽车大数据应用示范及关键零部件产业升级也起到推动作用。

第 10 章 电动汽车的运维与管理

电动汽车在运行过程中，由于汽车内部机构的变化和受到外界各种条件的影响，车辆各部机构和零件必然逐渐产生不同程度的自然松动、磨损和机械损伤。如果不及时进行保养，电动汽车的动力性、机构的功能及机件的安全可靠性必然随之变坏，甚至会发生意想不到的损坏或事故。因此，必须对车辆进行维护和保养，预防不良现象的发生。另外，为实现电动汽车运行管理规范化，保证汽车运行和使用安全，有必要针对电动汽车应用过程中可能出现的各种问题制定相应的管理规范。本章将重点介绍充电站、更换设备、车辆维护、高压电气安全以及电动汽车运行安全保证的一般管理规范。

10.1 整车维护与保养

电动汽车使用过程中，为确保汽车正常行驶，必须对汽车进行日常维护。日常维护是发挥汽车效率、减少行车事故、节约维修费用、降低能耗和延长汽车使用寿命的重要环节，是每个驾驶员在开车前及行车中必须做到的，其主要内容包括：

1）检查转向、制动、悬架、传动等主要部件的紧固情况。

2）检查真空管道有无漏气现象。

3）检查驱动桥主减速器、转向机构、真空泵等有无渗漏油现象。

4）检查轮胎气压是否合乎标准，剔除嵌入轮胎花纹的渣石、铁钉等杂物。

5）按润滑表规定，按时按量对各润滑点进行润滑。

除日常维护外，车辆行驶一段距离后还要进行周期性的维护与保养，以保持车辆良好的运行状态。例如，每行驶 1000km 后在完成每日保养内容外还应检查蓄电池是否合格；电气系统各部绝缘阻值是否符合规定要求。

每行驶 3000km 后需紧固全车的各紧固件，尤其注意检查并紧固好转向拉杆，前、后桥悬架，驱动电机、传动轴、制动等系统的紧固件；轮胎换位；检查真空泵和助力转向系统。

每行驶 6000km 后需清洗、润滑各车轮轮毂轴承，并进行调整松紧度；检查调整前束值；检查调整各制动蹄片的间隙。

每行驶 12000km 后需查真空泵工作情况；检查转向系统工作情况；检查驱动电机等电器部分，并检查电线的紧固情况和各部位的绝缘情况。

若电动汽车长期停用，则需要经常清洗尘土和检查电动汽车外部，进行防锈和除锈；停驶一个月以上时，应将电动汽车架起，解除前、后悬架及轮胎的负荷；每月对蓄电池进行一次补充充电；每月检查一次电气仪表、制动、转向等机构的动作情况，检查各轮胎气压，发现不足时应补充充气。

10.1.1　关键零部件的维护与保养

动力电池系统、驱动电机系统、动力转向以及制动系统的性能严重影响电动汽车应用性能及安全性能。这些关键部件的维护与保养可有效延长电动汽车使用寿命，提高使用性能。

10.1.2　动力电池系统的维护与保养

动力电池系统由动力电池、电池箱以及电池管理系统构成。作为整车的动力源，动力电池对整车性能具有重要的影响。动力电池组具有高电压、强电流的特点，对其进行保护和检查非常必要。

动力电池需要每三个月或每行驶 5000km 后检测一次电池单体电压。每次更换电池时，均需要检查连接插头是否有磨损、松动、烧蚀等故障；每运行 10000km，需要对电池箱进行一次清理，并检查内外箱体及各个组成部件是否完好。

1. 动力电池箱体的检查

1）外箱的检查、维护。在安装内箱以前：

① 要检查极柱座橡胶护套是否齐全。

② 要检查极柱是否氧化，氧化面要使用 1500 目砂纸轻轻打磨，或使用棉布用力擦，将氧化层去掉。

2）要定期（一般为一个月）清理外箱灰尘。

3）极柱拉弧或打火烧蚀，要及时更换。

4）如果通信不可靠或 24V 供电电源不可靠，则要检查 CAN 线连接插头、24V 连接插头。

5）内箱检查。要检查极柱座是否连接可靠，高压有无打火烧蚀，要定期吸尘清洁。

2. 动力电池外箱体高压正负极端子检查

动力电池外箱如图 10-1 所示。

1）用兆欧表 500V 档测量各端子之间的绝缘阻值。要求当空气相对湿度 ≤ 90% 时，绝缘电阻应 ≥ 20MΩ；当空气相对湿度 > 90% 时，绝缘电阻应 ≥ 2MΩ。

2）用兆欧表 500V 档测量各端子与电池外壳之间的绝缘阻值。当空气相对湿度 ≤ 90% 时，绝缘电阻应 ≥ 20MΩ；空气相对湿度 > 90% 时，绝缘电阻应 ≥ 2MΩ。

3）目测高压极柱插头、极柱插孔是否有磨损、烧蚀等现象，并注意保护套等部件是否齐全。

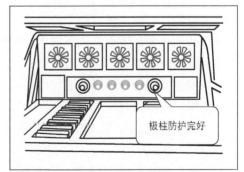

图 10-1　电池外箱

注意：①所有箱体内必须保持清洁，严禁任何杂物和污染，以防意外漏电；②检查滤网、冷却风扇等是否齐全、牢固。

3. 电池快换导轨检查

1）检查快换箱体导轨轴承是否缺失。
2）检查各轴承滚动是否顺畅，若不顺畅则应及时更换轴承。
3）检查导轨有无变形。

4. 机械锁检查

机械锁采用手动解锁装置，由解锁把手、解锁杆、锁口组成。
1）检查解锁把手是否转动平顺。
2）将解锁把手按下去，检查锁是否可以卡到正确的位置。
3）检查开锁、上锁是否平顺。

5. 高压中控盒电气安全检查

1）在推入动力电池箱之前，由具备资质的电工，将连接至中控箱的高压线束、动力电池输入电缆，从中控箱接插件口拔下，其他高压电缆从部件接插件口（如电动空调等部件接插件上）拔下，测量拔下的线束每一个高压端子与底盘之间的绝缘电阻，其阻值应大于 $20M\Omega$。

2）保持步骤 1）的状态，并保持连接至中控盒的低压线束接通，将动力电池推入电池舱后，将车辆钥匙扭至"START"状态，这时候测量所有高压线束端子处的电压，A 端子与 B 端子之间应为 400V 左右或无电压，且 A 为高电势，B 为低电势。

3）保持步骤 2）的状态，将车辆的暖风加热系统打开，在连接至 PTC 加热器的高压线束端子处的 A 端子与 B 端子之间应为 400V 直流电压，其中 A 为高电势。

4）以上步骤确认无误后方可将车辆钥匙扭至"OFF"，然后将步骤 1）拔下的插头依次插上，如发现步骤 1）~ 步骤 4）出现的现象有异常，则应在排除异常后方可继续进行。

6. 冷却液位

冷却液位必须定期检查，需注意以下事项：
1）补注时，应注意避免冷却液从备用水箱向外溢出。
2）若无必要，请不要取下副水箱注水口盖。
3）冷却液位应在电机降温后检查。
4）未经鉴定合格可用于增加冷却效果的防腐剂或添加剂，不得在冷却系统内使用。
5）用户应添加与车辆使用地区外界气温相对应的防冻液，防止冷却液冻结。
6）补注和更换冷却液时，不得使用井水和河水。若无法买到规定牌号的冷却液，则可使用软水和纯水。
7）补注和更换冷却液时，应使用正品发动机冷却液。假冒伪劣的冷却液往往不含防腐剂，因而有可能导致冷却系统零部件被腐蚀。

8）如果冷却液的浓度超过 60%，其比热特性就会降低，从而有可能引发电机过热现象。此外，如果浓度降低到 20% 以下，其防腐特性就会降低。因此，应根据具体工况将冷却液浓度调节为 20% ~ 60% 的范围内。

9）不得踩散热器盖。

10.1.3　驱动电机的维护与保养

1）每天开车前，检查水箱是否有防冻液，如防冻液太少或没有，则必须补充。

2）检查驱动电机及其控制器各固定点，检查螺栓是否松动。

3）检查驱动电机及其控制器可见线束及插件是否存在松动、老化、破损、腐蚀等现象。

4）每两个月检查电机本体及控制器水冷管道是否通畅，如果冷却水道有堵塞现象，则应及时清理堵塞物。

5）每半年检查清理一次电机本体及控制器的表面灰尘。清理方法：断开动力电源，用高压气枪清理电机本体及控制器表面灰尘。

注意：严禁用高压气枪直接对准控制器外壳上的"呼吸器"吹气，应用软毛刷进行清理。

6）电机轴承在一个大修周期内，不需要加油脂。当轴承发生故障时，须对电机解体，更换轴承。

7）当电机很长时间未用，建议测量电机的绝缘电阻。检查绝缘电阻时采用兆欧表 500V 档，其值不低于 5MΩ；否则，应对绕组进行干燥处理，以去除潮气。去除潮气的方法可采用下列方法之一：

① 用接近 80℃ 的热空气干燥电机，将热空气吹过静止、不通电的电机。

② 将转子堵住，在定子绕组施加 7 ~ 8V 的 50Hz 电压。

允许逐步增加电流直至定子绕组温度达到 90℃，不允许超过这一温度，不允许增加电压到足以使转子旋转。

在转子堵转下加热过程中，要极其小心以免损伤转子，维持温度为 90℃ 直到绝缘电阻稳定不变。

特别注意：开始时慢慢地加热是很重要的，这样使得水蒸气能自然地通过绝缘层而逸出。快速加热很可能使局部的蒸气压力增高到足以使水蒸气强行通过绝缘层而逸出，这样使得绝缘层遭到永久破坏。一般需要花 15 ~ 20h 使温度上升到所需温度。经过 2 ~ 3h 后，重新测量绝缘电阻。考虑到温度对绝缘电阻的影响，如绝缘电阻已达到 5MΩ，则电机的干燥过程可结束并可投入使用。

10.1.4　其他高压系统的维护与保养

高压系统需每三个月或每行驶 500km 后进行一次保养，即在对电池进行保养的同时，进行高压系统的保养。其他高压部件主要包括：车载充电机、DC/DC 变换器、高压电气盒、空调用电动压缩机总成。

新能源汽车的
高压安全

1）检查高压警告标记是否清晰且牢固。

2）检查表面是否出现腐蚀、损伤等。

3）检查安装点支架有无变形、损伤，安装螺栓有无缺少，并检查螺栓有无松动。

4）检查接插件是否连接可靠，有无松脱或者变形情况。

10.1.5　电气线束

（1）低压线束检查

检查低压线束是否布置整齐、捆扎成束，固定卡钉是否卡紧；检查接头连接是否牢固，检查低压线束插接器的外观有无破损、腐蚀等现象；穿越孔洞的线束若装有绝缘防磨套管，则应检查其是否固定可靠。

（2）低压电气熔丝盒检查

检查熔丝盒外观盒体是否有开裂、磨损、腐蚀、老化等现象；检查熔丝盒外部接插件与车身线束接插件插接是否牢固可靠；检查熔丝盒盖锁扣是否有效锁紧；检查熔丝盒与车身固定点是否固定可靠。

（3）高压线束检查

1）底盘线束离地面高度是否在安全范围内，或设有相应的走线槽以避免线束的剐蹭。

2）线束及保护波纹管外观是否存在破损、老化等现象，插接器是否有腐蚀现象。

3）各插接件连接是否牢固，其护套是否完好且无损。

4）高压插接器的锁止及互锁机构是否完好。

5）线束固定卡钉是否完好。

6）高压线束与运动件之间是否存在剐蹭的现象。

电动助力转向系统

10.1.6　动力转向系统的维护与保养

转向系统是汽车操纵的重要部件，应经常注意检查保养，否则一旦失灵，将会造成车毁人亡的事故。动力转向系统维护和保养的内容有：

1）定期检查转向间隙：方向盘回转 30mm 时，车轮必须转动，否则必须进行调整。

2）定期更换转动器润滑油（转动液压油）。

3）在换季保养和行驶 10000km 时要检查转向油罐的油位和管路接头的密封。

4）转向液压油的更换：

①顶起前桥至前轮离开地面。

②放油：旋出转向机的放油螺栓，取下油罐盖，启动电机并保持空转，使系统中的油在泵的驱动下从转向机放油螺栓孔中排出，经方向盘左、右两极限位置的多次转动，直到油液排净为止，然后重新装上放油螺栓并拧紧。

③注油：首先将注油罐注满油液，然后启动电机向系统内充油，同时向油罐中继续补充油液，直到油罐中无气泡上升，并且油面稳定在测试棒刻度以上 1～2cm，然后旋紧油罐盖。

5）滤芯更换：打开油罐盖，取出旧滤芯，放入新滤芯，重新装好油罐盖。

注意：换滤芯时必须重新更换油液。

6）转向机的转向压力在出厂时已经调好，调整螺钉不得擅自改动。若发现转向时方向盘明显沉重，请送维修站调整。

汽车制动系统

10.1.7 制动系统的维护与保养

（1）检查制动系统的密封性

对于采用气制动系统的电动汽车，气密性的检查非常重要，否则是很危险的。若数日没有使用的车辆，在开车之前必须检查。

1）气路系统的密封性：启动压缩机，储气压力达到 0.81MPa，关闭压缩机，观察双针压力表，在 10min 内压力下降不得超过 0.01MPa，如果超过则说明密封性不好，应进行检查。

2）制动系统的密封性：电机关闭，踏下制动踏板保持 3min，气压表的白针指示压力保持不变，说明密封性可靠。

（2）保养

1）要定期检查制动管路的密封性，使之处于良好的状态，若发现弯折、擦破、压扁的现象，应及时更换。

2）排出储气筒中的冷凝水：用手拉动储气筒下面的排水阀的拉环。如果排水阀被堵塞，就要把排水阀旋出，进行清理或更换。在旋出之前，要排出筒内的压缩空气，可利用多次踩动踏板的方法排出，否则会出现危险。

10.2 维护保养安全

汽车的保养周期
与保养项目

汽车的日常保养
与维护

10.2.1 高压安全操作原则

1）坚持"以人为本，安全第一"的原则，确保人身安全与系统安全。电动汽车的安全包括人身安全与系统安全。在制定安全防范措施时，人身安全是优先的。即使发生不可预见的事故、系统崩溃，也要保证人身安全。

2）从系统设计到部件选型、加工工艺、质量检验及维护等都应严格按有关电动汽车的国家标准和国际标准执行。

10.2.2 人员要求

1）电动汽车高压操作人员必须具有相应操作资质（如电工证等），严禁没有相应操作资质的人员对电动汽车高压系统进行操作。操作人员上岗前必须进行安全操作培训，严格执行安全操作规范。

2）操作人员上岗不得佩戴金属饰物，如手表、戒指等；工作服衣袋内不得有金属物件，如钥匙、金属壳笔、手机和硬币等。

3）操作人员不得把与工作无关的工具带入工作场地，必须使用的金属工具，手持部分应进行绝缘处理。

4）每次通高压电源之前，操作人员应检查各高压电器周边有无杂物，并通知无关人员远离上述部位，合闸时要高声提示。

10.2.3 维护要求

1）拆卸检修高压电器部件时应切断高压回路。

2）车辆长时间停放时，应每周检查一次动力电池状态，防止电池漏电、损坏。

10.3 充电站管理规范

10.3.1 充电员岗位规范

1）工作时间必须穿工作服，佩戴胸卡。

2）严格遵守充电操作规范和电池维护安装操作规范。

3）工作时，不准踩踏电池、不准坐在电池上。

4）电池零部件定点放置，不准随便丢弃。

5）工作时间不得擅自离开工作岗位，有特殊情况必须向上一级领导汇报。

6）工作中出现的各种异常情况必须向上一级汇报，不得擅自处理。

7）工作时间严禁闲谈，工作区内严禁吸烟。

8）充电前对电池电压情况进行测量，如发现电压、电池形状异常则应及时汇报。充电过程中，及时监测电池电压变化过程。

9）充电结束后，认真填写相关记录表格。

10）维护用具及设备在使用中负责到人，如在工作中发现重大事故隐患，则应及时向上级汇报，以得到有效处理。

11）每日结束工作前，整理工作区，以保证工作区清洁。

12）不准带与工作无关人员进入工作区。不准操作与本职工作无关的设备。

10.3.2 充电员充电操作规范

1）对于不同车型使用不同型号充电机，按照充电调度人员的安排进行车辆充电工作。

2）在车辆充电过程中，认真观察电池电压、电流等参数变化，出现异常及时关机并向上级汇报。

3）确认充电插头正负极后插接，确保插接安全可靠，两名值班充电员都确认无误后，开机充电。

4）正常充电前，必须确认充电机充电参数设定与车辆电池类型、电池参数相匹配。

5）充电开始前、结束后，认真填写相关记录表格文件。

6）充电结束后，必须先关充电机电源，再拔下充电插头。

7）充电结束，必须把充电线整理整齐，关闭锁好车辆门窗及电池舱口。

8）在充电过程中，不准擅自离开充电现场、不准在车箱内休息。

9）严格按照规定参数执行充电结束工作，不得擅自修改参数。

10.3.3 电池安装及更换操作注意事项

1）电池安装前的配组工作前提：电池必须处于相似的荷电状态。并联的电池，电压差小于 0.01V，内阻差小于 0.5mΩ；串联的电池，电压差小于 0.05V，内阻差小于 0.5mΩ。

2）更换电池前，必须严格检查电池状态，包括电池电压、内阻等参数，或根据电池充放电历史记录参数确定需要更换电池的位置参数，将测量结果报技术负责人，以确定具体处理方案。

3）电池安装及更换工作场地必须相对封闭，非工作人员不得入内。场地周边不得有易燃易爆及与工作无关的金属物品，各个工位之间的距离不得小于 2m。

4）连接电池前，用吹风机和吸尘器对电池表面灰尘进行清理，尤其必须清理极柱内的灰尘和金属屑。

5）电池间以铜编织线连接，首先用酒精溶液清洗，除去连接线表面污垢和树脂胶。

6）电池间连接采用规定的连接件及设备，不得擅自更改。

7）电池连线工作实行责任负责制，电池装配后，由检验员检验，并进行登记。

8）严禁在地面潮湿区域进行电池连接操作。

9）必须保证电池连接操作工具具有绝缘手柄或在手柄侧进行绝缘处理，与工作无关的工具不得带入工作场地。

10）操作人员上岗不得佩戴金属饰品，如手表、戒指等。工作服衣袋内不得有金属物品，如钥匙、金属壳笔、手机、硬币等。

10.3.4 锂离子电池充电操作规程

1）在充电前，必须检测电池包内单体电池的电压；单体电池并联的情况下，测量并联后电压的分布情况，在有条件的情况下，还应检测电池内阻的分布情况（用于确定电池的状态，包括电池是否有损坏、电池荷电状态及不一致性分布情况）。

2）如电池组电压高于 $3.95n$V（n 为串联电池数），则充电初始工作电流为 $0.05C$，电池组最高限压为 $4.18n \sim 4.20n$V。

3）若电池组电压范围为 $3.85n \sim 3.95n$V，则充电初始电流为 $0.1C$，电池组最高限压为 $4.16n \sim 4.19n$V。

4）若电池组电压低于 $3.85n$V，则充电初始电流为 $0.2 \sim 0.25C$，电池组最高限压为 $4.15n \sim 4.18n$V。

5）开始充电后，应立刻对所有电池电压分布情况进行测量，对在测量中电压超过 4.25V 的单体进行监控，对电压超过 4.30V 的单体进行重点监控。当有单体电压超过 4.40V 时，立刻停止充电，并按规定上报监控情况。

6）在充电过程中，电压测量间隙，用红外测温仪测试电池温度（包括电池表面和电池极柱温度）。若发现单体电池温度高于其他电池 5℃以上，则需要对此电池进行监控，超过 10℃时，则必须停止充电，并按规定上报监控情况；电池组温度超过 60℃时，必须停止充电，待温度降至 50℃以下后，重新开始充电。

7）充电终止电流应控制在 1~3A 范围内。

8）充电终止后，必须等待全部电池温度下降至室温才能关闭电池舱，结束充电工作。

9）充电结束后 5h，再次测量并记录所有电池开路电压，单电池电压低于全部电池平均电压 0.1V 以上者，考虑单独充电或更换电池。

10）充电过程中，发生任何意外情况都必须首先切断充电机电源，使发生问题的电池包尽快同其他电池断路，并使之与车辆脱离。

10.3.5　电动公交车调度监控室管理制度

1）为保证电动公交车调度监控室正常、安全运转，加强系统、设备的维护和人员的管理，制定本制度。

2）本室工作人员必须严格遵守管理制度、操作制度和有关电气安全操作规程，不允许在室内从事与工作无关的事情。

3）建立值班制度，严格遵守值班时间，执行交接班制度。值班人员必须定时检查室内计算机系统、网络设备、不间断电源系统（UPS）等运行情况，发现问题及时处理或上报。

4）本室值班人员必须认真、如实、详细填写《电动公交车调度监控室日志》，交班时必须向接班人员交代清楚一切关联工作事项，对重大事项必须让接班人员确认并签字。

5）严禁非本室工作人员未经同意进入机房，经同意进入的非工作人员不得随意操作计算机等相关设备。

6）所有进入本室的人员不得携带任何易燃、易爆、腐蚀性、强电磁、辐射性、流体物质等对设备正常运行构成威胁的物品。

7）禁止随意变动和摆放室内所有设备。各种设备的使用人员必须严格遵守操作规程，确保设备的正常运行和信息数据的安全；出现使用故障时，使用人员应及时报告，请专业人员排除。

8）不得在包括计算机在内的各种设备上私自装卸各种系统软件及常用软件，禁止私自登录互联网；一般情况下，不允许使用软盘、U盘或移动硬盘传递信息，如确实有特殊需要，须先进行病毒检测。

9）不得随意变动网络和通信设备的配置；网络设备应放置在通风、干燥的位置，需有防火、防盗措施；定期检查各种通信传输设备。

10）各类软件系统的维护、增删、配置的更改，各类硬件设备的添加、更换必须经调度监控室负责人同意后方可进行，并且进行详细登记和记录。

11）保持室内卫生，不得随地抛弃废物，严禁在室内吸烟或进行其他可能引起安全隐患的活动。

10.3.6 充电机安全操作规程

（1）充电设备开机前检查

1）检查充电站三相输入和直流输出线的连接插头是否可靠。

2）选择是否在电池管理模式下运行，根据电池特性设定合适的充电电压、单体限制电压和充电电流等参数，第一次设定好参数后无特殊情况请勿擅自改动以上参数，下次充电时能自动显示最近一次的充电参数。

3）若接触器、液晶屏显示、风扇等工作不正常，请勿开机，等待维修处理。

（2）充电设备运行中监控

1）密切监控充电机的运行状态，包括充电电流、充电电压和电池温度，如带电池管理系统还须检测单体电压变化。

2）电池接近饱和后电压上升较快，请密切观测并及时停机。充电时如发现异常请立即停机处理，记录故障现象并及时反馈给充电技术人员，待相关人员处理。

（3）注意事项

1）避免充电机带病运行，如发现充电机内部响声异常、电流电压显示异常、机内有不正常气味或烟雾产生、液晶显示异常、各信号指示灯显示异常等请立即停机处理，以免造成更多的元器件损害。

2）按键操作时请勿用力过大，严禁用硬物涂刮充电机外壳和液晶屏。

3）充电机外壳应用电缆良好接地，充电过程中严禁靠近充电机和电池，禁止在充电过程中突然断开电源或负载电源插头。

4）因充电机属大功率设备，主要靠强迫风冷散热，充电时确保其周围通风正常，并定期检查风扇是否工作正常。

5）如遇雷雨天气，为保护充电机不受损害，建议停止充电。如遇下雨天气过后充电，因空气湿度较大，请将充电机先接通电源，待里面工作 30min 后才能开始充电。

6）如充电机在运行过程中发生异常，应将同属于该充电架上的其他充电机全部停机，切断该充电机架的三相电源总开关后才能取下维修。严禁非专业人士拆开充电机，所有操作人员及维修人员需进行专业培训后才能上岗，为避免充电机电容剩电危及人身安全，故障发生后应过 15min 才能拆开充电机维修且维修时应做防静电措施。

7）充电机应安装在无阳光直射、无漏雨、附近地面有绝缘处理的地点，并且充电机须为非移动式，严禁在充电机上堆放其他物品，充电现场应配备相应的灭火器材。

10.3.7 手工更换电池安全操作规程

1）公交车停车到位，打开电池舱门，打开开锁电源开关。

2）更换前车电池：

①用叉车从充电架上取下已经充好电的电池，调换至手推车上。

②用手推车从车中取出相对应的需要更换的电池。

③把充好的电池装入车中。

④把从车中取出的需更换的电池装入充电架，锁好。

⑤重复上述①~④步更换另一组电池。

⑥检查所换电池是否已锁止。如若锁止，则关上电池舱门并挂上挂勾，锁好。

⑦前车更换完毕。

3）更换后车电池：

①用手推车从充电架上取下已经充好的电池。

②用手推车从车中取出相对应的需要更换的电池。

③把充好的电池装入车中。

④把从车中取出的需要更换的电池装入充电架，锁好。

⑤重复上述①~④步更换另两组电池。

⑥检查所换电池是否已锁止，如若锁止，关上电池舱门并挂上挂勾，锁好。

⑦后车更换完毕。

4）更换结束，关掉开锁开关。

5）公交车开出。

6）使用叉车时的注意事项：

①叉车驾驶员应经过专门的操作培训。

②使用叉车取装电池时操作员至少3人，1人驾驶叉车，2人在叉车上取、装电池。

③叉车驾驶员应谨慎驾驶，上升、下降要平稳，上下左右对位要准要稳，保证电池安全、顺畅地装取。

④叉车上的操作人员要站稳抓好，防止自身和电池的跌落。

7）使用手推车时的注意事项：

①使用手推车取、装电池时操作人员至少2人，1人手推，1人在旁扶住电池。

②取、装电池时，手推车和车辆、充电架的对位要准。

③要保证手推车上的电池锁好，以防止电池甩脱。

④装电池时要轻而且要保证电池锁紧。

8）在手动操作时，旋转前必须把缸和托盘缩回到位（如果缸没有缩到位即旋转，将会导致电池和电动汽车相撞）。

10.4 更换设备管理规范

10.4.1 快换机器安全操作规程

1）操作人员应持证上岗，熟识国家有关用电安全规定和触电急救法。

2）工作中操作人员必须穿绝缘鞋，在潮湿区域工作时应注意做好安全措施。

3）操作人员要经常检查工具的绝缘情况，正确使用各种仪器、仪表。

4）操作前安全注意事项：

①确认车辆已经停在指定的位置。

②打开车辆电池箱盖，检查电池盒外观，开启车辆尾部低压电源。

5）机器人操作安全注意事项：

① 两人操作，一位操作人员，一位监护、检查人员。

② 确保机器人作业时机器人作业范围内不得有其他任何人员（除必要的工作人员外）。

③ 任何人不得在机器人与车辆、机器人与电池架之间行走（紧急情况除外）。

④ 机器人前后移动时，操作人员必须给监护人员口令并得到监护人确认后，方可移动机器人。

⑤ 确认车上电池盒电磁锁已经锁好，关电池箱门，挂好电池箱门的保险绳，关上自动解锁电源，关上车辆后门。

⑥ 确认电池架上电池安装稳固。

⑦ 对机器人运行程序的修改，必须先做试运行再做实际操作。

⑧ 严格按照规定维护保养机器人，记录机器人工作记录，发现问题及时汇报。

6）更换电池注意事项：

① 严格避免带电接近高压电极。

② 在维护电池、电池盒前必须切断电源。

③ 确认车辆、电池架上电池安装稳固。

7）用手推车更换电池时必须双人操作，必须确认电池稳固地安装在车辆上或者电池架上。

8）架上取电池前，托盘必须全部缩回到位，设备停在 0° 或者 180° 位置，工作托盘上不能有电池。

9）机器人左右移动前需要把托盘和缸缩回到位，高度不超过 300mm。

10）其他安全注意事项：

① 对车辆进行更换电池或者电池盒维护保养之前，确认车辆停稳，并在作业车辆前放置"停车牌"。作业完毕后，驾驶员签字确认，然后移开"停车牌"。

② 留意往来车辆。

③ 严格按照消防安全指引作业。

10.4.2　快换机器日常例检及维护安全操作规程

1）设备操作人员必须进过培训考核合格后方可独立操作设备。

2）设备纳入正常管理，按时进行例保、安保、小修、大修。

3）每日每班操作前必须对机器人做检查和保养（对丝杠和缸加注润滑）、擦拭。

4）设备操作人员需按设备使用说明书和安全操作规程要求对设备进行操作，按设备润滑图表要求，按时、定质、定量地对设备进行润滑保养。

5）操作人员每日开机前必须认真巡视设备，检查设备上各紧固件是否有效，作用良好，各运动副上无异物，液压站油位是否正常，并检查设备是否处于初始状态。

6）在使用设备过程中应注意观察压力表的示数是否符合要求；液压站工作时是否有异声，液压油温度是否正常（不高于 65℃）；数字油缸是否工作稳定、准确。一旦发现异常必须马上按正常停机程序停机，并通知有关人员到场判断故障，以便及时检修设备。

7）使用后，要求按停机程序进行操作，使设备处于初始状态。

8）认真擦拭设备（擦拭设备前须先切断电源），切断电源后方可离开设备。

10.5 车辆维护规范

（1）高压线端子、线束

需要重点维护的高压线端子、线束有：电池外箱高压连接线、电机控制器接线端子、开关箱内高压接线端子、断路器箱内高压接线端子；DC/DC 变换器及 DC/AC 变换器内高压接线端子、空调高压输入接线端子、油泵电机和气泵电机接线盒内端子。

（2）电池箱插接件及电池

以下各处需重点维护：电池箱高压接线柱清洁度、平面接触度、温度传感器、接触电阻，电池箱通信接插件，动力电缆、通信线束及接插件防水防尘及绝缘，电池舱烟雾传感器，电池箱温控风扇，电池箱内及电池单体温度传感器。

（3）整车控制器与显示终端（显示仪表）

整车控制器与电机及控制器、电池系统及能量管理系统正常通信检查；显示仪表与各系统正常通信及故障显示；故障声光报警系统。

（4）电机及控制器

电机及控制器机体绝缘，动力电缆、通信线束及接插件防水防尘及绝缘，温度传感器与温控风扇检查。

（5）高压部件安装

电池外箱、电机控制器、开关箱、断路器箱、DC/DC 变换器、DC/AC 变换器、空气压缩机、转向油泵、电机与变速器、空调系统等的安装需格外注意。

（6）气泵、油泵、转向、驻车制动

调整制动踏板行程，检查制动总泵传动连接杆是否松动，检查气泵工作压力范围（0.7～0.85MPa）内气泵停机时干燥器是否排气，（原地转方向）检查转向油泵是否正常，驻车制动是否有效。

（7）部件润滑及气路

各个润滑部件加油，检查变速器油位、气泵油位、转向油泵油位、轮胎气压、空气悬架、开关客门及气路系统有无漏气。

（8）安全装置及设施

检查灭火器、应急客门开关、逃生窗、安全锤。

（9）紧固轮胎螺栓、传动轴螺栓

（10）高压电器部件绝缘电阻的测试

10.6 高压电气安全技术与使用规范

（1）高压电气系统

高压电气系统包括动力电池组、电机与控制器、动力转向油泵电机、空调压缩机电机、车厢电暖气、暖风除霜器、电源变换器等。

动力电池组分别采用锂离子电池和铅酸电池。额定电压 388V，锂离子电池容量 600A·h，单只电池 3.6V/200A·h，3 只并联为一组，108 组串联。铅酸电池容量 255A·h，由 32 只 12V/85A·h 铅酸电池串联为一组，3 组并联。全车电器的输入电源均为动力电池组。

（2）安全措施

1）坚持以人为本，安全第一的原则。电动汽车与其他乘用车一样，都是运送乘客的交通工具。但是，电动汽车的安全问题更为重要，它关系到电动汽车的命运。其他很多车辆同样存在安全问题，例如：内燃机车辆的油箱和气罐、天然气瓶；无轨电车、地铁、轻轨的供电系统和控制器，都存在至关重要的安全问题，关键是如何防范，如何将危险程度降至最低。那些商品化的车辆在生产和使用过程中不断完善安全措施，而且仍在不断改进。电动汽车若想与其他车辆并驾齐驱，安全问题必须从源头做起，提高设计质量、完善工艺流程，处处体现安全第一的原则。

2）确保人身安全与系统安全。电动汽车的安全包括人身安全与系统安全。在制定安全防范措施时，人身安全是优先级最高的。即便发生不可预见的事故、系统崩溃，也要保证人身安全。系统安全也很重要，没有一个安全可靠的系统支持，电动汽车还不如一驾马车。因此，建立健全一整套闭环监测控制系统是完全必要的。有条件时可配置备用系统，发生故障可以自动切换，使系统安全万无一失。

3）参照有关电动汽车的国家标准和国际标准，从系统设计到部件选型、加工工艺、质量检验都按相关标准执行。

（3）安全装置

1）蓄电池分组串联，每组电压不大于 96V 并配有熔断器，发生意外短路时可切断电池之间的连接。

2）动力电池组的输出端装有直流接触器，受控于驾驶员和安全检测讯号。发生故障时，可手动或自动切断动力电源。

3）车用电器与电池组之间有过电流自动分断的快速开关，驾驶员也可以执行手动闭合与分断的操作。当负载电流大于快速开关的设定电流时，可自动切断电源。

4）各分路用电器分别串联快速熔断器和接触器，用电器发生过电流或短路时，熔断器自动分断。驾驶员不直接操作高压电器，所有开关均为低压控制。

5）无论是锂电池还是铅酸电池，均需安装信息采集和冷却风扇自动控制系统。每只电池电压、每个电池箱温度、总电压、总电流、剩余电量均可通过仪表板显示器实时显示。电池组采用双线制连接。无论是用电器还是电缆与车身之间都必须绝缘。所有用电器的工作状态均通过 CAN 总线输入整车控制器，通过显示器分级显示和报警，提示驾驶员执行安全操作指令。

6）充电安全装置。当充电插头插入车载充电插座时，可自动闭锁电机控制器，使车辆不能开动。

7）控制电源故障监测。低压电源由 24V 蓄电池和 DC/DC 变换器组成，为全车低压电器和电机控制器提供电源，一旦发生故障，就会造成车辆停驶。因此，随时监测其工作状态十分重要。故障监测通过多能源管理系统显示器、声光报警提示驾驶员及时采取措施。

（4）整车安全存在问题及解决方案

电动汽车的动力电池组，安装在客车中下部，当车身两侧遭严重碰撞时，电池箱门变形凹进，将"电池极柱"短路，短路电弧可引发火灾。

1）主动防撞。在电池箱位置预留缓冲空间、安装防撞立柱；箱门内侧粘附绝缘层。即使发生严重碰撞，也可防止电池短路。

2）被动防范。电池箱必须能够快速拆装。电池箱周边必须使用阻燃材料，在电池箱内安装"红外传感器""烟雾报警器"。当发生火灾时，温度过高或烟雾太大都能显示报警。

3）车身安装"加速度传感器"。当发生意外碰撞时，"传感器"信号经"多能源管理系统"自动切断动力电源；同时声光报警，提示驾驶员迅速停车，打开车门疏散乘客。

4）动力电池漏电检测报警装置。监测动力电池组的正、负极对车身的绝缘和漏电电流，超过设定值时可通过"多能源管理系统"显示器报警。

10.7　电动汽车运行安全保证工作预案

1）车辆行驶过程中，若驾驶员发现车辆异常或故障影响行车，则首先应在安全区域停车，切断主电源，打开车门，使乘客及时下车保证乘客人身安全。在车门无法正常开启的情况下，采用放气阀放气的方法保证乘客安全下车。同时通知调度人员，安排抢修和救援。车辆内发现异味或烟火等险情时，在保证乘客安全的情况下，利用车上装备的灭火装置灭火。

2）雨雪天行车时，除加强绝缘测量外，在行车过程中，必须注意车辆涉水深度限制，不贸然涉水行驶。如发生车辆漏电情况，则必须停止车辆行驶，切断车辆主电源。

3）车辆充电过程中，密切关注电池电压、电流等参数变化，如出现参数异常，超出充电技术参数最大限制，则应立即停止充电过程，并及时汇报。如发现异味、电池燃烧等情况，则应立即切断电源，利用灭火设施灭火，并尽快使发生故障电池组与车辆分离。

4）电动汽车绝缘测量的规定：

① 凡参加运营的电动汽车，每天至少测量一次总绝缘电阻。

② 测量时间：回厂车在当天晚上停车后至次日发车前，停外站车必须在每天2点以前测量总绝缘电阻。如夜间有雨，则应根据雨情和车辆的绝缘情况，考虑早晨发车前再对所有运营车测量一次总绝缘或泄漏电流。

③ 测得的电动汽车总绝缘值或泄漏电流值，必须填写"高压电器绝缘电阻测试"（表10-1），并由当班负责人检查、核实、签字，要保证做到在绝缘方面不漏测一辆车。

表10-1　高压电器绝缘电阻测试

仪器：FLUKE 兆欧表 500V 单位：MΩ	车号：　　　　测量人：　　　记录人：
电机控制器高压 + 对机箱壳体（基本绝缘）	电机控制器高压 - 对机箱壳体（基本绝缘）
电机控制器高压 + 对车身（附加绝缘）	电机控制器高压 - 对车身（附加绝缘）
主电机绕组对电机外壳（基本绝缘）	主电机绕组对车身（附加绝缘）
控制器开关箱高压 + 对机壳（基本绝缘）	控制器开关箱高压 - 对机壳（基本绝缘）

（续）

仪器：FLUKE 兆欧表 500V 单位：MΩ	车号： 测量人： 记录人：
（DC/DC 变换器、DC/AC 变换器）高压 + 对车身（附加绝缘）	（DC/DC 变换器、DC/AC 变换器）高压 + 对车身（附加绝缘）
（气泵）DC/AC 变换器高压 + 对机壳（基本绝缘）	（气泵）DC/AC 变换器高压 − 对机壳（基本绝缘）
（油泵）DC/AC 变换器高压 + 对机壳（基本绝缘）	（油泵）DC/AC 变换器高压 − 对机壳（基本绝缘）
DC/DC 变换器高压 + 对机壳（基本绝缘）	DC/DC 变换器高压 − 对机壳（基本绝缘）

注意：电机控制器、开关箱、电机和变速器外壳与车身做绝缘检测后一定要放电（用导线将上述部位与车身金属部分短路）。

附录 典型车型及参数

附录 A 电动乘用车

A.1 北汽北京 EU7

北汽北京 EU7（图 A-1）是达尔文系统首款 B 级纯电动轿车，定位纯电中级车，拥有超过 500km 的续驶里程，共推出 3 款车型。北汽北京 EU7 在外观方面采用了封闭式格栅设计，与下方两侧点阵式设计的包围，"C"字型日间行车灯设计，显得极为前卫。北京 EU7 搭载了北汽新能源自主研发的永磁同步电机，其最大功率 160kW、最大转矩 300N·m。在 EMD3.0Pro 智能电动的加持之下，使得整车动力输出更强，且拥有三档动能回收可调。北汽北京 EU7 具体参数见表 A-1。

表 A-1 北汽北京 EU7 具体参数

参数名称		参数
基本参数	长 × 宽 × 高 /mm × mm × mm	4815 × 1835 × 1528
	轴距 /mm	2810
	轮距 /mm	前轮：1570；后轮：1578
	乘员数	5
	最高车速 /（km/h）	155
	整备质量 /kg	1725
	等速续驶里程 /km	475
	能量消耗率 /（kW·h/100km）	14.5
	加速时间 /s	8.4（0 → 100km/h）
	充电方式	快充：0.5h；慢充：10h
电机参数	电机布局	前置
	电机种类	永磁同步
	峰值功率 /kW	160
	电机总转矩 /N·m	300
电池参数	电池种类	三元锂电池
	电池容量 /kW·h	60.7
	单体比能量 /（W·h/kg）	190.1
	电池冷却方式	液冷

图 A-1　北汽北京 EU7

A.2　比亚迪秦 PLUS EV

2021 年发布的比亚迪秦 PLUS EV（图 A-2）纯电动车型搭载了刀片电池，自同年起，比亚迪旗下全系纯电动车型开始全面搭载刀片电池，并全面启用针刺测试作为企业标准。针刺测试模拟了电池的内短路，极易触发热失控。热失控是动力电池爆燃的根本原因，而刀片电池是目前全球唯一一款可以安全通过针刺测试的动力电池。比亚迪秦 PLUS EV 具体参数见表 A-2。

表 A-2　比亚迪秦 PLUS EV 具体参数

	参数名称	参数
基本参数	长 × 宽 × 高 /mm × mm × mm	4765 × 1837 × 1515
	轴距 /mm	2718
	轮距 /mm	前轮：1580；后轮：1580
	乘员数	5
	最高车速 /（km/h）	130
	整备质量 /kg	1580
	等速续驶里程 /km	400
	能量消耗率 /（kW·h/100km）	12
	加速时间 /s	5.5（0 → 50km/h）
	充电方式	快充：0.5h（80%）
电机参数	电机布局	前置
	电机种类	永磁同步电机
	峰值功率 /kW	100
	额定 / 最大转矩 /N·m	180
电池参数	电池种类	磷酸铁锂刀片电池
	电池容量 /kW·h	47.5
	单体比能量 /（W·h/kg）	140
	电池冷却方式	液冷

图 A-2 比亚迪秦 PLUS EV

A.3 吉利帝豪 EV

吉利帝豪 EV（图 A-3）是吉利上市的首款纯电动车型，于 2015 年 11 月 18 日广州车展前夕正式宣布上市。外观方面，帝豪 EV 沿用了汽油版车型的外观设计，仅在细节方面进行了调整，新车的前部进气格栅采用了蓝色家族式盾形设计，前保险杠下部格栅增加了蓝色装饰条，车身两侧添加了蓝色风格的拉花装饰，同时还在翼子板及油箱盖位置增加了凸显其身份的 EV 标识。动力方面，帝豪 EV 使用了高性能的三元锂电池，电池容量为 52.7kW·h，发电机的最大功率为 150kW，最大转矩 240N·m，最高车速可达 150km/h。吉利帝豪 EV 具体参数见表 A-3。

表 A-3 吉利帝豪 EV 具体参数

	参数名称	参数
基本参数	长 × 宽 × 高 /mm × mm × mm	4755 × 1804 × 1530
	轴距 /mm	2700
	轮距 /mm	前轮：1500；后轮：1552
	乘员数	5
	最高车速 /（km/h）	150
	整备质量 /kg	1535
	等速续驶里程 /km	421
	能量消耗率 /（kW·h/100km）	14.5
	加速时间 /s	7.7（0 → 100km/h）
	充电方式	快充：0.5h；慢充：9h
电机参数	电机布局	前置
	电机种类	永磁同步
	峰值功率 /kW	150
	电机总转矩 /N·m	240
电池参数	电池种类	三元锂电池
	电池容量 /kW·h	52.7
	单体比能量 /（W·h/kg）	160.35
	电池冷却方式	液冷

图 A-3　吉利帝豪 EV

A.4　特斯拉 Model S

特斯拉 Model S（图 A-4）是由 Tesla 汽车公司制造的全尺寸高性能电动轿车。外观造型方面，该车定位一款四门 Coupe 车型，动感的车身线条使人过目不忘。此外在前脸造型方面，该车也采用了自己的设计语言。动力方面，特斯拉 Model S 提供 100kW·h 的电池，最长续驶里程达到 715km。充电方式上，该车可以选择传统插座充电和充电站充电两种方式。特斯拉 Model S 具体参数见表 A-4。

表 A-4　特斯拉 Model S 具体参数

参数名称		参数
基本参数	长 × 宽 × 高 /mm × mm × mm	4979 × 1964 × 1445
	轴距 /mm	2960
	轮距 /mm	前轮：1662；后轮：1700
	乘员数	5
	最高车速 /（km/h）	250
	整备质量 /kg	2089
	等速续驶里程 /km	715
	能量消耗率 /（kW·h/100km）	17.3
	加速时间 /s	3.2（0 → 100km/h）
	充电方式	快充：1h；慢充：10h
电机参数	电机布局	前置 + 后置
	电机种类	前永磁同步 / 后交流异步
	电机总功率 /kW	493
	电机总转矩 /N·m	720
电池参数	电池种类	三元锂电池
	电池容量 /kW·h	100
	单体比能量 /（W·h/kg）	300
	电池冷却方式	液冷

图 A-4　特斯拉 Model S

A.5　宝马 i3

2011 年 2 月，宝马汽车在其德国总部发布了旗下全新的子品牌宝马 i，这是宝马集团继宝马、MINI 和劳斯莱斯之后，最新的第四品牌。在 i 品牌发布不久，宝马即推出了 i8 与 i3（图 A-5）两款车型，但这两款车型在全球销量表现平平。为了更好地响应中国市场客户的期望和需求，2022 年，宝马集团基于其 CLAR 模块化平台研发了新款 i3，新款 i3 采用了第五代 BMW eDrive 电驱动技术，最高输出功率 250kW，最大转矩 430N·m，仅凭单电机驱动，新款 i3 的 0→100km/h 加速用时即可达 5.6s。新款宝马 i3 具体参数见表 A-5。

表 A-5　新款宝马 i3 具体参数

	参数名称	参数
基本参数	长 × 宽 × 高 /mm×mm×mm	4872 × 1846 × 1481
	轴距 /mm	2966
	轮距 /mm	前轮：1593；后轮：1581
	乘员数	5
	最高车速 /（km/h）	180
	整备质量 /kg	2087
	等速续驶里程 /km	592
	能量消耗率 /（kW·h/100km）	14.1
	加速时间 /s	5.6（0→100km/h）
	充电方式	快充：0.68h；慢充：7.5h
电机参数	电机布局	后置
	电机种类	同步电机
	峰值功率 /kW	250
	电机总转矩 /N·m	430
电池参数	电池种类	三元锂电池
	电池容量 /kW·h	79.05
	单体比能量 /（W·h/kg）	140
	电池冷却方式	液冷

图 A-5　宝马 i3

A.6　大众 ID.3

　　ID.3 为大众汽车基于旗下电动车模块化平台（MEB 平台）推出的首款量产车型，并在上汽大众领先的安亭新能源汽车工厂进行国产化生产。大众 ID.3（图 A-6）除了标配有 18 寸轮胎、无钥匙起动 / 进入、远程起动、10in 中控液晶大屏和全液晶仪表盘等常见的实用配置外，还配备有主动闭合式进气格栅、车内氛围灯、自动空调和 L2 级智能辅助驾驶系统等在内的高端智能配置，这证明了大众品牌在电气化转型道路上的决心。大众 ID.3 具体参数见表 A-6。

表 A-6　大众 ID.3 具体参数

参数名称		参数
基本参数	长 × 宽 × 高 /mm × mm × mm	4261 × 1788 × 1568
	轴距 /mm	2765
	轮距 /mm	前轮：1548；后轮：1525
	乘员数	5
	最高车速 /（km/h）	160
	整备质量 /kg	1960
	等速续驶里程 /km	450
	能量消耗率 /（kW·h/100km）	13.1
	加速时间 /s	3（0 → 50km/h）
	充电方式	快充：0.67h（80%）；慢充：8.5h
电机参数	电机种类	永磁同步电机
	峰值功率 /kW	125
	额定 / 最大转矩 /N·m	310
	电机布局	后置
电池参数	电池种类	三元锂电池
	电池容量 /kW·h	57.3
	单体比能量 /（W·h/kg）	170
	电池冷却方式	液冷

图 A-6　大众 ID.3

A.7　比亚迪唐 EV 2022 款

比亚迪唐 EV 2022 款是比亚迪于 2022 年 6 月推出的一款纯电动 SUV，如图 A-7 所示。在动力方面它有两驱版本和四驱版本，这两个版本分别提供了 600km 与 730km 两种续驶里程选择，而四驱版本也能达到 635km 续驶里程。比亚迪唐 EV 2022 款具体参数见表 A-7。

表 A-7　比亚迪唐 EV 2022 款具体参数

参数名称		参数
基本参数	长 × 宽 × 高 /mm × mm × mm	4900 × 1950 × 1725
	轴距 /mm	2820
	轮距 /mm	前轮：1650；后轮：1630
	乘员数	7
	最高车速 / (km/h)	180
	整备质量 /kg	2360
	等速续驶里程 /km	600
	能量消耗率 / (kW·h/100km)	15.7
	加速时间 /s	3.9（0 → 50km/h）
	充电方式	快充：0.5h（80%）
电机参数	电机种类	永磁同步电机
	峰值功率 /kW	168
	额定 / 最大转矩 /N·m	350
	电机布局	前置
电池参数	电池种类	磷酸铁锂刀片电池
	电池容量 /kW·h	90.3
	单体比能量 / (W·h/kg)	147
	电池冷却方式	液冷

图 A-7　比亚迪唐 EV 2022 款

A.8　蔚来 ES8

蔚来 ES8（图 A-8）是蔚来汽车于 2017 年 12 月正式上市的一款中大型电动 SUV 车型。ES8 外观采用 X-Bar 前脸和"心跳曲线"LED 尾灯等蔚来家族设计语言。ES8 支持换电模式，为用户带来超越燃油车加油的能量获取体验。ES8 由全铝合金车身和底盘打造，全系标配主动式空气悬架，搭载前后双电机，采用四轮驱动。蔚来 ES8 具体参数见表 A-8。

表 A-8　蔚来 ES8 具体参数

	参数名称	参数
基本参数	长 × 宽 × 高 /mm×mm×mm	5022×1962×1756
	轴距 /mm	3010
	轮距 /mm	前轮：1668；后轮：1672
	乘员数	6/7
	最高车速 /（km/h）	200
	整备质量 /kg	2425
	等速续驶里程 /km	450/580
	能量消耗率 /（kW·h/100km）	21
	加速时间 /s	4.9（0→100km/h）
	充电方式	快充：0.6/0.8h；慢充：11.5h/14h
电机参数	电机布局	四驱
	电机种类	前永磁同步 / 后交流异步
	峰值功率 /kW	180/300
	电机总转矩 /N·m	850
电池参数	电池种类	三元锂 + 磷酸铁锂
	电池容量 /kW·h	75/100
	单体比能量 /（W·h/kg）	142.1/185.44
	电池冷却方式	液冷

图 A-8 蔚来 ES8

A.9 一汽红旗 E-QM5 2022 款

一汽红旗 E-QM5 2022 款（图 A-9）定位于纯电动中型车，承继了新红旗"尚致意"设计语言，并进行了电动化、科技化的加持和改进。与此同时，红旗还推出了"绿色旗迹"计划，以进一步丰富客户的绿色出行体验，为红旗以 E-QM5 为核心的绿色低碳出行生态建设，增添更丰富的权益和更强劲的推动力。一汽红旗 E-QM5 2022 款具体参数见表 A-9。

表 A-9 一汽红旗 E-QM5 2022 款具体参数

	参数名称	参数
基本参数	长 × 宽 × 高 /mm×mm×mm	5040 × 1910 × 1569
	轴距 /mm	2990
	轮距 /mm	前轮：1630；后轮：1630
	乘员数	5
	最高车速 /（km/h）	160
	整备质量 /kg	1810
	等速续驶里程 /km	431
	能量消耗率 /（kW·h/100km）	13.5
	充电方式	快充：0.5h（80%）
电机参数	电机种类	永磁同步电机
	峰值功率 /kW	140
	额定 / 最大转矩 /N·m	——
	电机布局	前置
电池参数	电池种类	磷酸铁锂电池
	电池容量 /kW·h	54
	单体比能量 /（W·h/kg）	140
	电池冷却方式	液冷

A.10　奥迪 Q5e-tron

在 2021 年 4 月 18 日的上海车展上，奥迪 e-tron 家族全新成员，上汽奥迪首款豪华纯电 SUV Audi concept Shanghai 正式亮相，该车型基于奥迪模块化电动 MEB 平台打造而来。作为奥迪全球"Roadjet 陆地专机"的首款车型，奥迪 Q5e-tron（图 A-10）提供单电机后驱和双电机 quattro 两种动力形式，采用 83.4kW·h 电池模组，在 CLTC 测试标准下，续驶里程最高可达到 560km。奥迪 Q5e-tron 具体参数见表 A-10。

表 A-10　奥迪 Q5e-tron 具体参数

参数名称		参数
基本参数	长 × 宽 × 高 /mm × mm × mm	4876 × 1860 × 1675
	轴距 /mm	2965
	轮距 /mm	前轮：1587；后轮：1563
	乘员数	7
	最高车速 /（km/h）	160
	整备质量 /kg	2325
	等速续驶里程 /km	560
	能量消耗率 /（kW·h/100km）	16
	加速时间 /s	9.3（0 → 100km/h）
	充电方式	快充：0.5h；慢充：9h
电机参数	电机布局	后置
	电机种类	永磁同步
	峰值功率 /kW	150
	电机总转矩 /N·m	310
电池参数	电池种类	三元锂电池
	电池容量 /kW·h	83.4
	单体比能量 /（W·h/kg）	175
	电池冷却方式	液冷

图 A-10　奥迪 Q5e-tron

A.11　奔驰 EQA

奔驰 EQA（图 A-11）是梅赛德斯 -EQ 旗下的紧凑型 SUV。2021 年 11 月 19 日，梅赛德斯 - 奔驰宣布，全新 EQA 全新纯电 SUV 正式上市。规格方面，EQA 配备了 73.5kW·h 电池，后置电机设计，支持快充电，45min 内即可将电量由 10% 补充至 80%。奔驰 EQA 具体参数见表 A-11。

表 A-11　奔驰 EQA 具体参数

	参数名称	参数
基本参数	长 × 宽 × 高 /mm × mm × mm	4463 × 1834 × 1619
	轴距 /mm	2729
	轮距 /mm	前轮：1587；后轮：1590
	乘员数	5
	最高车速 /（km/h）	160
	整备质量 /kg	2011
	等速续驶里程 /km	619
	能量消耗率 /（kW·h/100km）	12.7
	加速时间 /s	8.6（0 → 100km/h）
	充电方式	快充：0.75h；慢充：10.25h
电机参数	电机布局	前置
	电机种类	永磁同步
	峰值功率 /kW	140
	电机总转矩 /N·m	385
电池参数	电池种类	三元锂电池
	电池容量 /kW·h	73.5
	单体比能量 /（W·h/kg）	188
	电池冷却方式	液冷

图 A-11 奔驰 EQA

附录 B 电动客车

B.1 纯电动公交客车（GZ6120EV1）

广汽 GZ6120EV1（图 B-1）型纯电动城市客车是广州汽车集团客车有限公司 2010 年推出的产品，该车属于纯电动汽车，具有零排放的优点及良好的动力性和安全性，适用于城市公交客运，具体参数见表 B-1。GZ6120EV1 主要由驱动控制系统、电池系统、底盘、车身及电气系统组成，整车动力装置后置，后轮驱动，具有合理的轴荷分配和良好的操纵稳定性。整车造型美观新颖，结构合理。

表 B-1 广汽 GZ6120EV1 具体参数

	参数名称	参数
基本参数	长 × 宽 × 高 /mm × mm × mm	12000 × 2540 × 3200
	轴距 /mm	6100
	轮距 /mm	前轮：2101；后轮：1860
	乘员数	64/24-32
	最小离地间隙 /mm	≥ 145
	最高车速 /（km/h）	≥ 80
	整备质量 /kg	13800
	等速续驶里程 /km	—
	能量消耗率 /（kW·h/100km）	—
	加速时间 /s	≤ 25（0 → 50km/h）
	充电方式	—

（续）

参数名称		参数
电机参数	电机种类	交流异步驱动电机
	额定电压（直流）/V	386
	系统输入电压范围 /V	300～720
	额定 / 峰值功率 /kW	100/150
	额定 / 峰值转速 /（r/min）	2000/4500
	额定 / 最大转矩 /N·m	477.8/850
电池参数	电池种类	锂离子电池
	电池容量 /A·h	360
	电池系统额定电压 /V	395.2
	单体比能量 /（W·h/kg）	121
	电池连接方式	104 串 4 并

图 B-1　广汽 GZ6120EV1

B.2　混合动力公交客车（BJ6123C7C4D）

BJ6123C7C4D 为福田欧辉 2009 年开发的混合动力公交客车，动力性、可靠性、安全性、能耗经济性好，具有完全自主知识产权，如图 B-2 所示。该车采用并联混合动力系统、欧Ⅳ电控柴油机和高功率型锂电池，节油环保；自主创新整体承载式结构，实现高强度低重量；与同类半承载车型相比，强度提高了 30%，车身重量降低了 10%，污染物排放也减少了 30%，同比节油 30% 以上。目前，该车型为杭州、济南、北京公交重要车型，具体参数见表 B-2。

表 B-2　BJ6123C7C4D 具体参数

参数名称		参数
基本参数	长 × 宽 × 高 /mm × mm × mm	11850 × 2540 × 3300
	轴距 /mm	5800
	轮距 /mm	前轮：2096；后轮：1836
	乘客数	50
	最小离地间隙 /mm	152
	最高车速 /（km/h）	80
	整备质量 /kg	14500
	等速（40km/h）续驶里程 /km	360A·h 电池组：≥ 180（标准型） 480A·h 电池组：≥ 240（扩展型）
	能量消耗率 /（kW·h/100km）	—
	加速时间 /s	25（0 → 50km/h）
	充电方式	不可外接充电
电机参数	电机种类	永磁同步电机
	额定电压（直流）/V	340
	系统输入电压范围（直流）/V	330 ~ 460
	额定 / 峰值功率 /kW	26/44
	额定 / 峰值转速 /（r/min）	3500/4500
	最大转矩 /N·m	420
电池参数	电池种类	锰酸锂锂离子电池
	电池容量 /A·h	360
	电池系统额定电压 /V	388
	单体比能量 /（W·h/kg）	—
	电池连接方式	107 串 40 并
发动机	发动机类型	直列 6 缸涡轮增压柴油机
	额定功率 /[kW/（r/min）]	165/2500
	最大转矩 /N·m	850

图 B-2　欧辉 BJ6123C7C4D

B.3　混合动力公交客车（BJ6123C6N4D）

BJ6123C6N4D 燃料电池客车是国家"十一五"863 计划节能与新能源汽车重点项目，是福田公司与清华大学合作开发，采用国产关键零部件集成，采用氢燃料电池技术，电电混合，整车实现零污染、零排放的清洁燃料客车，如图 B-3 所示。2008 年奥运会期间在北京进行示范性运行，2010 年世博会期间在上海进行示范性运行。该车允许外接充电，具体参数见表 B-3。

表 B-3　BJ6123C6N4D 具体参数

车型		BJ6123C6N4D
基本参数	长 × 宽 × 高 /mm × mm × mm	11980 × 2550 × 3450
	轴距 /mm	6000
	轮距 /mm	前轮：2098；后轮：1840
	乘客数	49
	最小离地间隙 /mm	150
	最高车速 /（km/h）	80
	整备质量 /kg	14200
	等速续驶里程 /km	240
	能量消耗率 /（kW·h/100km）	—
	加速时间 /s	21.7（0 → 50km/h）
	充电方式	—
电机参数	电机种类	交流异步电机
	额定电压（直流）/V	
	系统输入电压范围（直流）/ V	—
	额定功率 /kW	100
	额定 / 峰值转速 /（r/min）	—
	最大转矩 /N·m	—

（续）

车型		BJ6123C6N4D
电池参数	电池种类	镍氢电池
	电池容量 /A·h	—
	电池系统额定电压 /V	336
	单体比能量 /（W·h/kg）	—
	电池连接方式	—
燃料电池参数	型号	HBDM7S
	功率 /kW	80

图 B-3　欧辉 BJ6123C6N4D

附录 C　电动环卫车

C.1　纯电动自卸式垃圾车（HLT5022ZLJEV）

　　HLT5022ZLJEV 型纯电动高位自卸式垃圾车是用于小区、街道、商场等场所垃圾收运专用车，如图 C-1 所示。该车在北汽福田公司生产的 BJ1020EV5 底盘上加装全封闭车厢，两侧各有一个可以打开的侧箱门，用气弹簧支撑，打开后用于向车厢内投放垃圾。将后门开启，用于自卸时倾卸垃圾。该底盘每天充电即可工作，具有外型美观、操作简单、工作效率高等特点，而且不需要燃油，充分满足环保要求，一次充电可以行驶100km 左右，节省后期的运行费用。该车车型小巧，适合进入胡同等窄小空间作业，具体参数见表 C-1。

表 C-1 HLT5022ZLJEV 具体参数

参数名称		参数
基本参数	底盘型号	BJ1020EV5
	续驶里程 /km	150
	长 × 宽 × 高 /mm × mm × mm	4330 × 1535 × 1825
	厢体容积 /m³	2.5
	整备质量 /kg	1650
	额定载质量 /kg	470
	最大总质量 /kg	2250
	轴距 /mm	2370
	轮胎规格	165R13C
	最高车速 /（km/h）	90
	前悬 / 后悬 /mm	895/1065
电机参数	电机类型	永磁同步电机
	额定功率 /kW	30
	最大转矩 /N·m	230
电池参数	电池种类	磷酸铁锂锂离子电池
	额定电压（直流）/V	384
	电池容量 /A·h	60

图 C-1 纯电动自卸式垃圾车

C.2 纯电动桶装垃圾车运输车（HLT5031CTYEV）

HLT5031CTYEV 型纯电动桶装垃圾运输车是根据目前市场需求开发的用于城市大型宾馆、学校、餐馆、社会厂矿企业、机关团体事业单位、科研院所以及居民家庭分类垃圾的运输车，如图 C-2 所示。其由电动底盘、翼展式厢体、车辆下舱、液压升降尾板以及气支撑、锁止杆、汽车门锁、搭扣锁等零部件组成，实现两侧翼展板向两侧展开，尾板向后打开、升降，方便分类垃圾桶的装卸，提供更加适用于市政环卫垃圾分类桶的运输，具体参数见表 C-2。

表 C-2　HLT5031CTYEV 具体参数

参数名称		参数
基本参数	底盘型号	BJ1031EVJA2
	续驶里程 /km	150
	长 × 宽 × 高 /mm × mm × mm	5010 × 1690 × 2210
	厢体容积 /m³	8
	整备质量 /kg	2045
	额定载质量 /kg	705
	最大总质量 /kg	2880
	轴距 /mm	2566
	轮胎规格	4 ~ 5
	最高车速 / (km/h)	80
	前悬 / 后悬 /mm	895/1549
	最小转弯直径 /m	11
电机参数	电机类型	永磁同步电机
	电机额定功率 /kW	35
电池参数	电池种类	锰酸锂锂离子电池
	电池标称电压（直流）/V	385
	电池容量 /A·h	70

图 C-2　HLT5031CTYEV 型纯电动桶装垃圾运输车

C.3 纯电动压缩式垃圾车（HLT5074ZYSEV）

HLT5074ZYSEV 纯电动压缩式垃圾车是用于垃圾收集运输的专用车辆，如图 C-3 所示。该产品由纯电动汽车底盘、车厢、液压升降尾板等零部件组成，具有零排放、低噪声、低油耗的优点。其采用逻辑控制器实现车辆专用部分的自动控制；采用手电双控的液压阀控制液压驱动，自动化程度高，使用可靠。同时，该车设置了紧急停止装置、防止后门下降互锁开关、后门安全支杆等安全装置，保证作业、检修和清洗车辆时的安全，具体参数见表 C-3。

表 C-3 HLT5074ZYSEV 具体参数

参数名称		参数
基本参数	底盘型号	BJ1071VDE0A
	填装器容积 /m³	0.65
	最小离地间隙（满载）/mm	190
	长 × 宽 × 高 /mm × mm × mm	6500 × 2070 × 2400
	轴距 /mm	3360
	轮距（前轮 / 后轮）/mm	1530/1525
	接近角 / 离去角 /（°）	23/15
	垃圾箱容积 /m³	6
	最小转弯直径 /m	14
电机参数	电机类型	永磁同步电机
	电机额定功率 /kW	60
	电机最大转矩 /N·m	320
电池参数	电池种类	磷酸铁锂锂离子电池
	电池标称电压（直流）/V	384
	电池容量 /A·h	200

图 C-3 HLT5074ZYSEV 纯电动压缩式垃圾车

C.4 纯电动洒水车（HLT5165GSSEV）

HLT5165GSSEV 纯电动洒水车是根据市场需求开发的新能源环卫新产品，采用纯电动二类底盘，配装专用水泵，如图 C-4 所示。其功能有前喷洒、侧喷洒、后喷洒、高压喷枪和水龙带高压出水口（可与消防车对接，辅助灭火），适用于一般的园林绿化保洁、环卫喷洒降尘和中水转运等作业。该车型的主要特点是在新能源底盘的基础上实现了齐备的功能，并且采用了新型外观，另外就是洒水作业操作简便，其中的左前喷洒、右前喷洒、侧喷洒和后喷壶都可以在驾驶室内用手动气阀直接操作，减少了作业人员的劳动强度。根据用户需求，该车型又另外加装了高压隔膜泵，用于道路清刷作业，具体参数见表 C-4。

表 C-4　HLT5165GSSEV 参数

参数名称		参数
基本参数	底盘型号	BJ1163EV1
	最大续驶里程 /km	150
	长 × 宽 × 高 /mm × mm × mm	8450 × 2490 × 2740
	罐体容积 /m³	6.3
	整备质量 /kg	9800
	额定载质量 /kg	6060
	最大总质量 /kg	16000
	轴距 /mm	4500
	轮胎规格	10.00-20
	最高车速 /（km/h）	90
	轮距（前 / 后）/mm	1880/1800
	最小转弯直径 /m	16
电机参数	电机类型	永磁同步电机
	电机额定功率 /kW	130
	电机最大转矩 /N·m	770
电池参数	电池种类	磷酸铁锂锂离子电池
	电池标称电压（直流）/V	384
	电池容量 /A·h	400

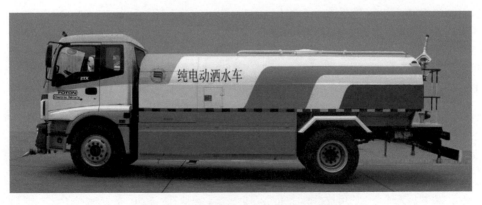

图 C-4　HLT5165GSSEV 纯电动洒水车

参考文献

[1] 陈清泉，孙逢春，祝嘉光 . 现代电动汽车技术 [M]. 北京：北京理工大学出版社，2002.

[2] 陈全世 . 先进电动汽车技术 [M]. 北京：化学工业出版社，2007.

[3] 崔胜民，韩家军 . 新能源汽车概论 [M]. 北京：北京大学出版社，2011.

[4] 段万普 . 电动汽车技术与商业运行 [M]. 北京：中国电力出版社，2012.

[5] 范立 . 汽车安全科学驾驶 [M]. 北京：人民交通出版社，2003.

[6] 耿力东 . 汽车电子控制系统电磁干扰问题的仿真研究 [D]. 重庆：重庆大学，2007.

[7] 何洪文 . 电动汽车原理与构造 [M]. 北京：机械工业出版社，2012.

[8] 中国道路交通安全协会 . 最新机动车驾驶员必备手册 [M]. 北京：中国人民公安大学出版社，2002.

[9] 康龙云，令狐金卿 . 新能源汽车与电力电子技术 [M]. 2 版 . 北京：机械工业出版社，2022.

[10] 柯以诺 . 永磁同步电机传动系统在电动车辆上的应用 [J]. 大功率变流技术，2009（5）：31–37.

[11] 李相哲，苏芳，林道勇 . 电动汽车动力电源系统 [M]. 北京：化学工业出版社，2011.

[12] 林程，韩冰 . 北京市纯电动汽车技术培训教程 [M]. 北京：北京理工大学出版社，2012.

[13] 刘浩学 . 汽车使用安全技术 [M]. 北京：人民交通出版社，2002.

[14] 麻友良，严运兵 . 电动汽车概论 [M]. 北京：机械工业出版社，2012.

[15] 孟庆云，何文，盛云龙 . 北京加氢站的功能完善和燃料电池汽车奥运示范 [J]. 客车技术与研究，2009，32（2）：31 34.

[16] 南金瑞，刘波澜 . 汽车单片机及车载总线技术 [M]. 北京：北京理工大学出版社，2005.

[17] 裴保纯，王秋红 . 汽车驾驶员必备手册 [M]. 北京：机械工业出版社，2014.

[18] 宋年秀 . 汽车驾驶技术 [M]. 3 版 . 北京：机械工业出版社，2019.

[19] 孙逢春，张承宁，祝嘉光 . 电动汽车：21 世纪的重要交通工具 [M]. 北京：北京理工大学出版社，1997.

[20] 王凤忠 . 汽车维护与故障诊断 [M]. 北京：科学出版社，2009.

[21] 王贵明，王金懿 . 电动汽车及其性能优化 [M]. 北京：机械工业出版社，2010.

[22] 王文伟，毕荣华 . 电动汽车技术基础 [M]. 北京：机械工业出版社，2010.

[23] 王震坡，贾永轩 . 电动汽车蓝图 [M]. 北京：机械工业出版社，2010.

[24] 王震坡，孙逢春 . 电动车辆动力电池系统及应用技术 [M]. 北京：机械工业出版社，2012.

[25] 温有东 . 电动汽车用永磁同步电机的研究 [D]. 哈尔滨：哈尔滨工业大学，2012.

[26] 肖永清 . 汽车故障检修技术 [M]. 北京：金盾出版社，2006.

[27] 徐国凯，赵秀春，苏航 . 电动汽车的驱动与控制 [M]. 北京：电子工业出版社，2010.

[28] 岳磊 . 基于生命周期理论的电动汽车技术经济性研究 [D]. 北京：北京理工大学，2013.

[29] 臧杰 . 新能源汽车 [M]. 北京：机械工业出版社，2013.

[30] 张军 . 汽车总线系统检修 [M]. 北京：北京理工大学出版社，2019.

[31] 章桐，贾永轩 . 电动汽车技术革命 [M]. 北京：机械工业出版社，2010.

[32] 赵立军，佟钦智 . 电动汽车结构与原理 [M]. 北京：北京大学出版社，2012.

[33] 周旸 . 电动汽车动力电池系统故障诊断策略与方法研究 [D]. 北京：北京理工大学，2013.

[34] 邹国棠，程明 . 电动汽车的新型驱动技术 [M]. 北京：机械工业出版社，2015.

[35] 王震坡，张雷，刘鹏 . 电动汽车充电技术及基础设施建设 [M]. 北京：机械工业出版社，2018.

[36] 翟丽，王志福，李合非 . 车辆电磁兼容基础 [M]. 北京：机械工业出版社，2012.

[37] 沈锦飞 . 磁共振无线充电应用技术 [M]. 北京：机械工业出版社，2020.

[38] 何洪文 . 电动汽车工程手册　第二卷　混合动力电动汽车整车设计 [M]. 北京：机械工业出版社，

2019.

[39] 章桐 . 电动汽车工程手册　第三卷　燃料电池电动汽车设计 [M]. 北京：机械工业出版社，2019.

[40] 肖成伟 . 电动汽车工程手册　第四卷　动力电池 [M]. 北京：机械工业出版社，2019.

[41] 贡郡 . 电动汽车工程手册　第五卷　驱动电机与电力电子 [M]. 北京：机械工业出版社，2019.

[42] 张维戈 . 电动汽车工程手册　第七卷　基础设施 [M]. 北京：机械工业出版社，2019.

[43] 徐寅秀，翟丽 . 无线充电技术和电力传输的未来 [M]. 北京：北京理工大学出版社，2018.

[44] 李敬福，王洪佩 . 新能源汽车关键技术研究 [M]. 北京：北京理工大学出版社，2017.

[45] 宁德发 . 电动汽车结构·原理·检测·维修 [M]. 北京：化学工业出版社，2017.

[46] 王震坡，孙逢春，刘鹏 . 电动汽车原理与应用技术 [M]. 北京：机械工业出版社，2014.